# 前　言

1987 年，中国科学技术信息研究所（ISTIC，原中国科学技术情报研究所）受科技部（原国家科委）的委托，开始对中国科技人员在国内外发表论文的数量和被引用情况进行统计分析，并利用统计数据建立了《中国科技论文与引文数据库》（CSTPCD）。这项工作开展后受到了社会各界的普遍重视和广泛好评，多年以来积累了大量的宝贵数据，为科技部等各级管理部门、高等院校、科研机构、期刊编辑部和科研工作者提供了各类论文统计基础数据和期刊评估指标。

《中国科技期刊引证报告》（CJCR）的研制出版始于 1997 年，是一种专门用于期刊引用分析研究的重要检索评价工具。利用 CJCR 所提供的统计数据，可以清楚地了解期刊引用和被引用的情况，以及进行引用效率、引用网络、期刊自引等统计分析。同时，利用 CJCR 中的期刊评价指标，还可以方便地定量评价期刊的相互影响和相互作用，正确评估某种期刊在科学交流体系中的作用和地位。CJCR 自问世以来，在开展科研管理和科学评价期刊方面一直发挥着巨大的作用。

为了满足我国期刊评价工作和各级研究成果管理工作的实际需求，从 2015 年开始，CSTPCD 覆盖的范围扩展到社会科学领域，CJCR 评价和收录的期刊也扩展到社会科学领域，形成了覆盖自然科学技术和社会科学领域全部研究学科的全面的期刊评价体系。从 2016 年开始，独立出版《中国科技期刊引证报告（核心版）社会科学卷》，覆盖社会科学 40 个学科类别。交叉学科和跨学科期刊复分到 2 个或 3 个学科分类。

《2023 年版中国科技期刊引证报告（核心版）社会科学卷》共收录 403 种期刊，是在严格的定量评价和定性分析基础上选取的各学科的重要科技期刊。其上刊发的论文被收录进入 CSTPCD，即中国科学技术信息研究所每年进行中国科技论文统计与分析的数据库。该数据库的统计结果编入国家统计局和科技部编制的《中国科技统计年鉴》，统计结果被科技管理部门和学术界广泛应用。

中国科学技术信息研究所在与国际评价机制接轨的同时，充分利用长期积累的科技论文和期刊评价工作经验和丰富数据，选择了总被引频次、影响因子等重要的期刊科学计量指标进行统计和分析，同时注意结合中国科技期刊发展的实际情况，创新了基金论文比、地区分布数、机构分布数、核心他引率、离均差率等多种期刊评价指标。《2023 年版中国科技期刊引证报告（核心版）社会科学卷》中使用了 24 项科学计量指标，与自然科学卷完全相同，并发布 80 个插图。

在《2023 年版中国科技期刊引证报告（核心版）社会科学卷》的编写过程中，尽管力求严格规范、细致精确，但难免会存在考虑不周或一些错误和疏漏，诚挚期望广大读者不吝赐教，批评指正。

中国科学技术信息研究所

2023 年 9 月

# 主要计量指标

**2022 年社会科学领域中国科技核心期刊（中国科技论文统计源期刊）* 主要计量指标分布情况**

| 指标名称 | 平均值 | 统计数字 |
|---|---|---|
| 核心总被引频次 | 1014 次 / 刊 | ≥ 2000 次的期刊共有 40 种，≥ 10000 次的期刊共有 2 种 |
| 核心影响因子 | 1.144 | ≥ 1.000 的期刊共有 161 种，≥ 2.000 的期刊共有 53 种 |
| 核心即年指标 | 0.280 | ≥ 0.100 的期刊共有 290 种，≥ 0.500 的期刊共有 53 种 |
| 基金论文比 | 0.67 | ≥ 0.80 的期刊共有 119 种 |
| 海外论文比 | 0.02 | ≥ 0.20 的期刊共有 1 种 |
| 核心他引率 | 0.84 | ≥ 0.95 的期刊共有 77 种 |
| 平均作者数 | 1.9 人 / 篇 | ≥ 4 人 / 篇的期刊共有 6 种 |
| 平均引文数 | 36.5 条 / 篇 | ≥ 20 条 / 篇的期刊共有 352 种，≥ 50 条 / 篇的期刊共有 61 种 |
| 综合评价总分 | 43.1 分 | ≥ 50 分的期刊共有 132 种 |

* 社会科学领域中国科技核心期刊（中国科技论文统计源期刊）包括 403 种期刊。

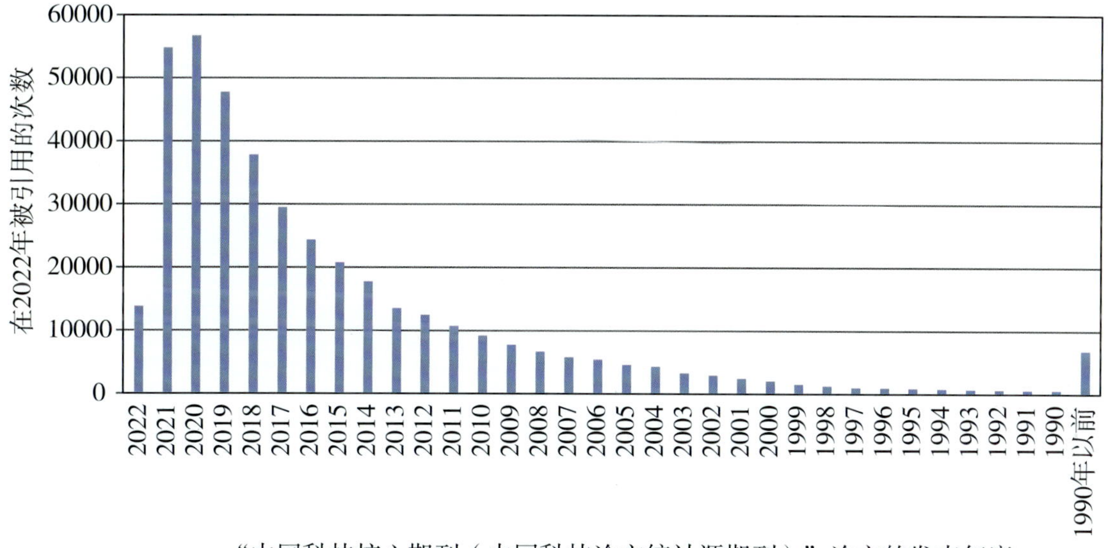


**2022 年被引用的社会科学领域“中国科技核心期刊（中国科技论文统计源期刊）”论文的发表时间分布图**

说明：图中被引用次数统计来源为《2022 年度中国科技论文与引文数据库》（CSTPCD 2022）。柱状图示分别表示“中国科技核心期刊（中国科技论文统计源期刊）”各年度发表的论文在 2022 年被引用的次数。

本书列入中国科学技术信息研究所学术著作出版计划

# 2023年版
# 中国科技期刊引证报告（核心版）
# 社会科学卷

## 中国科技核心期刊（中国科技论文统计源期刊）

中国科学技术信息研究所

科学技术文献出版社
SCIENTIFIC AND TECHNICAL DOCUMENTATION PRESS
·北京·

**图书在版编目（CIP）数据**

2023年版中国科技期刊引证报告：核心版. 社会科学卷 / 中国科学技术信息研究所编著. —北京：科学技术文献出版社，2023. 9
ISBN 978-7-5235-0645-5

Ⅰ. ① 2… Ⅱ. ①中… Ⅲ. ①科技期刊—期刊索引—中国—2023 ②社会科学—科技期刊—期刊索引—中国—2023 Ⅳ. ① Z89：N55

中国国家版本馆 CIP 数据核字（2023）第 160752 号

**2023年版中国科技期刊引证报告（核心版）社会科学卷**

策划编辑：张　丹　责任编辑：张　丹　邱晓春　责任校对：王瑞瑞　责任出版：张志平

出 版 者　科学技术文献出版社
地　　址　北京市复兴路15号　邮编　100038
编 务 部　（010）58882938，58882087（传真）
发 行 部　（010）58882868，58882870（传真）
邮 购 部　（010）58882873
官方网址　www.stdp.com.cn
发 行 者　科学技术文献出版社发行　全国各地新华书店经销
印 刷 者　北京地大彩印有限公司
版　　次　2023 年 9 月第 1 版　2023 年 9 月第 1 次印刷
开　　本　787 × 1092　1/16
字　　数　208千
印　　张　9
书　　号　ISBN 978-7-5235-0645-5
定　　价　100.00元

# 2023年版中国科技期刊引证报告（核心版）

## 社会科学卷


主 任 编 委　**赵志耘**

副主任编委　**姚长青　潘云涛**

主　　　编　**杨代庆　高继平**

编 写 人 员　**俞征鹿　田瑞强　许晓阳　焦一丹　盖双双**

**杨　潇　王海燕　翟丽华　宋　扬　杨　帅**

**冯家琪　刘亚丽**



本书受国家科技统计专项工作“中国科技论文统计”资助。


---


通信地址：北京市海淀区复兴路15号　100038

中国科学技术信息研究所　科学计量与评价研究中心

网　　址：www.istic.ac.cn

电　　话：010-58882027，58882537，58882539，58882552

传　　真：010-58882028

电子信箱：cstpcd@istic.ac.cn

# 目 录

# 1　编制说明

《2023年版中国科技期刊引证报告（核心版）社会科学卷》以《中国科技论文与引文数据库》（CSTPCD）为基础，采用科学客观的研究方法与评价方式，遴选中国社会科学领域各学科分类的重要期刊作为统计来源期刊。《2023年版中国科技期刊引证报告（核心版）社会科学卷》收录了在中国（不含港澳台地区）正式出版的403种社会科学领域的"中国科技核心期刊（中国科技论文统计源期刊）"。

## 1.1　总体设计说明

《2023年版中国科技期刊引证报告（核心版）社会科学卷》包括4个主要部分：

（1）期刊指标总表：期刊被引用指标和期刊来源指标；

（2）各学科期刊指标：各学科期刊整体情况和期刊在学科内相对位置的主要指标和图表；

（3）期刊综合评价指标：综合评价总分、核心影响因子和核心总被引频次的总排名；

（4）中国科技核心期刊（中国科技论文统计源期刊）名录和变更情况。

这4个部分独立成系统，又互相联系，构成《2023年版中国科技期刊引证报告（核心版）社会科学卷》的综合评价指标体系，从各个角度对期刊进行统计描述和分析评价。根据这些数据，读者可以对期刊的学术水平、学科地位、编辑状况、交流范围，以及读者满意程度有一个客观、概括的了解。在内容组织和编排上，设计了多角度、多层次查询和评价期刊的丰富功能，图文并茂，可以满足读者在多样化的评估、管理和研究工作中的不同需求。

## 1.2　各类统计表格的编排

《2023年版中国科技期刊引证报告（核心版）社会科学卷》采用了多种形式的排序格式，包括全部期刊名称字顺排序、学科内期刊名称排序、全部期刊综合评价总分排序和来源期刊总目录等，帮助读者综合全面地评价分析期刊，迅速有效地检索出所需要的期刊统计信息。

（1）期刊被引用计量指标和来源指标是本报告的主体部分，分为2个主表：

• "表4-1　2022年社会科学领域中国科技核心期刊被引用指标刊名字顺索引"包含中文期刊被引用方面的8项指标数据。全表按照期刊名称汉语拼音字顺排列。

• "表4-2　2022年社会科学领域中国科技核心期刊来源指标刊名字顺索引"包含中文期刊来源文献方面的10项指标数据。全表按照期刊名称汉语拼音字顺排列。

（2）各学科分类期刊计量指标情况是本报告的另一个重要组成部分，包括 1 个学科分类主表，40 个分类学科的数据分表及总被引频次、影响因子和互引图，其编排格式和指标如下：

• 2022 年各学科分类期刊整体情况——各学科期刊数量、核心总被引频次平均值和中值，以及核心影响因子的平均值和中值。用于了解由于学科差异所导致的各学科指标差异的整体情况。

• 各学科分类期刊核心总被引频次和核心影响因子离均差率的分布散点图——根据各学科分类中，核心期刊总被引频次和核心影响因子数值相对于学科平均水平的距离，分别计算每个期刊核心总被引频次和核心影响因子的“离均差率”，并分别作为横坐标和纵坐标位置绘制各学科的核心总被引频次和核心影响因子离均差率的分布散点图。通过核心总被引频次和核心影响因子离均差率的分布散点图，可以了解整个学科期刊的指标分布情况和期刊绝对影响能力（核心总被引频次方面）和相对影响效率（核心影响因子方面）的平衡程度。

• 各学科分类期刊基于互引网络的互引关系示意图——根据各学科中所收录的期刊相互引用次数的统计数据，以图形方式显示学科内不同期刊之间的引用强度和相似性。图中每个节点代表一个期刊，节点面积大小表示期刊综合评价总分的大小，节点之间的连线粗细程度表示期刊引用关系关联程度。为了使图示更加清晰，两个互相遮挡的节点，显示其中综合评价总分数值较大的节点标签。通过互引网络的互引关系示意图，可以清晰地看到学科内期刊相互之间的联系与聚合状态。

• 各学科分类期刊主要指标与排名——分别列出按各学科分类中，按期刊名称排序的 40 个数据分表，分表列出了各学科期刊的核心总被引频次和核心影响因子的数值与在学科内的排位，以及核心总被引频次和核心影响因子的离均差率。同时还排出了各期刊的综合评价总分和在学科中的排名，便于读者评价和查询期刊。

（3）综合评价总分排名表——将期刊按综合评价总分排序，并列出了各期刊核心影响因子和核心总被引频次的数值及在全部期刊中的排名，可以大致了解期刊学术质量和影响在全国范围内所处的综合排名。被引用计量指标显示期刊被读者使用和重视的程度，以及在科学交流中的地位和作用，是评价期刊影响的重要依据和客观标准。综合评价总分是对期刊整体状况的一个综合描述。根据中国科学技术信息研究所研制的中国科技期刊综合评价指标体系，计算多项科学计量指标，采用层次分析法确定重要指标的权重，分学科对每种期刊进行综合评定，计算出每个期刊的综合评价总分。

（4）刊名目录和变更情况——“2022 年社会科学领域中国科技核心期刊目录”包括期刊编码（CODE）、刊名、期刊的学科分类和主编姓名，按期刊名称排序。还列出与上一年度引证报告相比，期刊收录范围变化情况和刊名变化的情况。期刊改名后，按新刊名计算被引用指标；原刊名被引用数据计入新刊名的统计指标中。

## 1.3 期刊评价指标

为了全面、准确、公正、客观地评价和使用期刊，《2023 年版中国科技期刊引证报告（核心版）社会科学卷》借鉴国际通用评价体系，并在此基础上，结合我国期刊的实际情况，设计计算了24项学术计量指标，基本涵盖和描述了期刊的各个方面。计算各项指标的数据范围仅为正式刊期中的数据，“增刊”等正刊以外的数据未予以计入。这些指标包括：

（1）期刊被引用计量指标

核心总被引频次、核心影响因子、核心即年指标、核心他引率、核心引用刊数、核心开放因子、核心扩散因子和核心被引半衰期。

（2）期刊来源计量指标

来源文献量、文献选出率、AR论文量、平均引文数、平均作者数、地区分布数、机构分布数、海外论文比、基金论文比和引用半衰期。

（3）学科分类内期刊计量指标

综合评价总分、学科扩散指标、学科影响指标、红点指标、核心总被引频次（数值、排名与离均差率）和核心影响因子（数值、排名与离均差率）。

此外，报告还分别计算了期刊综合评价总分、核心总被引频次和核心影响因子在其所在学科分类内和全部自然科学领域“中国科技核心期刊（中国科技论文统计源期刊）”中的排名。

《2023年版中国科技期刊引证报告（核心版）社会科学卷》引用部分指标是采用《中国科技论文引文数据库》（CSTPCD）2547种自然科学和社会科学期刊作为统计源，而《2023年版中国科技期刊引证报告（扩刊版）》是采用6000多种期刊作为数据源，因此“影响因子”等引用部分指标数值会有所不同。为了方便读者使用，《2023年版中国科技期刊引证报告（核心版）社会科学卷》以“核心影响因子”和“核心总被引频次”等名称来替代以前出版的“核心版”报告中相应的“影响因子”和“总被引频次”等指标，与“扩刊版”报告中的“扩展影响因子”和“扩展总被引频次”等指标加以区别。

## 1.4 期刊的学科分类

学科是随着科学技术的发展而不断融合、衍生和变化的。一些交叉领域的期刊，刊载内容是跨学科的科研成果。《2023年版中国科技期刊引证报告（核心版）社会科学卷》根据每个期刊刊载论文的主要分布领域，将覆盖多学科和跨学科内容的期刊复分归入2个或3个学科分类。依据《学科分类与代码》（GB/T 13745—2009）和《中国图书资料分类法（第四版）》的学科分类原则，同时考虑到我国科技期刊的实际分布情况，《2023年版中国科技期刊引证报告（核心版）社会科学卷》将来源期刊分别归类到40个学科类别（表1–1）。

表 1-1 学科分类

| 领域 | 学科分类 | | |
|---|---|---|---|
| 社会科学综合 | · 社会科学综合 | · 社会科学综合大学学报 | · 社会科学师范大学学报 |
| 人文艺术 | · 马克思主义<br>· 哲学<br>· 宗教学<br>· 语言学综合 | · 外国语言学<br>· 中国文学<br>· 外国文学<br>· 艺术学 | · 历史学<br>· 考古学 |
| 经济政治 | · 经济学综合<br>· 经济大学学报<br>· 国民经济学、管理经济学、数量经济学<br>· 会计学、审计学<br>· 生态农业经济学<br>· 工商业经济学 | · 财政学、金融学、保险学<br>· 政治学综合<br>· 政治大学学报<br>· 行政学<br>· 国际政治学、外交学<br>· 法学综合 | · 部门法学、刑事侦查学、司法鉴定学<br>· 军事学<br>· 社会学综合<br>· 人口学、劳动科学<br>· 民族学与文化学 |
| 传播教育 | · 新闻学与传播学<br>· 图书馆学、文献学<br>· 情报学<br>· 档案学、博物馆学 | · 教育学综合<br>· 学前教育学、普通教育学<br>· 高等教育学 | · 成人教育学、职业技术教育学<br>· 体育科学 |
| 统计 | · 统计学 | | |

# 2 使用说明

《中国科技期刊引证报告》是用于中国科技期刊分析与评价的科学计量工具。报告可用于定量分析和科学评价期刊的学术特征和学科地位，较为客观地反映期刊发展的趋势和规律，为科研管理和决策提供依据。因此，本报告在期刊分析评价和科学计量学研究与应用等方面具有其他检索评价工具无法取代的独特功能。正确使用和充分开发本报告，可以使其成为科研工作者、期刊编辑（部）、图书情报人员、科研管理人员和科学计量学家的得力助手和有效工具。

## 2.1 主要功能

《中国科技期刊引证报告》应用引文分析方法及各种量化指标，可以清楚地表明：

- 某一学科领域内，哪些期刊学术影响力较大；
- 某一学科领域内，期刊之间指标分布情况和互引关系分布情况如何；
- 某一种期刊被引用了多少次；
- 某一种期刊出版后多久被引用；
- 某一种期刊引用其他期刊多少次；
- 某一种期刊的各项学术指标在学科中所处的位置。

根据使用者的工作性质，本报告可以给使用者不同的有益提示。例如：

- 帮助科研人员发表论文时，选择相关领域最适合的期刊，提高论文的知名度和影响力；
- 帮助期刊编辑与同类刊物相比较并评估自刊的地位，从而确定编辑和出版策略；
- 帮助科研管理人员科学地评价管理期刊，为开展期刊评比和择优资助提供决策依据；
- 帮助图书情报人员更有效地管理馆藏期刊文献，合理运用有限的预算订购重要期刊；
- 帮助科学计量学家开展相关的期刊评价与分析研究，以及进行学科的科学评估。

## 2.2 查阅方法

### 2.2.1 查询期刊指标

报告的第 4 部分包括 2 个表格："表 4-1　2022 年社会科学领域中国科技核心期刊被引用指标刊名字顺索引""表 4-2　2022 年社会科学领域中国科技核心期刊来源指标刊名字顺索引"。这 2 个表格分别按照期刊名称汉语拼音字顺排列，分列出了期刊的多项科学计量指标。

### 2.2.2 期刊在学科领域内学术指标位置

如果读者希望了解某一个期刊在其所属学科领域中的位置，可查询“表 8-1 2022 年中国科技核心期刊目录（社会科学）”找到该刊所在的分类。再到“表 5-1 2022 年各学科分类期刊数量、核心总被引频次和核心影响因子（社会科学）”中检索到这一分类的具体位置，也就是在第 6 部分中相应的表格。在第 6 部分各学科分类的插图（包括分布图和示意图）和数据表中，可以进一步查阅在期刊核心总被引频次和核心影响因子的分类排序，以及综合评价总分的数值，还可以对照各学科平均总被引频次和平均影响因子，以及离均差率分布图，了解期刊在学科中的具体位置和期刊的互引关系。在使用时需要考虑指标分布的整体情况及其由于学科不同所造成的指标差异。

### 2.2.3 期刊在所有期刊中的学术指标位置

根据查询所得的期刊综合评价指标，可以在“表 7-1 2022 年中国科技核心期刊综合评价总分排名（社会科学）”中检索出该期刊在全部期刊中的学术指标位置。同时还可以检索出中国科技核心期刊的核心总被引频次总排名和核心影响因子总排名及各期刊在全部期刊中的排名。

## 2.3 评价方法

利用《2023 年版中国科技期刊引证报告（核心版）社会科学卷》评价期刊有两种方式，即单一指标评价和综合指标评价。具体方法分述如下。

### 2.3.1 单一指标评价

单一指标评价主要是指按照影响因子和总被引频次这两个国际通行评价指标，对期刊进行评价。这时可通过期刊的核心影响因子排序表和核心总被引频次排序表确定该期刊在同类期刊中所处的位置，从而对该期刊的学术影响力和学科地位进行评价和评估。还可以通过核心影响因子总排序表和核心总被引频次总排序表在不同学科领域中进行横向比较，确定该期刊的位置。单一指标评价也可以通过期刊来源指标刊名字顺索引表对期刊的编辑状况、交流范围、论文质量和老化速率等进行统计、分析、比较和评估。

### 2.3.2 综合指标评价

由于期刊评价工作是一项非常复杂的工作，涉及领域广，学科差异大，因此单一指标往往难以全面、准确地评价期刊的学术水平和学科地位，这时一般需要通过综合指标评价，以使期刊评价更加客观、全面和准确。要进行期刊的综合指标评价，首先需要建立期刊综合评价指标体系，利用数学方法确定各指标的权重值，然后求出综合指标排序值，最终得到期刊指标的综合排序。

这种期刊评价方法已被广泛地推广和使用，1999 年中国科学技术信息研究所在国内首先提出了中国科技期刊综合评价指标体系。根据这一指标体系，计算得出的综合评价总分，即是一种综合评价的结果。

# 3　名词解释

**核心总被引频次：** 期刊自创刊以来所登载的全部论文在统计当年被引用的总次数，可以显示该期刊被使用和受重视的程度，以及在科学交流中的绝对影响力的大小。

**核心影响因子：** 期刊评价前两年发表论文的篇均被引用的次数，用于测度期刊学术影响力。

$$\text{核心影响因了} = \frac{\text{该期刊前两年发表论文在统计当年被引用的总次数}}{\text{该期刊前两年发表论文总数}}$$

**核心即年指标：** 期刊当年发表的论文在当年被引用的情况，表征期刊即时反应速率的指标。

$$\text{核心即年指标} = \frac{\text{该期刊当年发表论文的被引用次数}}{\text{该期刊当年发表论文总数}}$$

**核心他引率：** 期刊总被引频次中，被其他期刊引用次数所占的比例，测度期刊学术传播能力。

$$\text{核心他引率} = \frac{\text{被其他期刊引用的次数}}{\text{期刊被引用的总次数}}$$

**核心引用刊数：** 引用被评价期刊的期刊数，反映被评价期刊被使用的范围。

**核心开放因子：** 期刊被引用次数的一半所分布的最小施引期刊数量，体现学术影响的集中度。

**核心扩散因子：** 期刊当年每被引 100 次所涉及的期刊数，测度期刊学术传播范围。

$$\text{核心扩散因子} = \frac{\text{总被引频次涉及的期刊数} \times 100}{\text{总被引频次}}$$

**学科扩散指标：** 在统计源期刊范围内，引用该期刊的期刊数与其所在学科全部期刊数之比。

$$学科扩散指标=\frac{引用期刊数}{所在学科期刊数}$$

**学科影响指标：** 指期刊所在学科内，引用该期刊的期刊数占全部期刊数量的比例。

$$学科影响指标=\frac{所在学科内引用被评价期刊的数量}{所在学科期刊数}$$

**核心被引半衰期：** 指该期刊在统计当年被引用的全部次数中，较新一半是在多长一段时间内发表的。被引半衰期是测度期刊老化速度的一种指标，通常不是针对个别文献或某一组文献，而是对某一学科或专业领域的文献的总和而言。

**来源文献量：** 指符合统计来源论文选取原则的文献的数量。在期刊发表的全部内容中，只有报道科学发现和技术创新成果的学术技术类文献用于中国科技论文统计工作的数据来源。

**文献选出率：** 指来源文献量与期刊全年发表的所有文献总量之比，用于反映期刊发表内容中，报道学术技术类成果的比例。

**AR 论文量：** 指期刊所发表的文献中，文献类型为学术性论文（Article）和综述评论性论文（Review）的论文数量，用于反映期刊发表的内容中学术性成果的数量。

**平均引文数：** 指来源期刊每一篇论文平均引用的参考文献数。论文所引用的全部参考文献数是衡量该期刊科学交流程度和吸收外部信息能力的一个指标。

**平均作者数：** 指来源期刊每一篇论文平均拥有的作者数，是衡量该期刊科学生产能力的一个指标。

**地区分布数：** 指来源期刊登载论文所涉及的地区数，按全国 31 个省（自治区、直辖市）计（不含港澳台地区）。这是衡量期刊论文覆盖面和全国影响力大小的一个指标。

**机构分布数：** 指来源期刊论文的作者所涉及的机构数。这是衡量期刊科学生产能力的另一个指标。

**海外论文比：** 指来源期刊中，海外作者发表论文占全部论文的比例。这是衡量期刊国际交流程度的一个指标。

**基金论文比：** 指来源期刊中，国家、省部级以上及其他各类重要基金资助的论文占全部论文的比例。这是衡量期刊论文学术质量的重要指标。

**引用半衰期：** 指该期刊引用的全部参考文献中，较新一半是在多长一段时间内发表的。通过这个指标可以反映出作者利用文献的新颖度。

**离均差率：** 指期刊的某项指标与其所在学科的平均值之间的差距与平均值的比例。通过这项指标可以反映期刊的单项指标在学科内的相对位置。

$$\text{某项指标的离均差率} = \frac{\text{被评价期刊的指标} - \text{所在学科内该项指标的平均值}}{\text{所在学科内该项指标的平均值}}$$

**红点指标**：指该期刊发表的论文中，关键词与其所在学科排名前 1% 的高频关键词重合的论文所占的比例。通过这个指标可以反映出期刊论文与学科研究热点的重合度。

**综合评价总分**：根据中国科技期刊综合评价指标体系，计算多项科学计量指标，采用层次分析法确定重要指标的权重，分学科对每种期刊进行综合评定，计算出每个期刊的综合评价总分。

综合评价总分是根据科学计量学原理，系统性地综合考虑被评价期刊的各影响力指标（核心总被引频次、核心影响因子、核心他引率、基金论文比、平均引文数等）在其所在学科中的相对位置，并按照一定的权重系数将这些指标进行综合集成。

具体的算法如下：

$$\text{综合评价总分} = \sum_{i=1}^{n} \mu_i k_i$$

其中，$\mu_i$ 为各指标的权重系数，$k_i$为影响力指标的相对位置的得分。$k_i$的计算公式如下：

$$k_i = \frac{x - x_{\min}}{x_{\max} - x_{\min}}$$

其中，$x$为影响力指标的得分，如对于总被引频次指标来说就是该期刊的总被引频次。$x_{\max}$为该期刊所在学科的影响力指标的最大值，如对于总被引频次指标来说就是该期刊所在学科期刊的总被引频次的最大值。$x_{\min}$为该期刊所在学科的影响力指标的最小值，如对于总被引频次指标来说就是该期刊所在学科期刊的总被引频次的最小值。

各影响力指标对期刊的作用不是同等重要的。因此，不同的指标被赋予了不同的权重系数$\mu$，权重系数是采用专家打分和层次分析法确定的。在《2023 年版中国科技期刊引证报告（核心版）社会科学卷》中，权重系数总和为 100，即综合评价总分在 0 ～ 100。数值越大，说明该期刊的综合学术质量和影响力越高。

根据综合评价指标体系的设计原理，综合评价总分已经屏蔽了各学科之间总体指标背景值的差异，可以进行跨学科比较。

中国科学技术信息研究所每年定期出版《中国科技期刊引证报告》，公布《中国科技论文引文数据库》（CSTPCD）收录的中国科技论文统计源期刊的多项科学计量指标。从

1999 年开始，中国科学技术信息研究所就开始以这些指标为基础，研制发布了“中国科技期刊综合评价指标体系”，采用层次分析法，由专家打分确定了重要指标的权重，并分学科对每种期刊进行了综合评定。从 2015 年开始扩展为包括自然科学领域和社会科学领域的全学科期刊评价体系，形成了目前这一套日臻完善的学术期刊评价工具。

# 4　2022 年社会科学领域中国科技核心期刊指标

## 4.1　期刊被引用指标刊名字顺排序

表 4-1　2022 年社会科学领域中国科技核心期刊被引用指标刊名字顺索引

| CODE | 刊名 | 核心总被引频次 | 核心影响因子 | 核心即年指标 | 核心他引率 | 核心引用刊数 | 核心开放因子 | 核心扩散因子 | 核心被引半衰期 |
|---|---|---|---|---|---|---|---|---|---|
| S929 | 北京大学学报哲学社会科学版 | 1165 | 0.780 | 0.128 | 0.98 | 353 | 69 | 30.30 | 15.8 |
| S153 | 北京电影学院学报 | 272 | 0.316 | 0.053 | 0.74 | 42 | 3 | 15.44 | 3.7 |
| S148 | 北京工业大学学报社会科学版 | 528 | 2.320 | 0.912 | 0.90 | 269 | 55 | 50.95 | 1.9 |
| S930 | 北京师范大学学报社会科学版 | 712 | 0.597 | 0.124 | 0.96 | 289 | 49 | 40.59 | 9.0 |
| S877 | 北京体育大学学报 | 1378 | 1.042 | 0.279 | 0.78 | 202 | 5 | 14.66 | 5.2 |
| S156 | 北京行政学院学报 | 420 | 0.677 | 0.133 | 0.97 | 196 | 39 | 46.67 | 5.1 |
| S695 | 比较教育学报 | 236 | 0.414 | 0.175 | 0.77 | 61 | 6 | 25.85 | 5.1 |
| S666 | 比较教育研究 | 717 | 0.613 | 0.156 | 0.83 | 119 | 11 | 16.60 | 5.3 |
| A570 | 编辑学报 | 1387 | 1.646 | 0.597 | 0.56 | 139 | 2 | 10.02 | 3.5 |
| S731 | 财经科学 | 1340 | 2.209 | 0.269 | 0.97 | 269 | 38 | 20.07 | 3.7 |
| S647 | 财经理论与实践 | 693 | 1.176 | 0.303 | 0.90 | 205 | 28 | 29.58 | 3.3 |
| S147 | 财经论丛 | 687 | 1.157 | 0.325 | 0.90 | 210 | 33 | 30.57 | 3.2 |
| S732 | 财经问题研究 | 1107 | 1.018 | 0.573 | 0.95 | 300 | 44 | 27.10 | 4.0 |
| S733 | 财经研究 | 2886 | 3.551 | 0.765 | 0.95 | 296 | 39 | 10.26 | 4.5 |
| S734 | 财贸经济 | 3556 | 4.117 | 0.511 | 0.96 | 306 | 38 | 8.61 | 4.5 |
| S735 | 财政研究 | 1540 | 2.327 | 0.287 | 0.89 | 246 | 25 | 15.97 | 4.1 |
| S159 | 产业经济研究 | 1148 | 3.500 | 0.883 | 0.90 | 219 | 27 | 19.08 | 3.8 |
| S736 | 城市发展研究 | 2903 | 1.331 | 0.154 | 0.91 | 430 | 18 | 14.81 | 5.0 |
| S737 | 城市问题 | 1365 | 1.008 | 0.189 | 0.94 | 297 | 28 | 21.76 | 5.5 |
| S443 | 重庆大学学报社会科学版 | 738 | 1.276 | 0.531 | 0.91 | 299 | 56 | 40.51 | 2.8 |
| S892 | 大学图书馆学报 | 778 | 1.136 | 0.367 | 0.81 | 73 | 4 | 9.38 | 4.8 |
| S738 | 当代财经 | 1277 | 1.766 | 0.247 | 0.81 | 253 | 27 | 19.81 | 3.7 |
| S160 | 当代电影 | 733 | 0.303 | 0.108 | 0.67 | 77 | 3 | 10.50 | 5.8 |
| S739 | 当代经济科学 | 711 | 2.059 | 0.300 | 0.94 | 218 | 35 | 30.66 | 4.0 |
| S740 | 当代经济研究 | 531 | 0.810 | 0.148 | 0.85 | 184 | 26 | 34.65 | 3.8 |
| S161 | 当代青年研究 | 250 | 0.284 | 0.236 | 0.75 | 95 | 6 | 38.00 | 4.2 |
| S162 | 当代外国文学 | 91 | 0.120 | 0.000 | 0.78 | 31 | 5 | 34.07 | 6.6 |
| S164 | 当代亚太 | 343 | 1.828 | 0.000 | 0.80 | 68 | 3 | 19.83 | 5.2 |
| S165 | 当代语言学 | 277 | 0.444 | 0.000 | 0.85 | 38 | 6 | 13.72 | 10.3 |
| S166 | 当代作家评论 | 315 | 0.099 | 0.047 | 0.84 | 50 | 3 | 15.87 | 13.8 |
| S167 | 党的文献 | 160 | 0.114 | 0.049 | 0.92 | 74 | 15 | 46.25 | 7.7 |
| S597 | 党政研究 | 122 | 0.365 | 0.240 | 0.90 | 74 | 19 | 60.66 | 2.4 |
| S608 | 档案学通讯 | 638 | 1.348 | 0.198 | 0.68 | 51 | 2 | 7.99 | 4.0 |
| S609 | 档案学研究 | 589 | 0.925 | 0.116 | 0.53 | 53 | 2 | 9.00 | 3.5 |
| S169 | 电影艺术 | 607 | 0.449 | 0.342 | 0.88 | 50 | 2 | 8.24 | 8.6 |
| S170 | 东北大学学报社会科学版 | 344 | 0.585 | 0.128 | 0.96 | 228 | 59 | 66.28 | 3.9 |

## 表 4-1　2022 年社会科学领域中国科技核心期刊被引用指标刊名字顺索引（续）

| CODE | 刊名 | 核心总被引频次 | 核心影响因子 | 核心即年指标 | 核心他引率 | 核心引用刊数 | 核心开放因子 | 核心扩散因子 | 核心被引半衰期 |
|---|---|---|---|---|---|---|---|---|---|
| S171 | 东北亚论坛 | 266 | 1.148 | 0.460 | 0.77 | 102 | 11 | 38.35 | 2.7 |
| S172 | 东南大学学报哲学社会科学版 | 430 | 0.734 | 0.171 | 0.97 | 243 | 65 | 56.51 | 4.7 |
| S173 | 东南文化 | 492 | 0.388 | 0.045 | 0.66 | 125 | 6 | 25.41 | 8.7 |
| S174 | 东南学术 | 520 | 0.633 | 0.193 | 0.94 | 257 | 58 | 49.42 | 3.7 |
| S175 | 敦煌学辑刊 | 191 | 0.132 | 0.027 | 0.76 | 39 | 2 | 20.42 | 14.4 |
| S176 | 敦煌研究 | 522 | 0.161 | 0.000 | 0.70 | 97 | 4 | 18.58 | 15.3 |
| S177 | 俄罗斯文艺 | 49 | 0.057 | 0.000 | 0.59 | 21 | 3 | 42.86 | 9.5 |
| S621 | 法律科学－西北政法大学学报 | 1631 | 2.147 | 1.467 | 0.96 | 209 | 15 | 12.81 | 5.0 |
| S622 | 法商研究 | 1534 | 2.703 | 0.381 | 0.94 | 190 | 16 | 12.39 | 4.9 |
| S623 | 法学 | 2130 | 1.983 | 0.362 | 0.92 | 223 | 15 | 10.47 | 4.9 |
| S624 | 法学家 | 1502 | 2.471 | 0.346 | 0.91 | 156 | 13 | 10.39 | 5.1 |
| S178 | 法学论坛 | 947 | 1.632 | 0.357 | 0.94 | 180 | 17 | 19.01 | 3.9 |
| S625 | 法学评论 | 1245 | 1.847 | 0.337 | 0.96 | 200 | 17 | 16.06 | 4.7 |
| S626 | 法学研究 | 3202 | 4.559 | 0.520 | 0.97 | 225 | 13 | 7.03 | 6.5 |
| S319 | 法学杂志 | 1014 | 1.000 | 0.164 | 0.97 | 199 | 21 | 19.63 | 5.2 |
| S627 | 法制与社会发展 | 1256 | 2.893 | 1.057 | 0.88 | 166 | 14 | 13.22 | 4.0 |
| S179 | 方言 | 316 | 0.198 | 0.000 | 0.49 | 23 | 1 | 7.28 | 17.4 |
| S933 | 福建师范大学学报哲学社会科学版 | 364 | 0.813 | 0.247 | 0.91 | 205 | 48 | 56.32 | 2.9 |
| S852 | 妇女研究论丛 | 475 | 0.848 | 0.383 | 0.79 | 109 | 7 | 22.95 | 4.9 |
| S934 | 复旦学报社会科学版 | 581 | 0.549 | 0.128 | 0.96 | 276 | 64 | 47.50 | 7.5 |
| S743 | 改革 | 3395 | 5.673 | 1.571 | 0.93 | 451 | 44 | 13.28 | 2.9 |
| S181 | 甘肃政法大学学报 | 235 | 0.434 | 0.076 | 0.95 | 98 | 21 | 41.70 | 4.9 |
| S668 | 高等工程教育研究 | 1431 | 1.253 | 0.262 | 0.69 | 188 | 4 | 13.14 | 3.9 |
| S669 | 高等教育研究 | 1362 | 0.997 | 0.105 | 0.89 | 175 | 8 | 12.85 | 6.4 |
| S822 | 工程管理科技前沿 | 555 | 1.159 | 0.267 | 0.89 | 181 | 19 | 32.61 | 4.2 |
| J067 | 工业技术经济 | 1217 | 0.977 | 0.201 | 0.93 | 320 | 29 | 26.29 | 3.7 |
| S183 | 公共行政评论 | 905 | 2.417 | 0.431 | 0.82 | 222 | 17 | 24.53 | 4.7 |
| S184 | 古汉语研究 | 117 | 0.078 | 0.000 | 0.74 | 32 | 3 | 27.35 | 14.8 |
| S185 | 古籍整理研究学刊 | 64 | 0.018 | 0.022 | 0.72 | 35 | 7 | 54.69 | 12.3 |
| S188 | 广东财经大学学报 | 415 | 1.788 | 0.583 | 0.89 | 151 | 25 | 36.39 | 3.0 |
| S936 | 广西民族大学学报哲学社会科学版 | 483 | 0.320 | 0.071 | 0.89 | 189 | 25 | 39.13 | 7.3 |
| S190 | 贵州财经大学学报 | 264 | 0.977 | 0.210 | 0.95 | 132 | 27 | 50.00 | 2.9 |
| S746 | 国际金融研究 | 1545 | 2.490 | 0.279 | 0.84 | 173 | 20 | 11.20 | 4.1 |
| S747 | 国际经济合作 | 317 | 0.646 | 0.358 | 0.95 | 154 | 28 | 48.58 | 4.2 |
| S831 | 国际经贸探索 | 796 | 2.228 | 0.536 | 0.85 | 187 | 20 | 23.49 | 2.9 |
| S750 | 国际贸易问题 | 2179 | 2.102 | 0.429 | 0.90 | 251 | 25 | 11.52 | 5.2 |
| S192 | 国际商务－对外经济贸易大学学报 | 351 | 1.106 | 0.111 | 0.91 | 140 | 20 | 39.89 | 4.1 |
| S751 | 国际商务研究 | 137 | 0.519 | 0.315 | 0.90 | 77 | 19 | 56.20 | 2.9 |
| L042 | 国际石油经济 | 661 | 0.935 | 0.298 | 0.72 | 172 | 6 | 26.02 | 2.7 |
| S194 | 国家检察官学院学报 | 709 | 2.185 | 0.541 | 0.92 | 108 | 11 | 15.23 | 3.4 |
| S195 | 国家教育行政学院学报 | 680 | 1.051 | 0.201 | 0.89 | 153 | 10 | 22.50 | 3.2 |
| S197 | 国家图书馆学刊 | 417 | 1.192 | 0.185 | 0.89 | 68 | 5 | 16.31 | 3.8 |
| S199 | 海交史研究 | 54 | 0.108 | 0.000 | 0.46 | 19 | 1 | 35.19 | 14.0 |

## 表 4-1　2022 年社会科学领域中国科技核心期刊被引用指标刊名字顺索引（续）

| CODE | 刊名 | 核心总被引频次 | 核心影响因子 | 核心即年指标 | 核心他引率 | 核心引用刊数 | 核心开放因子 | 核心扩散因子 | 核心被引半衰期 |
|---|---|---|---|---|---|---|---|---|---|
| S200 | 汉语学习 | 312 | 0.182 | 0.030 | 0.77 | 38 | 3 | 12.18 | 13.3 |
| S204 | 河北师范大学学报教育科学版 | 257 | 0.469 | 0.184 | 0.84 | 80 | 10 | 31.13 | 3.7 |
| S272 | 河海大学学报哲学社会科学版 | 384 | 0.949 | 0.228 | 0.94 | 197 | 36 | 51.30 | 3.4 |
| S205 | 河南大学学报社会科学版 | 326 | 0.367 | 0.119 | 0.91 | 188 | 43 | 57.67 | 4.9 |
| S206 | 红楼梦学刊 | 266 | 0.127 | 0.016 | 0.27 | 24 | 1 | 9.02 | 11.5 |
| S209 | 湖南大学学报社会科学版 | 335 | 0.458 | 0.211 | 0.93 | 198 | 41 | 59.10 | 3.9 |
| S210 | 湖南科技大学学报社会科学版 | 275 | 0.472 | 0.061 | 0.85 | 153 | 31 | 55.64 | 2.9 |
| S211 | 湖南社会科学 | 349 | 0.435 | 0.097 | 0.98 | 209 | 56 | 59.89 | 4.1 |
| S212 | 湖南师范大学教育科学学报 | 474 | 1.112 | 0.368 | 0.90 | 113 | 10 | 23.84 | 3.1 |
| S213 | 湖南师范大学社会科学学报 | 378 | 0.611 | 0.082 | 0.95 | 210 | 48 | 55.56 | 4.3 |
| S673 | 华东师范大学学报教育科学版 | 993 | 1.904 | 0.462 | 0.93 | 177 | 13 | 17.82 | 3.2 |
| S939 | 华东师范大学学报哲学社会科学版 | 430 | 0.481 | 0.235 | 0.97 | 230 | 53 | 53.49 | 5.2 |
| S214 | 华东政法大学学报 | 947 | 1.647 | 0.593 | 0.94 | 167 | 15 | 17.63 | 4.3 |
| S940 | 华南师范大学学报社会科学版 | 508 | 0.880 | 0.293 | 0.96 | 281 | 73 | 55.31 | 4.4 |
| S215 | 华侨华人历史研究 | 159 | 0.411 | 0.026 | 0.47 | 41 | 1 | 25.79 | 9.1 |
| S941 | 华中师范大学学报人文社会科学版 | 795 | 0.636 | 0.269 | 0.96 | 309 | 56 | 38.87 | 8.0 |
| S216 | 黄钟－武汉音乐学院学报 | 136 | 0.096 | 0.048 | 0.76 | 24 | 3 | 17.65 | 13.7 |
| S942 | 吉林大学社会科学学报 | 676 | 0.664 | 0.161 | 0.97 | 295 | 58 | 43.64 | 6.2 |
| S718 | 技术经济 | 1163 | 1.012 | 0.363 | 0.77 | 305 | 15 | 26.23 | 3.6 |
| S719 | 技术经济与管理研究 | 738 | 0.494 | 0.230 | 0.85 | 276 | 27 | 37.40 | 3.6 |
| S832 | 价格理论与实践 | 1615 | 0.778 | 0.240 | 0.59 | 372 | 11 | 23.03 | 2.9 |
| S944 | 江海学刊 | 768 | 0.494 | 0.129 | 0.97 | 289 | 61 | 37.63 | 5.6 |
| S674 | 江苏高教 | 703 | 0.534 | 0.187 | 0.83 | 135 | 8 | 19.20 | 3.4 |
| S854 | 江苏社会科学 | 909 | 0.777 | 0.272 | 0.97 | 321 | 66 | 35.31 | 4.9 |
| S219 | 江苏行政学院学报 | 378 | 0.597 | 0.186 | 0.95 | 189 | 41 | 50.00 | 4.7 |
| S220 | 江西财经大学学报 | 398 | 0.993 | 0.192 | 0.89 | 192 | 37 | 48.24 | 3.8 |
| S946 | 江西社会科学 | 899 | 0.458 | 0.149 | 0.95 | 357 | 68 | 39.71 | 4.8 |
| S221 | 交响－西安音乐学院学报 | 84 | 0.016 | 0.011 | 0.75 | 17 | 3 | 20.24 | 12.0 |
| S222 | 教师教育研究 | 630 | 0.713 | 0.200 | 0.79 | 86 | 8 | 13.65 | 5.5 |
| S675 | 教学与研究 | 512 | 0.543 | 0.227 | 0.94 | 206 | 34 | 40.23 | 4.9 |
| S223 | 教育财会研究 | 81 | 0.241 | 0.021 | 0.22 | 17 | 1 | 20.99 | 2.7 |
| S676 | 教育发展研究 | 1458 | 0.901 | 0.200 | 0.88 | 204 | 13 | 13.99 | 4.6 |
| S677 | 教育科学 | 340 | 0.607 | 0.130 | 0.86 | 108 | 12 | 31.76 | 5.3 |
| S415 | 教育生物学杂志 | 97 | 0.358 | 0.023 | 0.87 | 53 | 9 | 54.64 | 2.9 |
| S224 | 教育学报 | 510 | 0.698 | 0.111 | 0.92 | 121 | 12 | 23.73 | 5.5 |
| S681 | 教育研究 | 3310 | 2.509 | 0.449 | 0.88 | 273 | 13 | 8.25 | 5.7 |
| S682 | 教育研究与实验 | 513 | 0.578 | 0.066 | 0.90 | 149 | 13 | 29.04 | 8.1 |
| S683 | 教育与经济 | 383 | 0.941 | 0.159 | 0.84 | 111 | 11 | 28.98 | 4.5 |
| S225 | 解放军外国语学院学报 | 302 | 0.270 | 0.053 | 0.78 | 64 | 6 | 21.19 | 6.4 |
| S226 | 金融经济学研究 | 524 | 1.684 | 0.452 | 0.91 | 154 | 23 | 29.39 | 3.3 |
| S652 | 金融理论与实践 | 370 | 0.433 | 0.197 | 0.81 | 143 | 19 | 38.65 | 3.5 |
| S227 | 金融论坛 | 522 | 1.106 | 0.063 | 0.94 | 151 | 26 | 28.93 | 3.8 |
| S757 | 金融研究 | 8323 | 5.079 | 0.371 | 0.94 | 304 | 29 | 3.65 | 6.2 |

## 表 4-1　2022 年社会科学领域中国科技核心期刊被引用指标刊名字顺索引（续）

| CODE | 刊名 | 核心总被引频次 | 核心影响因子 | 核心即年指标 | 核心他引率 | 核心引用刊数 | 核心开放因子 | 核心扩散因子 | 核心被引半衰期 |
|---|---|---|---|---|---|---|---|---|---|
| S228 | 近代史研究 | 613 | 0.548 | 0.028 | 0.83 | 120 | 8 | 19.58 | 12.3 |
| S759 | 经济管理 | 2895 | 3.003 | 0.557 | 0.91 | 324 | 30 | 11.19 | 4.3 |
| S760 | 经济经纬 | 915 | 1.587 | 0.344 | 0.86 | 255 | 32 | 27.87 | 3.6 |
| S761 | 经济科学 | 853 | 1.648 | 0.313 | 0.98 | 211 | 41 | 24.74 | 5.6 |
| S762 | 经济理论与经济管理 | 1071 | 1.537 | 0.281 | 0.94 | 252 | 42 | 23.53 | 4.7 |
| S764 | 经济评论 | 1225 | 2.812 | 0.541 | 0.97 | 269 | 45 | 21.96 | 4.8 |
| S765 | 经济社会体制比较 | 1212 | 1.546 | 0.358 | 0.95 | 316 | 53 | 26.07 | 5.4 |
| S767 | 经济体制改革 | 1021 | 1.606 | 0.312 | 0.94 | 280 | 40 | 27.42 | 2.9 |
| S768 | 经济问题 | 1572 | 1.724 | 0.552 | 0.90 | 361 | 39 | 22.96 | 3.3 |
| S769 | 经济问题探索 | 1792 | 1.576 | 0.473 | 0.95 | 353 | 36 | 19.70 | 3.8 |
| S229 | 经济学 | 4778 | 5.911 | 0.745 | 0.98 | 356 | 38 | 7.45 | 6.1 |
| S282 | 经济学报 | 202 | 1.031 | 0.070 | 0.96 | 111 | 28 | 54.95 | 4.5 |
| S721 | 经济学动态 | 2344 | 2.665 | 0.403 | 0.96 | 340 | 46 | 14.51 | 4.8 |
| S771 | 经济学家 | 2709 | 3.531 | 0.617 | 0.95 | 352 | 41 | 12.99 | 3.5 |
| S772 | 经济研究 | 21471 | 9.895 | 1.134 | 0.96 | 497 | 37 | 2.31 | 7.1 |
| S230 | 经济与管理评论 | 481 | 1.161 | 0.437 | 0.89 | 208 | 39 | 43.24 | 3.4 |
| S773 | 经济与管理研究 | 1174 | 1.805 | 0.340 | 0.95 | 292 | 42 | 24.87 | 3.7 |
| S774 | 经济纵横 | 1331 | 1.783 | 0.382 | 0.95 | 353 | 43 | 26.52 | 3.2 |
| S094 | 竞争情报 | 80 | 0.388 | 0.200 | 0.94 | 38 | 8 | 47.50 | 3.3 |
| S232 | 军事运筹与评估 | 282 | 0.710 | 0.015 | 0.79 | 65 | 4 | 23.05 | 4.9 |
| S233 | 开放教育研究 | 508 | 1.094 | 0.851 | 0.81 | 128 | 10 | 25.20 | 3.6 |
| S234 | 开放时代 | 1199 | 1.200 | 0.211 | 0.95 | 259 | 35 | 21.60 | 8.4 |
| S155 | 开放学习研究 | 83 | 0.289 | 0.220 | 0.39 | 24 | 1 | 28.92 | 3.3 |
| S235 | 抗日战争研究 | 165 | 0.194 | 0.093 | 0.59 | 37 | 2 | 22.42 | 9.6 |
| S808 | 考古 | 1896 | 0.640 | 0.153 | 0.82 | 126 | 5 | 6.65 | 24.4 |
| S809 | 考古学报 | 724 | 0.500 | 0.000 | 0.90 | 96 | 6 | 13.26 | 35.8 |
| S810 | 考古与文物 | 570 | 0.195 | 0.133 | 0.78 | 83 | 4 | 14.56 | 11.5 |
| W027 | 科技与法律中英文版 | 234 | 0.556 | 0.043 | 0.79 | 104 | 12 | 44.44 | 3.5 |
| A223 | 科普研究 | 239 | 0.563 | 0.048 | 0.65 | 78 | 6 | 32.64 | 4.4 |
| S236 | 课程・教材・教法 | 1064 | 0.561 | 0.128 | 0.63 | 114 | 4 | 10.71 | 4.9 |
| S756 | 会计研究 | 4071 | 2.286 | 0.140 | 0.86 | 214 | 20 | 5.26 | 6.3 |
| S217 | 会计与经济研究 | 232 | 1.241 | 0.167 | 0.88 | 88 | 11 | 37.93 | 3.2 |
| S947 | 兰州大学学报社会科学版 | 497 | 0.939 | 0.376 | 0.96 | 264 | 69 | 53.12 | 3.6 |
| S237 | 理论探讨 | 606 | 0.741 | 0.267 | 0.93 | 231 | 41 | 38.12 | 3.8 |
| S238 | 理论与改革 | 513 | 1.049 | 0.787 | 0.95 | 197 | 31 | 38.40 | 3.6 |
| S239 | 历史教学问题 | 88 | 0.057 | 0.013 | 0.83 | 52 | 10 | 59.09 | 8.5 |
| S240 | 历史研究 | 1075 | 0.867 | 0.043 | 0.93 | 196 | 15 | 18.23 | 17.5 |
| S242 | 林业经济问题 | 490 | 1.099 | 0.342 | 0.52 | 86 | 2 | 17.55 | 3.5 |
| S243 | 鲁迅研究月刊 | 261 | 0.102 | 0.016 | 0.58 | 35 | 2 | 13.41 | 16.4 |
| S245 | 旅游科学 | 575 | 1.486 | 0.111 | 0.89 | 136 | 9 | 23.65 | 6.7 |
| S616 | 旅游学刊 | 3325 | 1.733 | 0.350 | 0.79 | 276 | 10 | 8.30 | 6.1 |
| S244 | 伦理学研究 | 231 | 0.165 | 0.046 | 0.89 | 117 | 22 | 50.65 | 5.9 |
| S246 | 马克思主义研究 | 992 | 1.140 | 0.352 | 0.86 | 205 | 17 | 20.67 | 3.5 |

## 表 4-1 2022 年社会科学领域中国科技核心期刊被引用指标刊名字顺索引（续）

| CODE | 刊名 | 核心总被引频次 | 核心影响因子 | 核心即年指标 | 核心他引率 | 核心引用刊数 | 核心开放因子 | 核心扩散因子 | 核心被引半衰期 |
|---|---|---|---|---|---|---|---|---|---|
| S247 | 马克思主义与现实 | 658 | 0.537 | 0.128 | 0.95 | 218 | 34 | 33.13 | 5.8 |
| S637 | 煤炭经济研究 | 380 | 0.513 | 0.090 | 0.72 | 96 | 5 | 25.26 | 3.2 |
| S248 | 美术研究 | 104 | 0.107 | 0.019 | 0.77 | 48 | 7 | 46.15 | 10.0 |
| S249 | 民族教育研究 | 450 | 1.017 | 0.101 | 0.58 | 83 | 3 | 18.44 | 2.8 |
| S251 | 民族文学研究 | 247 | 0.219 | 0.020 | 0.43 | 46 | 1 | 18.62 | 10.6 |
| S252 | 民族研究 | 668 | 0.976 | 0.177 | 0.89 | 149 | 10 | 22.31 | 7.4 |
| S253 | 民族艺术 | 285 | 0.355 | 0.010 | 0.77 | 73 | 6 | 25.61 | 6.6 |
| S254 | 明清小说研究 | 93 | 0.097 | 0.000 | 0.59 | 25 | 2 | 26.88 | 10.4 |
| S255 | 南方文坛 | 233 | 0.126 | 0.053 | 0.82 | 36 | 3 | 15.45 | 8.3 |
| S950 | 南京大学学报哲学・人文科学・社会科学 | 540 | 0.898 | 0.064 | 0.95 | 245 | 57 | 45.37 | 7.4 |
| S858 | 南京社会科学 | 1499 | 0.950 | 0.426 | 0.95 | 416 | 72 | 27.75 | 4.2 |
| S777 | 南开经济研究 | 1026 | 1.570 | 0.165 | 0.95 | 233 | 42 | 22.71 | 5.4 |
| S953 | 南开学报哲学社会科学版 | 527 | 0.644 | 0.198 | 0.97 | 266 | 65 | 50.47 | 5.5 |
| S839 | 农村经济 | 1581 | 1.227 | 0.220 | 0.88 | 296 | 21 | 18.72 | 4.2 |
| S778 | 农业技术经济 | 2853 | 3.106 | 0.730 | 0.85 | 312 | 12 | 10.94 | 4.7 |
| S779 | 农业经济问题 | 3993 | 4.564 | 0.874 | 0.87 | 394 | 14 | 9.87 | 4.2 |
| Q438 | 农业图书情报学报 | 308 | 0.668 | 0.259 | 0.81 | 82 | 8 | 26.62 | 2.6 |
| S639 | 企业经济 | 664 | 0.547 | 0.187 | 0.91 | 254 | 36 | 38.25 | 3.8 |
| S258 | 青年探索 | 204 | 0.772 | 0.297 | 0.73 | 71 | 5 | 34.80 | 2.7 |
| S259 | 青年研究 | 472 | 0.876 | 0.391 | 0.89 | 153 | 12 | 32.42 | 7.0 |
| S260 | 青少年犯罪问题 | 251 | 0.940 | 0.162 | 0.71 | 50 | 5 | 19.92 | 2.5 |
| S687 | 清华大学教育研究 | 814 | 0.922 | 0.225 | 0.94 | 168 | 13 | 20.64 | 5.8 |
| S955 | 清华大学学报哲学社会科学版 | 666 | 0.518 | 0.232 | 0.98 | 282 | 58 | 42.34 | 7.0 |
| S844 | 情报工程 | 203 | 0.561 | 0.033 | 0.92 | 82 | 10 | 40.39 | 4.0 |
| S846 | 情报科学 | 3074 | 1.822 | 0.463 | 0.83 | 398 | 7 | 12.95 | 3.7 |
| S847 | 情报理论与实践 | 3677 | 2.079 | 0.739 | 0.83 | 389 | 6 | 10.58 | 3.4 |
| W020 | 情报学报 | 2353 | 2.863 | 0.382 | 0.88 | 255 | 6 | 10.84 | 4.1 |
| S848 | 情报杂志 | 3786 | 1.727 | 0.351 | 0.84 | 464 | 8 | 12.26 | 4.4 |
| S849 | 情报资料工作 | 890 | 2.384 | 0.423 | 0.95 | 129 | 6 | 14.49 | 3.6 |
| S261 | 求实 | 411 | 1.544 | 0.354 | 0.94 | 178 | 34 | 43.31 | 4.3 |
| S956 | 求是 | 3822 | 3.454 | 3.268 | 1.00 | 393 | 30 | 10.28 | 1.9 |
| S958 | 求索 | 850 | 1.222 | 0.405 | 0.92 | 325 | 64 | 38.24 | 3.6 |
| S688 | 全球教育展望 | 833 | 0.765 | 0.328 | 0.88 | 126 | 8 | 15.13 | 6.2 |
| S106 | 全球科技经济瞭望 | 270 | 0.303 | 0.076 | 0.80 | 96 | 6 | 35.56 | 3.9 |
| S860 | 人口研究 | 1633 | 2.894 | 0.389 | 0.91 | 338 | 38 | 20.70 | 6.7 |
| S862 | 人口与经济 | 918 | 1.990 | 0.259 | 0.94 | 284 | 42 | 30.94 | 6.1 |
| S628 | 人民检察 | 684 | 0.365 | 0.139 | 0.69 | 85 | 5 | 12.43 | 3.4 |
| S263 | 人民音乐 | 352 | 0.095 | 0.009 | 0.78 | 30 | 3 | 8.52 | 14.9 |
| S617 | 人文地理 | 2953 | 1.970 | 0.164 | 0.91 | 319 | 11 | 10.80 | 7.1 |
| S819 | 软科学 | 2568 | 1.647 | 0.409 | 0.91 | 422 | 31 | 16.43 | 4.0 |
| S264 | 山东大学学报哲学社会科学版 | 581 | 0.771 | 0.695 | 0.94 | 274 | 57 | 47.16 | 4.0 |
| S961 | 山西财经大学学报 | 1060 | 1.357 | 0.477 | 0.94 | 257 | 31 | 24.25 | 4.0 |
| S964 | 陕西师范大学学报哲学社会科学版 | 528 | 0.832 | 0.511 | 0.87 | 235 | 40 | 44.51 | 4.2 |

## 表 4-1 2022 年社会科学领域中国科技核心期刊被引用指标刊名字顺索引（续）

| CODE | 刊名 | 核心总被引频次 | 核心影响因子 | 核心即年指标 | 核心他引率 | 核心引用刊数 | 核心开放因子 | 核心扩散因子 | 核心被引半衰期 |
|---|---|---|---|---|---|---|---|---|---|
| S834 | 商业经济与管理 | 656 | 1.135 | 0.106 | 0.90 | 231 | 29 | 35.21 | 4.8 |
| S835 | 商业研究 | 733 | 0.825 | 0.102 | 0.98 | 259 | 46 | 35.33 | 4.6 |
| S265 | 上海财经大学学报哲学社会科学版 | 549 | 1.923 | 0.600 | 0.94 | 207 | 41 | 37.70 | 3.2 |
| S965 | 上海大学学报社会科学版 | 298 | 0.746 | 0.397 | 0.89 | 151 | 28 | 50.67 | 4.2 |
| S266 | 上海翻译 | 413 | 0.602 | 0.250 | 0.55 | 41 | 2 | 9.93 | 3.9 |
| S268 | 上海金融 | 441 | 0.832 | 0.325 | 0.56 | 127 | 4 | 28.80 | 3.7 |
| S781 | 上海经济研究 | 1162 | 1.899 | 0.437 | 0.94 | 280 | 35 | 24.10 | 3.4 |
| S269 | 上海师范大学学报哲学社会科学版 | 278 | 0.514 | 0.052 | 0.92 | 167 | 44 | 60.07 | 4.6 |
| S883 | 上海体育学院学报 | 895 | 1.607 | 0.345 | 0.81 | 109 | 5 | 12.18 | 3.5 |
| S267 | 上海行政学院学报 | 370 | 1.027 | 0.204 | 0.93 | 167 | 32 | 45.14 | 4.6 |
| S270 | 社会 | 1449 | 2.096 | 0.250 | 0.94 | 269 | 29 | 18.56 | 8.0 |
| S271 | 社会保障研究 | 359 | 0.864 | 0.105 | 0.84 | 141 | 22 | 39.28 | 4.3 |
| S863 | 社会科学 | 1312 | 0.866 | 0.172 | 0.97 | 386 | 75 | 29.42 | 5.4 |
| S865 | 社会科学研究 | 836 | 0.673 | 0.092 | 0.97 | 329 | 68 | 39.35 | 6.4 |
| S866 | 社会科学战线 | 1184 | 0.425 | 0.140 | 0.95 | 367 | 71 | 31.00 | 5.2 |
| S867 | 社会学研究 | 3649 | 4.475 | 0.492 | 0.95 | 397 | 37 | 10.88 | 10.0 |
| S276 | 社会主义研究 | 484 | 0.522 | 0.109 | 0.90 | 180 | 29 | 37.19 | 4.2 |
| S782 | 审计研究 | 1125 | 1.787 | 0.160 | 0.75 | 131 | 11 | 11.64 | 4.9 |
| S784 | 生态经济 | 2981 | 1.464 | 0.281 | 0.90 | 556 | 45 | 18.65 | 3.5 |
| S278 | 史学月刊 | 573 | 0.220 | 0.064 | 0.88 | 157 | 15 | 27.40 | 10.7 |
| S691 | 世界汉语教学 | 463 | 0.659 | 0.100 | 0.83 | 52 | 4 | 11.23 | 10.0 |
| S785 | 世界经济 | 5285 | 4.284 | 0.435 | 0.96 | 312 | 30 | 5.90 | 6.4 |
| S787 | 世界经济研究 | 1343 | 1.848 | 0.293 | 0.94 | 222 | 25 | 16.53 | 4.5 |
| S788 | 世界经济与政治 | 1274 | 2.155 | 0.348 | 0.75 | 185 | 5 | 14.52 | 5.4 |
| S789 | 世界经济与政治论坛 | 275 | 1.071 | 0.262 | 0.85 | 127 | 21 | 46.18 | 4.1 |
| A201 | 世界科技研究与发展 | 515 | 0.825 | 0.566 | 0.91 | 301 | 62 | 58.45 | 6.1 |
| S285 | 世界民族 | 296 | 0.208 | 0.048 | 0.70 | 77 | 6 | 26.01 | 10.5 |
| S286 | 世界宗教文化 | 151 | 0.146 | 0.020 | 0.74 | 42 | 3 | 27.81 | 4.8 |
| S287 | 世界宗教研究 | 254 | 0.134 | 0.027 | 0.78 | 66 | 4 | 25.98 | 9.3 |
| S850 | 数据分析与知识发现 | 1426 | 1.709 | 0.274 | 0.87 | 272 | 8 | 19.07 | 3.7 |
| S790 | 数量经济技术经济研究 | 4224 | 5.523 | 0.936 | 0.95 | 401 | 35 | 9.49 | 4.7 |
| B523 | 数学教育学报 | 749 | 1.521 | 0.398 | 0.18 | 36 | 1 | 4.81 | 3.5 |
| W022 | 数字图书馆论坛 | 528 | 0.984 | 0.150 | 0.90 | 103 | 8 | 19.51 | 3.7 |
| S656 | 税务与经济 | 180 | 0.400 | 0.045 | 0.89 | 102 | 26 | 56.67 | 3.5 |
| S290 | 思想教育研究 | 533 | 0.344 | 0.137 | 0.80 | 139 | 12 | 26.08 | 2.9 |
| S291 | 思想理论教育导刊 | 499 | 0.312 | 0.104 | 0.90 | 166 | 15 | 33.27 | 3.5 |
| S292 | 思想战线 | 666 | 0.516 | 0.147 | 0.92 | 232 | 28 | 34.83 | 6.5 |
| S967 | 四川大学学报哲学社会科学版 | 467 | 0.443 | 0.100 | 0.97 | 240 | 58 | 51.39 | 5.7 |
| S294 | 苏州大学学报哲学社会科学版 | 501 | 0.751 | 0.159 | 0.94 | 209 | 37 | 41.72 | 4.0 |
| S295 | 台湾研究 | 171 | 0.310 | 0.153 | 0.48 | 22 | 1 | 12.87 | 4.7 |
| S296 | 台湾研究集刊 | 158 | 0.256 | 0.096 | 0.70 | 30 | 2 | 18.99 | 5.8 |
| S297 | 探索 | 768 | 1.599 | 0.791 | 0.87 | 201 | 20 | 26.17 | 3.3 |
| S884 | 体育科学 | 1910 | 1.878 | 0.283 | 0.87 | 221 | 5 | 11.57 | 5.0 |

## 表 4-1　2022 年社会科学领域中国科技核心期刊被引用指标刊名字顺索引（续）

| CODE | 刊名 | 核心总被引频次 | 核心影响因子 | 核心即年指标 | 核心他引率 | 核心引用刊数 | 核心开放因子 | 核心扩散因子 | 核心被引半衰期 |
|---|---|---|---|---|---|---|---|---|---|
| S880 | 体育学刊 | 808 | 1.074 | 0.371 | 0.78 | 110 | 5 | 13.61 | 4.1 |
| S885 | 体育与科学 | 557 | 0.903 | 0.271 | 0.81 | 88 | 5 | 15.80 | 4.8 |
| S886 | 天津体育学院学报 | 554 | 0.948 | 0.387 | 0.84 | 109 | 5 | 19.68 | 3.7 |
| S793 | 统计研究 | 2754 | 3.056 | 0.563 | 0.94 | 435 | 44 | 15.80 | 5.1 |
| S293 | 统计与决策 | 4849 | 0.971 | 0.277 | 0.85 | 823 | 50 | 16.97 | 3.4 |
| S306 | 统计与信息论坛 | 1193 | 1.331 | 0.508 | 0.87 | 406 | 49 | 34.03 | 3.8 |
| S895 | 图书馆建设 | 856 | 0.889 | 0.770 | 0.82 | 91 | 4 | 10.63 | 3.9 |
| S897 | 图书馆论坛 | 1409 | 1.121 | 0.852 | 0.82 | 148 | 6 | 10.50 | 2.9 |
| S308 | 图书馆学研究 | 1206 | 0.784 | 0.075 | 0.85 | 135 | 6 | 11.19 | 3.7 |
| S899 | 图书情报工作 | 4609 | 1.744 | 0.233 | 0.84 | 366 | 7 | 7.94 | 4.8 |
| S900 | 图书情报知识 | 981 | 1.704 | 0.452 | 0.94 | 136 | 7 | 13.86 | 4.4 |
| S901 | 图书与情报 | 1048 | 1.771 | 0.120 | 0.93 | 163 | 8 | 15.55 | 3.8 |
| S694 | 外国教育研究 | 394 | 0.457 | 0.061 | 0.89 | 91 | 9 | 23.10 | 6.7 |
| S795 | 外国经济与管理 | 1703 | 2.450 | 0.385 | 0.94 | 303 | 17 | 17.79 | 4.4 |
| S314 | 外国文学 | 232 | 0.170 | 0.070 | 0.90 | 83 | 11 | 35.78 | 9.4 |
| S315 | 外国文学评论 | 161 | 0.110 | 0.024 | 0.94 | 57 | 11 | 35.40 | 12.8 |
| S316 | 外国文学研究 | 140 | 0.211 | 0.023 | 0.89 | 55 | 9 | 39.29 | 9.2 |
| S317 | 外国语 | 479 | 0.761 | 0.115 | 0.78 | 68 | 5 | 14.20 | 6.5 |
| S318 | 外国语文 | 278 | 0.360 | 0.036 | 0.63 | 58 | 4 | 20.86 | 5.3 |
| S320 | 外交评论 | 407 | 1.583 | 0.571 | 0.87 | 104 | 4 | 25.55 | 5.4 |
| S697 | 外语教学 | 528 | 0.738 | 0.243 | 0.83 | 76 | 4 | 14.39 | 4.3 |
| S698 | 外语教学与研究 | 609 | 0.463 | 0.024 | 0.85 | 66 | 6 | 10.84 | 9.0 |
| S323 | 外语界 | 459 | 1.037 | 0.097 | 0.67 | 56 | 3 | 12.20 | 5.1 |
| S699 | 外语与外语教学 | 471 | 0.688 | 0.259 | 0.70 | 65 | 4 | 13.80 | 6.1 |
| S973 | 文史哲 | 463 | 0.408 | 0.145 | 0.92 | 158 | 28 | 34.13 | 12.4 |
| S811 | 文物 | 1963 | 0.290 | 0.198 | 0.91 | 133 | 6 | 6.78 | 30.2 |
| A906 | 文物保护与考古科学 | 556 | 0.364 | 0.021 | 0.71 | 116 | 8 | 20.86 | 7.8 |
| S327 | 文学评论 | 928 | 0.406 | 0.133 | 0.93 | 120 | 10 | 12.93 | 12.6 |
| S328 | 文学遗产 | 429 | 0.213 | 0.040 | 0.84 | 88 | 12 | 20.51 | 14.8 |
| S329 | 文艺理论研究 | 278 | 0.194 | 0.000 | 0.90 | 96 | 17 | 34.53 | 7.8 |
| S330 | 文艺理论与批评 | 199 | 0.356 | 0.054 | 0.90 | 68 | 8 | 34.17 | 5.2 |
| S331 | 文艺评论 | 82 | 0.016 | 0.024 | 0.88 | 45 | 9 | 54.88 | 9.0 |
| S332 | 文艺研究 | 738 | 0.457 | 0.091 | 0.95 | 138 | 16 | 18.70 | 8.8 |
| S333 | 文艺争鸣 | 508 | 0.176 | 0.008 | 0.77 | 99 | 5 | 19.49 | 6.8 |
| S334 | 武汉大学学报哲学社会科学版 | 780 | 1.278 | 0.208 | 0.97 | 317 | 66 | 40.64 | 4.4 |
| S887 | 武汉体育学院学报 | 1028 | 1.197 | 0.490 | 0.77 | 134 | 4 | 13.04 | 3.6 |
| C509 | 物理与工程 | 274 | 0.337 | 0.058 | 0.33 | 68 | 1 | 24.82 | 4.0 |
| S336 | 西安交通大学学报社会科学版 | 736 | 1.559 | 0.794 | 0.93 | 317 | 61 | 43.07 | 3.1 |
| S881 | 西安体育学院学报 | 540 | 1.060 | 0.600 | 0.72 | 91 | 4 | 16.85 | 3.1 |
| S576 | 西安外国语大学学报 | 179 | 0.320 | 0.065 | 0.82 | 40 | 2 | 22.35 | 3.7 |
| S975 | 西北大学学报哲学社会科学版 | 485 | 0.789 | 0.302 | 0.94 | 236 | 53 | 48.66 | 4.2 |
| S150 | 西北农林科技大学学报社会科学版 | 896 | 1.446 | 0.366 | 0.92 | 251 | 23 | 28.01 | 3.8 |
| S340 | 西南大学学报社会科学版 | 774 | 1.124 | 0.439 | 0.73 | 246 | 19 | 31.78 | 3.5 |

## 表 4-1 2022 年社会科学领域中国科技核心期刊被引用指标刊名字顺索引（续）

| CODE | 刊名 | 核心总被引频次 | 核心影响因子 | 核心即年指标 | 核心他引率 | 核心引用刊数 | 核心开放因子 | 核心扩散因子 | 核心被引半衰期 |
|---|---|---|---|---|---|---|---|---|---|
| S341 | 西南民族大学学报人文社科版 | 1361 | 0.652 | 0.212 | 0.90 | 429 | 59 | 31.52 | 3.8 |
| S342 | 戏剧－中央戏剧学院学报 | 75 | 0.071 | 0.000 | 0.71 | 24 | 3 | 32.00 | 8.1 |
| S978 | 厦门大学学报哲学社会科学版 | 542 | 0.620 | 0.227 | 0.95 | 267 | 61 | 49.26 | 5.7 |
| S343 | 现代财经－天津财经大学学报 | 507 | 1.179 | 0.430 | 0.90 | 161 | 27 | 31.76 | 3.5 |
| S906 | 现代传播 | 1026 | 0.497 | 0.079 | 0.81 | 214 | 13 | 20.86 | 4.0 |
| S588 | 现代电影技术 | 126 | 0.218 | 0.091 | 0.24 | 15 | 1 | 11.90 | 3.1 |
| S630 | 现代法学 | 1299 | 2.398 | 0.295 | 0.95 | 192 | 16 | 14.78 | 5.1 |
| S309 | 现代情报 | 1912 | 1.661 | 0.354 | 0.88 | 329 | 8 | 17.21 | 3.6 |
| S346 | 湘潭大学学报哲学社会科学版 | 416 | 0.341 | 0.071 | 0.93 | 227 | 54 | 54.57 | 4.7 |
| S836 | 消费经济 | 364 | 1.140 | 0.479 | 0.86 | 156 | 26 | 42.86 | 3.5 |
| S348 | 小说评论 | 201 | 0.139 | 0.046 | 0.82 | 34 | 3 | 16.92 | 7.5 |
| S700 | 心理发展与教育 | 1307 | 0.926 | 0.150 | 0.81 | 196 | 8 | 15.00 | 7.4 |
| S349 | 新疆师范大学学报哲学社会科学版 | 671 | 1.608 | 2.313 | 0.95 | 285 | 59 | 42.47 | 2.3 |
| S350 | 新视野 | 295 | 0.483 | 0.214 | 0.94 | 156 | 38 | 52.88 | 4.1 |
| S351 | 新文学史料 | 212 | 0.060 | 0.010 | 0.84 | 43 | 4 | 20.28 | 28.6 |
| S907 | 新闻大学 | 418 | 0.628 | 0.099 | 0.83 | 114 | 6 | 27.27 | 4.9 |
| S909 | 新闻与传播研究 | 731 | 0.943 | 0.094 | 0.82 | 164 | 6 | 22.44 | 5.3 |
| S582 | 刑事技术 | 546 | 0.646 | 0.236 | 0.58 | 97 | 2 | 17.77 | 4.9 |
| S201 | 行政论坛 | 771 | 1.609 | 0.396 | 0.91 | 230 | 30 | 29.83 | 3.1 |
| S354 | 学海 | 659 | 0.472 | 0.176 | 0.95 | 265 | 51 | 40.21 | 5.1 |
| S703 | 学前教育研究 | 703 | 1.060 | 0.129 | 0.43 | 78 | 1 | 11.10 | 3.8 |
| S981 | 学术研究 | 988 | 0.482 | 0.113 | 0.94 | 350 | 71 | 35.43 | 5.7 |
| S982 | 学术月刊 | 1548 | 1.096 | 0.142 | 0.96 | 371 | 68 | 23.97 | 4.9 |
| S704 | 学位与研究生教育 | 781 | 0.742 | 0.248 | 0.63 | 128 | 4 | 16.39 | 4.5 |
| S361 | 学习论坛 | 194 | 0.305 | 0.109 | 0.91 | 118 | 30 | 60.82 | 3.4 |
| S983 | 学习与探索 | 1018 | 0.684 | 0.183 | 0.94 | 343 | 62 | 33.69 | 3.9 |
| S363 | 学校党建与思想教育 | 547 | 0.180 | 0.062 | 0.71 | 154 | 11 | 28.15 | 2.9 |
| S799 | 亚太经济 | 417 | 1.056 | 0.143 | 0.86 | 148 | 20 | 35.49 | 3.1 |
| G865 | 医学信息学杂志 | 667 | 0.516 | 0.084 | 0.77 | 187 | 13 | 28.04 | 3.7 |
| G308 | 医学与哲学 | 2439 | 0.948 | 0.152 | 0.79 | 456 | 17 | 18.70 | 4.5 |
| S366 | 艺术百家 | 220 | 0.132 | 0.016 | 0.80 | 94 | 13 | 42.73 | 5.8 |
| S367 | 音乐研究 | 318 | 0.199 | 0.024 | 0.84 | 26 | 3 | 8.18 | 15.8 |
| S368 | 语言教学与研究 | 510 | 0.688 | 0.111 | 0.78 | 59 | 4 | 11.57 | 9.4 |
| S369 | 语言文字应用 | 341 | 0.731 | 0.143 | 0.79 | 76 | 8 | 22.29 | 9.1 |
| S370 | 语言研究 | 248 | 0.067 | 0.031 | 0.86 | 40 | 4 | 16.13 | 18.6 |
| S372 | 云南财经大学学报 | 388 | 0.868 | 0.108 | 0.94 | 160 | 28 | 41.24 | 3.1 |
| S374 | 云南民族大学学报哲学社会科学版 | 476 | 0.802 | 0.340 | 0.80 | 185 | 21 | 38.87 | 3.4 |
| S922 | 哲学动态 | 454 | 0.275 | 0.081 | 0.91 | 170 | 26 | 37.44 | 6.8 |
| S923 | 哲学研究 | 1110 | 0.719 | 0.233 | 0.96 | 252 | 33 | 22.70 | 8.0 |
| S986 | 浙江大学学报人文社会科学版 | 688 | 0.541 | 0.112 | 0.94 | 323 | 71 | 46.95 | 7.8 |
| S987 | 浙江社会科学 | 1052 | 0.603 | 0.313 | 0.96 | 361 | 69 | 34.32 | 5.2 |
| G352 | 证据科学 | 362 | 0.970 | 0.100 | 0.62 | 57 | 2 | 15.75 | 5.9 |
| S659 | 证券市场导报 | 678 | 1.312 | 0.522 | 0.87 | 146 | 21 | 21.53 | 3.8 |

## 表 4-1　2022 年社会科学领域中国科技核心期刊被引用指标刊名字顺索引（续）

| CODE | 刊名 | 核心总被引频次 | 核心影响因子 | 核心即年指标 | 核心他引率 | 核心引用刊数 | 核心开放因子 | 核心扩散因子 | 核心被引半衰期 |
|---|---|---|---|---|---|---|---|---|---|
| S619 | 政法论坛 | 1339 | 1.922 | 1.933 | 0.95 | 160 | 15 | 11.95 | 4.6 |
| S382 | 政治学研究 | 1472 | 3.150 | 0.563 | 0.92 | 249 | 26 | 16.92 | 4.8 |
| S383 | 政治与法律 | 1651 | 1.753 | 0.445 | 0.91 | 194 | 14 | 11.75 | 4.4 |
| S384 | 职教论坛 | 615 | 0.427 | 0.173 | 0.74 | 87 | 2 | 14.15 | 3.4 |
| S390 | 治理研究 | 596 | 2.205 | 0.455 | 0.90 | 216 | 32 | 36.24 | 2.6 |
| Q468 | 智库理论与实践 | 204 | 0.673 | 0.099 | 0.45 | 46 | 1 | 22.55 | 2.5 |
| S386 | 中共党史研究 | 408 | 0.408 | 0.086 | 0.71 | 123 | 10 | 30.15 | 7.0 |
| S193 | 中共中央党校（国家行政学院）学报 | 1024 | 0.949 | 0.309 | 0.98 | 333 | 61 | 32.52 | 6.0 |
| S392 | 中国比较文学 | 166 | 0.288 | 0.049 | 0.87 | 59 | 10 | 35.54 | 8.9 |
| S393 | 中国边疆史地研究 | 316 | 0.345 | 0.042 | 0.75 | 67 | 5 | 21.20 | 9.3 |
| S304 | 中国大学教学 | 777 | 0.675 | 0.239 | 0.78 | 189 | 11 | 24.32 | 3.8 |
| S396 | 中国党政干部论坛 | 244 | 0.181 | 0.043 | 1.00 | 141 | 38 | 57.79 | 3.3 |
| S397 | 中国地方志 | 96 | 0.169 | 0.013 | 0.22 | 16 | 1 | 16.67 | 7.5 |
| S398 | 中国地质大学学报社会科学版 | 560 | 0.993 | 0.135 | 0.94 | 253 | 46 | 45.18 | 5.0 |
| J076 | 中国发明与专利 | 278 | 0.281 | 0.052 | 0.73 | 107 | 8 | 38.49 | 3.5 |
| S633 | 中国法学 | 3652 | 4.865 | 1.333 | 0.96 | 246 | 15 | 6.74 | 5.9 |
| S400 | 中国翻译 | 719 | 0.378 | 0.070 | 0.74 | 67 | 3 | 9.32 | 8.5 |
| S401 | 中国改革 | 36 | 0.015 | 0.013 | 1.00 | 32 | 14 | 88.89 | 15.0 |
| S664 | 中国高教研究 | 1682 | 1.323 | 0.392 | 0.87 | 229 | 9 | 13.61 | 3.9 |
| S800 | 中国工业经济 | 11904 | 11.434 | 1.748 | 0.97 | 436 | 38 | 3.66 | 4.7 |
| S404 | 中国海商法研究 | 74 | 0.304 | 0.200 | 0.34 | 23 | 1 | 31.08 | 3.3 |
| S823 | 中国科技翻译 | 134 | 0.214 | 0.029 | 0.59 | 40 | 3 | 29.85 | 6.0 |
| A583 | 中国科技期刊研究 | 2040 | 1.866 | 0.647 | 0.48 | 169 | 1 | 8.28 | 3.4 |
| S133 | 中国科技资源导刊 | 235 | 0.555 | 0.127 | 0.83 | 70 | 11 | 29.79 | 3.4 |
| S410 | 中国劳动 | 152 | 0.521 | 0.324 | 0.74 | 66 | 5 | 43.42 | 4.6 |
| S618 | 中国历史地理论丛 | 304 | 0.143 | 0.000 | 0.69 | 97 | 7 | 31.91 | 13.8 |
| S838 | 中国流通经济 | 852 | 1.285 | 0.406 | 0.84 | 259 | 28 | 30.40 | 3.2 |
| S414 | 中国穆斯林 | 77 | 0.097 | 0.011 | 0.52 | 11 | 2 | 14.29 | 7.3 |
| S803 | 中国农村观察 | 1507 | 2.979 | 0.492 | 0.93 | 270 | 21 | 17.92 | 5.2 |
| S804 | 中国农村经济 | 4221 | 5.531 | 1.215 | 0.94 | 386 | 24 | 9.14 | 4.5 |
| H221 | 中国农业资源与区划 | 3367 | 1.589 | 0.452 | 0.81 | 453 | 26 | 13.45 | 3.6 |
| S417 | 中国青年社会科学 | 244 | 0.403 | 0.108 | 0.89 | 125 | 16 | 51.23 | 4.4 |
| S416 | 中国青年研究 | 1256 | 1.251 | 0.423 | 0.78 | 263 | 10 | 20.94 | 3.7 |
| S874 | 中国人口科学 | 1543 | 3.330 | 0.400 | 0.94 | 330 | 52 | 21.39 | 6.0 |
| S419 | 中国人力资源开发 | 899 | 1.400 | 0.474 | 0.72 | 199 | 9 | 22.14 | 3.8 |
| S990 | 中国人民大学学报 | 1045 | 0.937 | 0.416 | 0.98 | 363 | 78 | 34.74 | 6.3 |
| S875 | 中国社会科学 | 8003 | 5.991 | 1.040 | 0.98 | 545 | 75 | 6.81 | 7.3 |
| S587 | 中国司法鉴定 | 366 | 0.464 | 0.065 | 0.70 | 77 | 3 | 21.04 | 5.4 |
| S714 | 中国特殊教育 | 1298 | 1.019 | 0.537 | 0.47 | 153 | 1 | 11.79 | 4.9 |
| S888 | 中国体育科技 | 864 | 0.974 | 0.155 | 0.83 | 181 | 7 | 20.95 | 3.8 |
| S902 | 中国图书馆学报 | 1851 | 4.705 | 1.607 | 0.93 | 183 | 7 | 9.89 | 5.0 |
| S426 | 中国文化研究 | 140 | 0.143 | 0.028 | 0.94 | 83 | 22 | 59.29 | 12.3 |
| S427 | 中国现代文学研究丛刊 | 440 | 0.216 | 0.124 | 0.80 | 65 | 5 | 14.77 | 7.5 |

表 4-1　2022 年社会科学领域中国科技核心期刊被引用指标刊名字顺索引（续）

| CODE | 刊名 | 核心总被引频次 | 核心影响因子 | 核心即年指标 | 核心他引率 | 核心引用刊数 | 核心开放因子 | 核心扩散因子 | 核心被引半衰期 |
|---|---|---|---|---|---|---|---|---|---|
| S428 | 中国刑事法杂志 | 905 | 2.752 | 1.183 | 0.88 | 90 | 8 | 9.94 | 3.3 |
| S405 | 中国行政管理 | 3694 | 1.709 | 0.269 | 0.87 | 440 | 36 | 11.91 | 4.7 |
| G911 | 中国医学伦理学 | 1400 | 0.951 | 0.273 | 0.69 | 222 | 7 | 15.86 | 3.4 |
| S429 | 中国音乐 | 317 | 0.210 | 0.054 | 0.69 | 38 | 3 | 11.99 | 8.8 |
| S430 | 中国音乐学 | 268 | 0.250 | 0.000 | 0.87 | 34 | 3 | 12.69 | 17.3 |
| S715 | 中国语文 | 1012 | 0.375 | 0.094 | 0.82 | 78 | 5 | 7.71 | 20.3 |
| G131 | 中国运动医学杂志 | 1099 | 0.817 | 0.096 | 0.92 | 309 | 32 | 28.12 | 5.6 |
| S432 | 中国职业技术教育 | 1034 | 0.445 | 0.143 | 0.49 | 109 | 1 | 10.54 | 2.9 |
| S807 | 中国资产评估 | 182 | 0.265 | 0.116 | 0.17 | 23 | 1 | 12.64 | 3.6 |
| S434 | 中国宗教 | 52 | 0.017 | 0.003 | 1.00 | 19 | 3 | 36.54 | 5.3 |
| S435 | 中华文化论坛 | 130 | 0.079 | 0.026 | 0.96 | 75 | 19 | 57.69 | 6.8 |
| S992 | 中南财经政法大学学报 | 697 | 1.131 | 0.370 | 0.93 | 213 | 37 | 30.56 | 4.6 |
| S993 | 中南民族大学学报人文社会科学版 | 601 | 0.589 | 0.200 | 0.84 | 200 | 19 | 33.28 | 3.3 |
| S994 | 中山大学学报社会科学版 | 569 | 0.415 | 0.135 | 0.97 | 263 | 62 | 46.22 | 8.9 |
| S634 | 中外法学 | 1921 | 3.220 | 0.917 | 0.94 | 193 | 12 | 10.05 | 4.8 |
| S440 | 中央财经大学学报 | 869 | 1.067 | 0.211 | 0.91 | 242 | 34 | 27.85 | 4.4 |
| S441 | 中央音乐学院学报 | 254 | 0.298 | 0.019 | 0.80 | 27 | 3 | 10.63 | 13.2 |
| S996 | 中州学刊 | 901 | 0.499 | 0.171 | 0.93 | 320 | 56 | 35.52 | 3.9 |
| S444 | 装饰 | 438 | 0.243 | 0.033 | 0.64 | 114 | 3 | 26.03 | 4.6 |
| S728 | 资源开发与市场 | 1001 | 0.559 | 0.237 | 0.87 | 314 | 32 | 31.37 | 4.8 |
| S446 | 资源与产业 | 568 | 1.523 | 0.217 | 0.63 | 191 | 9 | 33.63 | 4.3 |
| S926 | 自然辩证法研究 | 810 | 0.369 | 0.053 | 0.85 | 274 | 31 | 33.83 | 6.8 |
| S448 | 宗教学研究 | 213 | 0.075 | 0.000 | 0.68 | 53 | 2 | 24.88 | 9.0 |

## 4.2 期刊来源指标刊名字顺排序

### 表 4-2 2022 年社会科学领域中国科技核心期刊来源指标刊名字顺索引

| CODE | 刊名 | 来源文献量 | 文献选出率 | AR论文量 | 平均引文数 | 平均作者数 | 地区分布数 | 机构分布数 | 海外论文比 | 基金论文比 | 引用半衰期 |
|---|---|---|---|---|---|---|---|---|---|---|---|
| S929 | 北京大学学报哲学社会科学版 | 86 | 0.91 | 86 | 54.2 | 1.1 | 11 | 33 | 0.05 | 0.47 | 54.0 |
| S153 | 北京电影学院学报 | 169 | 0.87 | 157 | 34.2 | 1.4 | 18 | 74 | 0.05 | 0.41 | 19.1 |
| S148 | 北京工业大学学报社会科学版 | 68 | 0.96 | 68 | 41.9 | 2.0 | 11 | 25 | 0.00 | 0.82 | 7.6 |
| S930 | 北京师范大学学报社会科学版 | 97 | 0.99 | 97 | 37.9 | 1.8 | 12 | 30 | 0.00 | 0.84 | 22.6 |
| S877 | 北京体育大学学报 | 172 | 0.99 | 161 | 36.5 | 2.5 | 22 | 71 | 0.02 | 0.81 | 6.0 |
| S156 | 北京行政学院学报 | 83 | 1.00 | 83 | 28.6 | 1.8 | 20 | 50 | 0.00 | 0.73 | 9.8 |
| S695 | 比较教育学报 | 80 | 0.92 | 77 | 37.7 | 1.9 | 14 | 32 | 0.04 | 0.66 | 4.8 |
| S666 | 比较教育研究 | 147 | 1.00 | 146 | 27.7 | 1.7 | 22 | 70 | 0.05 | 0.67 | 4.4 |
| A570 | 编辑学报 | 144 | 0.89 | 136 | 17.3 | 3.2 | 22 | 111 | 0.01 | 0.17 | 2.9 |
| S731 | 财经科学 | 134 | 0.91 | 125 | 29.3 | 2.3 | 22 | 65 | 0.01 | 0.71 | 7.3 |
| S647 | 财经理论与实践 | 119 | 1.00 | 119 | 28.4 | 2.4 | 21 | 64 | 0.02 | 0.98 | 6.2 |
| S147 | 财经论丛 | 120 | 0.98 | 120 | 35.1 | 2.5 | 23 | 74 | 0.02 | 0.89 | 7.4 |
| S732 | 财经问题研究 | 150 | 0.94 | 150 | 28.7 | 2.1 | 21 | 66 | 0.01 | 0.85 | 7.5 |
| S733 | 财经研究 | 132 | 1.00 | 132 | 44.1 | 2.6 | 18 | 64 | 0.02 | 0.95 | 8.7 |
| S734 | 财贸经济 | 133 | 0.94 | 132 | 36.9 | 2.4 | 16 | 49 | 0.02 | 0.74 | 9.1 |
| S735 | 财政研究 | 108 | 0.96 | 107 | 35.7 | 2.2 | 16 | 45 | 0.02 | 0.69 | 8.0 |
| S159 | 产业经济研究 | 60 | 0.91 | 60 | 47.6 | 2.5 | 17 | 40 | 0.02 | 0.97 | 6.1 |
| S736 | 城市发展研究 | 273 | 0.98 | 272 | 25.9 | 3.0 | 24 | 131 | 0.05 | 0.71 | 7.2 |
| S737 | 城市问题 | 122 | 0.91 | 122 | 33.0 | 2.5 | 21 | 80 | 0.01 | 0.86 | 5.4 |
| S443 | 重庆大学学报社会科学版 | 130 | 0.98 | 130 | 40.3 | 1.9 | 25 | 80 | 0.00 | 0.73 | 8.3 |
| S892 | 大学图书馆学报 | 98 | 0.88 | 77 | 24.9 | 2.2 | 20 | 49 | 0.00 | 0.23 | 5.3 |
| S738 | 当代财经 | 150 | 0.93 | 143 | 28.9 | 2.2 | 25 | 81 | 0.00 | 0.92 | 6.3 |
| S160 | 当代电影 | 288 | 0.93 | 279 | 22.9 | 1.3 | 20 | 100 | 0.05 | 0.37 | 21.2 |
| S739 | 当代经济科学 | 60 | 0.97 | 60 | 32.1 | 2.3 | 15 | 36 | 0.00 | 0.93 | 7.6 |
| S740 | 当代经济研究 | 135 | 0.84 | 131 | 26.7 | 1.8 | 25 | 65 | 0.02 | 0.69 | 9.3 |
| S161 | 当代青年研究 | 89 | 0.98 | 86 | 28.2 | 1.7 | 21 | 70 | 0.00 | 0.64 | 7.1 |
| S162 | 当代外国文学 | 90 | 0.98 | 89 | 19.4 | 1.3 | 21 | 57 | 0.01 | 0.60 | 16.5 |
| S164 | 当代亚太 | 30 | 0.68 | 30 | 116.2 | 1.7 | 8 | 15 | 0.03 | 0.63 | 8.6 |
| S165 | 当代语言学 | 57 | 0.93 | 57 | 44.7 | 1.7 | 15 | 39 | 0.09 | 0.63 | 23.5 |
| S166 | 当代作家评论 | 172 | 0.91 | 171 | 17.7 | 1.2 | 22 | 90 | 0.00 | 0.41 | 13.5 |
| S167 | 党的文献 | 102 | 0.89 | 97 | 40.8 | 1.2 | 19 | 59 | 0.00 | 0.31 | 76.0 |
| S597 | 党政研究 | 75 | 0.90 | 75 | 24.4 | 1.7 | 15 | 53 | 0.00 | 0.76 | 6.1 |
| S608 | 档案学通讯 | 86 | 1.00 | 76 | 26.7 | 1.9 | 17 | 40 | 0.02 | 0.56 | 4.3 |
| S609 | 档案学研究 | 121 | 0.95 | 119 | 25.2 | 2.0 | 23 | 49 | 0.01 | 0.66 | 4.3 |
| S169 | 电影艺术 | 120 | 0.88 | 109 | 27.6 | 1.3 | 13 | 55 | 0.10 | 0.43 | 14.8 |

## 表 4-2　2022 年社会科学领域中国科技核心期刊来源指标刊名字顺索引（续）

| CODE | 刊名 | 来源文献量 | 文献选出率 | AR论文量 | 平均引文数 | 平均作者数 | 地区分布数 | 机构分布数 | 海外论文比 | 基金论文比 | 引用半衰期 |
|---|---|---|---|---|---|---|---|---|---|---|---|
| S170 | 东北大学学报社会科学版 | 109 | 1.00 | 109 | 25.3 | 1.7 | 17 | 44 | 0.01 | 0.84 | 8.7 |
| S171 | 东北亚论坛 | 50 | 0.81 | 49 | 45.1 | 1.5 | 10 | 28 | 0.00 | 0.76 | 4.8 |
| S172 | 东南大学学报哲学社会科学版 | 82 | 0.87 | 82 | 44.1 | 1.8 | 15 | 39 | 0.00 | 0.82 | 12.6 |
| S173 | 东南文化 | 133 | 0.88 | 123 | 26.7 | 1.6 | 15 | 63 | 0.00 | 0.27 | 19.5 |
| S174 | 东南学术 | 145 | 0.95 | 145 | 28.9 | 1.5 | 17 | 76 | 0.01 | 0.70 | 13.6 |
| S175 | 敦煌学辑刊 | 75 | 0.94 | 75 | 43.5 | 1.4 | 21 | 43 | 0.01 | 0.77 | 62.1 |
| S176 | 敦煌研究 | 89 | 0.93 | 89 | 40.1 | 1.7 | 15 | 45 | 0.07 | 0.69 | 25.6 |
| S177 | 俄罗斯文艺 | 55 | 0.92 | 55 | 21.7 | 1.3 | 17 | 39 | 0.13 | 0.64 | 24.7 |
| S621 | 法律科学－西北政法大学学报 | 92 | 0.97 | 92 | 60.7 | 1.0 | 16 | 44 | 0.00 | 0.70 | 10.3 |
| S622 | 法商研究 | 84 | 0.93 | 84 | 56.1 | 1.0 | 16 | 46 | 0.00 | 0.76 | 9.3 |
| S623 | 法学 | 149 | 0.93 | 149 | 72.4 | 1.0 | 20 | 73 | 0.01 | 0.68 | 12.2 |
| S624 | 法学家 | 78 | 0.88 | 78 | 90.4 | 1.0 | 12 | 32 | 0.00 | 0.58 | 21.8 |
| S178 | 法学论坛 | 84 | 1.00 | 84 | 55.2 | 1.1 | 16 | 51 | 0.00 | 0.69 | 8.8 |
| S625 | 法学评论 | 104 | 0.95 | 104 | 65.1 | 1.1 | 18 | 48 | 0.00 | 0.64 | 17.6 |
| S626 | 法学研究 | 75 | 0.99 | 75 | 85.4 | 1.0 | 13 | 37 | 0.00 | 0.56 | 27.2 |
| S319 | 法学杂志 | 67 | 0.88 | 67 | 49.4 | 1.1 | 12 | 36 | 0.01 | 0.49 | 11.2 |
| S627 | 法制与社会发展 | 70 | 0.86 | 70 | 81.6 | 1.0 | 13 | 30 | 0.00 | 0.53 | 8.5 |
| S179 | 方言 | 54 | 0.98 | 54 | 27.6 | 1.2 | 15 | 32 | 0.06 | 0.57 | 21.5 |
| S933 | 福建师范大学学报哲学社会科学版 | 93 | 0.94 | 93 | 41.2 | 1.6 | 18 | 53 | 0.02 | 0.90 | 8.7 |
| S852 | 妇女研究论丛 | 60 | 0.88 | 58 | 43.9 | 1.5 | 9 | 32 | 0.07 | 0.37 | 13.6 |
| S934 | 复旦学报社会科学版 | 109 | 0.95 | 109 | 52.5 | 1.3 | 14 | 40 | 0.05 | 0.60 | 36.3 |
| S743 | 改革 | 140 | 0.84 | 140 | 27.1 | 2.1 | 17 | 64 | 0.00 | 0.73 | 4.1 |
| S181 | 甘肃政法大学学报 | 66 | 1.00 | 66 | 65.7 | 1.2 | 15 | 35 | 0.00 | 0.59 | 11.1 |
| S668 | 高等工程教育研究 | 191 | 0.97 | 190 | 17.0 | 2.7 | 22 | 95 | 0.02 | 0.73 | 4.8 |
| S669 | 高等教育研究 | 143 | 0.95 | 141 | 31.8 | 1.8 | 19 | 61 | 0.03 | 0.59 | 11.5 |
| S822 | 工程管理科技前沿 | 75 | 0.99 | 75 | 25.4 | 3.1 | 19 | 54 | 0.03 | 0.87 | 5.8 |
| J067 | 工业技术经济 | 219 | 1.00 | 219 | 25.0 | 2.4 | 27 | 98 | 0.02 | 0.83 | 5.1 |
| S183 | 公共行政评论 | 65 | 0.84 | 61 | 51.9 | 2.1 | 14 | 34 | 0.09 | 0.75 | 7.5 |
| S184 | 古汉语研究 | 42 | 0.91 | 42 | 34.7 | 1.3 | 18 | 33 | 0.02 | 0.83 | 30.2 |
| S185 | 古籍整理研究学刊 | 89 | 0.92 | 86 | 50.3 | 1.2 | 23 | 63 | 0.01 | 0.62 | 100.0 |
| S188 | 广东财经大学学报 | 48 | 0.64 | 48 | 39.1 | 2.5 | 13 | 35 | 0.02 | 0.83 | 6.0 |
| S936 | 广西民族大学学报哲学社会科学版 | 112 | 0.91 | 112 | 41.8 | 1.4 | 19 | 53 | 0.01 | 0.60 | 17.5 |
| S190 | 贵州财经大学学报 | 62 | 1.00 | 62 | 33.1 | 2.4 | 22 | 43 | 0.02 | 0.82 | 7.3 |
| S746 | 国际金融研究 | 104 | 0.92 | 104 | 32.0 | 2.6 | 20 | 50 | 0.01 | 0.88 | 7.1 |
| S747 | 国际经济合作 | 53 | 0.76 | 53 | 23.4 | 2.1 | 12 | 36 | 0.06 | 0.38 | 2.3 |
| S831 | 国际经贸探索 | 84 | 1.00 | 84 | 38.3 | 2.3 | 19 | 48 | 0.02 | 0.94 | 7.1 |
| S750 | 国际贸易问题 | 119 | 0.96 | 119 | 43.5 | 2.4 | 20 | 61 | 0.00 | 0.93 | 8.2 |
| S192 | 国际商务－对外经济贸易大学学报 | 54 | 1.00 | 54 | 42.1 | 2.4 | 15 | 36 | 0.02 | 0.87 | 8.7 |
| S751 | 国际商务研究 | 54 | 1.00 | 54 | 31.3 | 1.7 | 16 | 44 | 0.02 | 0.69 | 8.5 |
| L042 | 国际石油经济 | 178 | 0.89 | 167 | 11.6 | 3.0 | 16 | 74 | 0.02 | 0.06 | 2.1 |
| S194 | 国家检察官学院学报 | 61 | 1.00 | 61 | 55.5 | 1.2 | 12 | 30 | 0.02 | 0.51 | 14.7 |
| S195 | 国家教育行政学院学报 | 144 | 0.96 | 134 | 18.7 | 1.6 | 23 | 82 | 0.02 | 0.58 | 5.7 |
| S197 | 国家图书馆学刊 | 65 | 0.94 | 64 | 33.7 | 2.1 | 19 | 42 | 0.00 | 0.71 | 3.6 |

## 表 4-2　2022 年社会科学领域中国科技核心期刊来源指标刊名字顺索引（续）

| CODE | 刊名 | 来源文献量 | 文献选出率 | AR 论文量 | 平均引文数 | 平均作者数 | 地区分布数 | 机构分布数 | 海外论文比 | 基金论文比 | 引用半衰期 |
|---|---|---|---|---|---|---|---|---|---|---|---|
| S199 | 海交史研究 | 45 | 0.87 | 43 | 57.1 | 1.4 | 14 | 31 | 0.07 | 0.42 | 93.8 |
| S200 | 汉语学习 | 67 | 1.00 | 67 | 24.3 | 1.5 | 15 | 39 | 0.04 | 0.73 | 17.7 |
| S204 | 河北师范大学学报教育科学版 | 103 | 0.90 | 102 | 24.9 | 1.7 | 25 | 64 | 0.02 | 0.71 | 8.6 |
| S272 | 河海大学学报哲学社会科学版 | 92 | 0.90 | 91 | 27.3 | 3.1 | 18 | 57 | 0.02 | 0.90 | 6.3 |
| S205 | 河南大学学报社会科学版 | 134 | 0.96 | 134 | 34.4 | 1.4 | 21 | 81 | 0.01 | 0.72 | 16.0 |
| S206 | 红楼梦学刊 | 124 | 0.91 | 122 | 19.4 | 1.2 | 24 | 75 | 0.04 | 0.30 | 22.5 |
| S209 | 湖南大学学报社会科学版 | 123 | 0.98 | 123 | 26.0 | 1.9 | 19 | 48 | 0.00 | 0.84 | 10.4 |
| S210 | 湖南科技大学学报社会科学版 | 131 | 0.94 | 131 | 35.6 | 1.6 | 19 | 76 | 0.00 | 0.84 | 11.9 |
| S211 | 湖南社会科学 | 134 | 0.96 | 134 | 20.4 | 1.5 | 21 | 87 | 0.00 | 0.69 | 8.4 |
| S212 | 湖南师范大学教育科学学报 | 87 | 0.91 | 81 | 29.0 | 1.7 | 18 | 44 | 0.00 | 0.59 | 7.8 |
| S213 | 湖南师范大学社会科学学报 | 110 | 1.00 | 110 | 27.9 | 1.5 | 18 | 54 | 0.00 | 0.78 | 12.3 |
| S673 | 华东师范大学学报教育科学版 | 119 | 0.99 | 119 | 41.6 | 2.1 | 14 | 48 | 0.11 | 0.60 | 9.5 |
| S939 | 华东师范大学学报哲学社会科学版 | 98 | 0.92 | 98 | 38.9 | 1.6 | 16 | 39 | 0.06 | 0.78 | 21.6 |
| S214 | 华东政法大学学报 | 81 | 1.00 | 81 | 66.9 | 1.1 | 15 | 40 | 0.01 | 0.65 | 10.7 |
| S940 | 华南师范大学学报社会科学版 | 99 | 0.92 | 99 | 40.3 | 1.8 | 16 | 50 | 0.01 | 0.68 | 11.9 |
| S215 | 华侨华人历史研究 | 38 | 0.90 | 36 | 50.1 | 1.4 | 12 | 28 | 0.16 | 0.53 | 22.0 |
| S941 | 华中师范大学学报人文社会科学版 | 119 | 0.92 | 118 | 43.6 | 1.3 | 21 | 52 | 0.00 | 0.81 | 29.6 |
| S216 | 黄钟 – 武汉音乐学院学报 | 63 | 0.85 | 62 | 37.2 | 1.2 | 15 | 36 | 0.06 | 0.37 | 82.8 |
| S942 | 吉林大学社会科学学报 | 112 | 0.90 | 112 | 39.7 | 1.6 | 17 | 46 | 0.01 | 0.79 | 13.5 |
| S718 | 技术经济 | 179 | 0.93 | 179 | 44.7 | 2.6 | 27 | 117 | 0.02 | 0.89 | 5.5 |
| S719 | 技术经济与管理研究 | 257 | 1.00 | 257 | 21.7 | 1.7 | 27 | 170 | 0.05 | 0.84 | 4.5 |
| S832 | 价格理论与实践 | 516 | 0.92 | 503 | 14.4 | 2.4 | 28 | 298 | 0.03 | 0.55 | 4.1 |
| S944 | 江海学刊 | 170 | 0.78 | 169 | 36.2 | 1.4 | 23 | 81 | 0.02 | 0.60 | 35.7 |
| S674 | 江苏高教 | 214 | 0.96 | 214 | 19.5 | 1.8 | 22 | 110 | 0.02 | 0.69 | 7.1 |
| S854 | 江苏社会科学 | 147 | 0.90 | 147 | 36.4 | 1.5 | 15 | 70 | 0.01 | 0.86 | 11.3 |
| S219 | 江苏行政学院学报 | 97 | 0.89 | 97 | 21.5 | 1.6 | 14 | 47 | 0.00 | 0.78 | 10.9 |
| S220 | 江西财经大学学报 | 73 | 0.92 | 73 | 32.2 | 1.7 | 19 | 51 | 0.00 | 0.92 | 6.5 |
| S946 | 江西社会科学 | 242 | 0.88 | 242 | 27.9 | 1.6 | 24 | 115 | 0.01 | 0.73 | 11.9 |
| S221 | 交响 – 西安音乐学院学报 | 92 | 0.98 | 86 | 14.6 | 1.1 | 15 | 38 | 0.01 | 0.41 | 22.9 |
| S222 | 教师教育研究 | 105 | 0.99 | 105 | 26.9 | 2.2 | 20 | 48 | 0.01 | 0.72 | 7.8 |
| S675 | 教学与研究 | 141 | 0.94 | 140 | 33.0 | 1.4 | 19 | 59 | 0.00 | 0.62 | 8.2 |
| S223 | 教育财会研究 | 94 | 1.00 | 92 | 7.9 | 2.2 | 20 | 76 | 0.00 | 0.31 | 3.3 |
| S676 | 教育发展研究 | 240 | 0.73 | 235 | 26.5 | 1.9 | 24 | 95 | 0.02 | 0.72 | 8.3 |
| S677 | 教育科学 | 77 | 1.00 | 76 | 24.6 | 1.9 | 19 | 44 | 0.01 | 0.86 | 8.0 |
| S415 | 教育生物学杂志 | 86 | 0.91 | 81 | 29.6 | 4.3 | 19 | 46 | 0.01 | 0.52 | 6.9 |
| S224 | 教育学报 | 99 | 0.96 | 99 | 33.5 | 1.8 | 17 | 45 | 0.03 | 0.75 | 12.6 |
| S681 | 教育研究 | 167 | 0.96 | 166 | 36.7 | 1.7 | 20 | 60 | 0.01 | 0.51 | 9.0 |
| S682 | 教育研究与实验 | 91 | 1.00 | 91 | 24.2 | 1.7 | 17 | 45 | 0.02 | 0.71 | 11.3 |
| S683 | 教育与经济 | 63 | 1.00 | 63 | 33.9 | 2.1 | 19 | 45 | 0.00 | 0.83 | 7.2 |
| S225 | 解放军外国语学院学报 | 114 | 0.90 | 114 | 28.7 | 1.6 | 23 | 90 | 0.05 | 0.74 | 13.8 |
| S226 | 金融经济学研究 | 62 | 0.98 | 62 | 37.3 | 2.7 | 18 | 45 | 0.00 | 0.90 | 6.7 |
| S652 | 金融理论与实践 | 132 | 0.93 | 132 | 32.6 | 2.3 | 24 | 102 | 0.02 | 0.75 | 5.9 |
| S227 | 金融论坛 | 96 | 0.88 | 96 | 31.5 | 2.3 | 19 | 61 | 0.02 | 0.74 | 8.1 |

## 表 4-2 2022 年社会科学领域中国科技核心期刊来源指标刊名字顺索引（续）

| CODE | 刊名 | 来源文献量 | 文献选出率 | AR论文量 | 平均引文数 | 平均作者数 | 地区分布数 | 机构分布数 | 海外论文比 | 基金论文比 | 引用半衰期 |
|---|---|---|---|---|---|---|---|---|---|---|---|
| S757 | 金融研究 | 132 | 1.00 | 132 | 41.8 | 2.7 | 14 | 49 | 0.04 | 0.91 | 9.3 |
| S228 | 近代史研究 | 71 | 0.97 | 71 | 100.1 | 1.1 | 18 | 38 | 0.03 | 0.49 | 100.0 |
| S759 | 经济管理 | 131 | 0.98 | 131 | 57.2 | 2.5 | 22 | 59 | 0.01 | 0.90 | 7.4 |
| S760 | 经济经纬 | 90 | 0.97 | 90 | 32.4 | 2.3 | 21 | 56 | 0.01 | 0.90 | 6.0 |
| S761 | 经济科学 | 64 | 0.77 | 64 | 41.0 | 2.3 | 17 | 35 | 0.02 | 0.89 | 11.5 |
| S762 | 经济理论与经济管理 | 89 | 0.88 | 89 | 38.7 | 2.5 | 18 | 46 | 0.04 | 0.80 | 8.7 |
| S764 | 经济评论 | 61 | 0.92 | 60 | 38.9 | 2.4 | 18 | 39 | 0.02 | 0.90 | 8.4 |
| S765 | 经济社会体制比较 | 106 | 0.99 | 106 | 35.8 | 2.0 | 15 | 59 | 0.02 | 0.77 | 8.7 |
| S767 | 经济体制改革 | 154 | 0.96 | 154 | 19.8 | 2.0 | 25 | 101 | 0.01 | 0.84 | 4.3 |
| S768 | 经济问题 | 183 | 0.98 | 183 | 27.4 | 2.2 | 25 | 100 | 0.02 | 0.78 | 5.6 |
| S769 | 经济问题探索 | 148 | 1.00 | 148 | 38.2 | 2.4 | 21 | 76 | 0.02 | 0.88 | 6.0 |
| S229 | 经济学 | 102 | 0.95 | 102 | 45.6 | 2.7 | 17 | 44 | 0.08 | 0.92 | 11.4 |
| S282 | 经济学报 | 43 | 0.96 | 43 | 52.4 | 2.5 | 14 | 32 | 0.02 | 0.79 | 9.8 |
| S721 | 经济学动态 | 124 | 0.97 | 123 | 54.8 | 2.0 | 17 | 51 | 0.00 | 0.69 | 7.5 |
| S771 | 经济学家 | 154 | 0.93 | 142 | 26.2 | 2.0 | 21 | 85 | 0.02 | 0.71 | 5.7 |
| S772 | 经济研究 | 157 | 0.95 | 156 | 48.6 | 2.3 | 15 | 61 | 0.04 | 0.70 | 10.7 |
| S230 | 经济与管理评论 | 71 | 0.99 | 71 | 28.3 | 2.3 | 16 | 44 | 0.04 | 0.79 | 5.3 |
| S773 | 经济与管理研究 | 100 | 0.99 | 100 | 46.6 | 2.4 | 21 | 58 | 0.00 | 0.89 | 6.9 |
| S774 | 经济纵横 | 170 | 0.89 | 170 | 24.0 | 2.0 | 24 | 96 | 0.01 | 0.68 | 6.1 |
| S094 | 竞争情报 | 40 | 0.68 | 40 | 22.4 | 2.0 | 12 | 27 | 0.00 | 0.35 | 5.9 |
| S232 | 军事运筹与评估 | 65 | 0.96 | 63 | 12.8 | 3.0 | 10 | 29 | 0.00 | 0.11 | 5.0 |
| S233 | 开放教育研究 | 74 | 0.88 | 70 | 34.5 | 2.7 | 16 | 33 | 0.09 | 0.73 | 5.1 |
| S234 | 开放时代 | 90 | 0.93 | 89 | 52.7 | 1.3 | 16 | 38 | 0.04 | 0.36 | 29.4 |
| S155 | 开放学习研究 | 41 | 0.89 | 41 | 25.0 | 3.0 | 10 | 21 | 0.02 | 0.56 | 5.7 |
| S235 | 抗日战争研究 | 43 | 0.96 | 42 | 98.5 | 1.0 | 14 | 30 | 0.07 | 0.35 | 100.0 |
| S808 | 考古 | 98 | 0.96 | 98 | 39.1 | 2.0 | 14 | 33 | 0.02 | 0.50 | 23.7 |
| S809 | 考古学报 | 18 | 0.95 | 18 | 74.9 | 1.4 | 5 | 7 | 0.00 | 0.50 | 23.2 |
| S810 | 考古与文物 | 83 | 0.93 | 80 | 31.6 | 2.1 | 16 | 33 | 0.01 | 0.45 | 26.0 |
| W027 | 科技与法律中英文版 | 92 | 0.94 | 92 | 35.1 | 1.6 | 20 | 45 | 0.02 | 0.62 | 7.5 |
| A223 | 科普研究 | 63 | 0.66 | 62 | 24.3 | 2.7 | 15 | 36 | 0.02 | 0.30 | 7.1 |
| S236 | 课程·教材·教法 | 257 | 0.97 | 251 | 16.1 | 1.8 | 26 | 91 | 0.02 | 0.62 | 7.3 |
| S756 | 会计研究 | 157 | 0.97 | 156 | 37.8 | 2.9 | 21 | 78 | 0.03 | 0.89 | 9.7 |
| S217 | 会计与经济研究 | 42 | 0.95 | 42 | 48.8 | 2.7 | 14 | 32 | 0.00 | 0.98 | 9.0 |
| S947 | 兰州大学学报社会科学版 | 85 | 1.00 | 85 | 32.8 | 1.9 | 14 | 44 | 0.00 | 0.82 | 10.3 |
| S237 | 理论探讨 | 135 | 0.97 | 135 | 20.0 | 1.7 | 22 | 72 | 0.01 | 0.92 | 6.5 |
| S238 | 理论与改革 | 75 | 0.91 | 75 | 27.0 | 1.3 | 14 | 48 | 0.01 | 0.79 | 6.6 |
| S239 | 历史教学问题 | 152 | 0.93 | 147 | 43.7 | 1.3 | 24 | 92 | 0.02 | 0.38 | 79.5 |
| S240 | 历史研究 | 69 | 0.96 | 69 | 115.0 | 1.0 | 17 | 35 | 0.00 | 0.52 | 100.0 |
| S242 | 林业经济问题 | 73 | 1.00 | 73 | 36.6 | 3.5 | 13 | 25 | 0.01 | 0.78 | 4.5 |
| S243 | 鲁迅研究月刊 | 124 | 0.84 | 119 | 26.7 | 1.3 | 1 | 1 | 0.00 | 0.38 | 45.2 |
| S245 | 旅游科学 | 45 | 1.00 | 45 | 67.0 | 2.8 | 17 | 28 | 0.04 | 0.89 | 8.4 |
| S616 | 旅游学刊 | 177 | 0.88 | 124 | 44.4 | 2.7 | 21 | 83 | 0.07 | 0.71 | 9.2 |
| S244 | 伦理学研究 | 109 | 0.97 | 109 | 18.0 | 1.3 | 21 | 66 | 0.00 | 0.83 | 13.7 |

## 表 4-2　2022 年社会科学领域中国科技核心期刊来源指标刊名字顺索引（续）

| CODE | 刊名 | 来源文献量 | 文献选出率 | AR论文量 | 平均引文数 | 平均作者数 | 地区分布数 | 机构分布数 | 海外论文比 | 基金论文比 | 引用半衰期 |
|---|---|---|---|---|---|---|---|---|---|---|---|
| S246 | 马克思主义研究 | 159 | 0.80 | 158 | 45.7 | 1.0 | 25 | 76 | 0.00 | 0.59 | 6.6 |
| S247 | 马克思主义与现实 | 149 | 0.93 | 142 | 32.8 | 1.3 | 21 | 63 | 0.02 | 0.57 | 100.0 |
| S637 | 煤炭经济研究 | 155 | 0.90 | 155 | 17.8 | 2.5 | 15 | 72 | 0.01 | 0.42 | 3.5 |
| S248 | 美术研究 | 104 | 0.88 | 97 | 30.7 | 1.2 | 13 | 46 | 0.03 | 0.32 | 36.3 |
| S249 | 民族教育研究 | 129 | 0.93 | 129 | 24.6 | 2.1 | 23 | 53 | 0.01 | 0.78 | 5.6 |
| S251 | 民族文学研究 | 101 | 1.00 | 101 | 51.9 | 1.2 | 26 | 67 | 0.01 | 0.66 | 40.3 |
| S252 | 民族研究 | 62 | 0.97 | 58 | 67.6 | 1.5 | 23 | 41 | 0.02 | 0.68 | 24.7 |
| S253 | 民族艺术 | 97 | 0.83 | 96 | 34.6 | 1.3 | 19 | 54 | 0.07 | 0.48 | 16.9 |
| S254 | 明清小说研究 | 71 | 0.99 | 71 | 29.4 | 1.2 | 19 | 52 | 0.00 | 0.68 | 25.4 |
| S255 | 南方文坛 | 171 | 0.90 | 145 | 14.6 | 1.1 | 20 | 99 | 0.02 | 0.25 | 15.9 |
| S950 | 南京大学学报哲学・人文科学・社会科学 | 78 | 0.86 | 78 | 55.1 | 1.3 | 14 | 45 | 0.01 | 0.58 | 23.9 |
| S858 | 南京社会科学 | 216 | 0.92 | 216 | 27.8 | 1.5 | 21 | 97 | 0.00 | 0.75 | 8.8 |
| S777 | 南开经济研究 | 121 | 1.00 | 115 | 43.4 | 2.5 | 20 | 63 | 0.02 | 0.86 | 9.3 |
| S953 | 南开学报哲学社会科学版 | 106 | 1.00 | 106 | 48.3 | 1.4 | 19 | 36 | 0.01 | 0.78 | 25.9 |
| S839 | 农村经济 | 186 | 0.93 | 186 | 21.5 | 2.1 | 22 | 99 | 0.01 | 0.82 | 5.0 |
| S778 | 农业技术经济 | 111 | 0.82 | 111 | 42.7 | 2.8 | 21 | 58 | 0.02 | 0.95 | 7.5 |
| S779 | 农业经济问题 | 135 | 0.82 | 135 | 38.4 | 2.5 | 20 | 68 | 0.01 | 0.82 | 6.9 |
| Q438 | 农业图书情报学报 | 112 | 0.98 | 111 | 29.1 | 2.6 | 21 | 72 | 0.02 | 0.75 | 4.3 |
| S639 | 企业经济 | 187 | 0.93 | 187 | 27.9 | 2.1 | 24 | 118 | 0.02 | 0.96 | 5.3 |
| S258 | 青年探索 | 64 | 0.90 | 61 | 25.5 | 1.7 | 11 | 38 | 0.02 | 0.55 | 7.6 |
| S259 | 青年研究 | 46 | 0.87 | 46 | 44.3 | 1.9 | 16 | 34 | 0.00 | 0.70 | 9.6 |
| S260 | 青少年犯罪问题 | 74 | 0.93 | 74 | 43.0 | 1.4 | 19 | 42 | 0.03 | 0.30 | 7.5 |
| S687 | 清华大学教育研究 | 102 | 1.00 | 92 | 33.0 | 2.0 | 15 | 47 | 0.09 | 0.60 | 11.8 |
| S955 | 清华大学学报哲学社会科学版 | 99 | 0.94 | 99 | 70.6 | 1.2 | 18 | 50 | 0.03 | 0.49 | 60.6 |
| S844 | 情报工程 | 60 | 0.95 | 60 | 28.3 | 2.9 | 17 | 50 | 0.00 | 0.63 | 5.4 |
| S846 | 情报科学 | 287 | 0.98 | 284 | 31.0 | 2.9 | 21 | 110 | 0.01 | 0.75 | 4.8 |
| S847 | 情报理论与实践 | 318 | 0.90 | 311 | 31.7 | 3.0 | 22 | 110 | 0.02 | 0.77 | 4.7 |
| W020 | 情报学报 | 110 | 0.92 | 110 | 44.1 | 3.3 | 18 | 40 | 0.02 | 0.91 | 6.5 |
| S848 | 情报杂志 | 339 | 0.98 | 337 | 26.0 | 2.5 | 28 | 155 | 0.01 | 0.71 | 4.5 |
| S849 | 情报资料工作 | 71 | 0.97 | 68 | 35.3 | 2.4 | 18 | 45 | 0.00 | 0.69 | 4.5 |
| S261 | 求实 | 48 | 0.83 | 48 | 27.4 | 1.6 | 17 | 39 | 0.00 | 0.29 | 6.6 |
| S956 | 求是 | 224 | 0.51 | 224 | 0.0 | 1.1 | 14 | 59 | 0.00 | 0.00 | 0.0 |
| S958 | 求索 | 131 | 0.97 | 131 | 28.6 | 1.1 | 19 | 73 | 0.00 | 0.89 | 11.8 |
| S688 | 全球教育展望 | 122 | 0.97 | 112 | 23.7 | 1.9 | 14 | 43 | 0.05 | 0.43 | 9.7 |
| S106 | 全球科技经济瞭望 | 131 | 1.00 | 130 | 16.4 | 2.4 | 11 | 37 | 0.00 | 0.33 | 1.7 |
| S860 | 人口研究 | 54 | 0.93 | 54 | 25.0 | 2.4 | 12 | 23 | 0.02 | 0.89 | 9.4 |
| S862 | 人口与经济 | 54 | 0.98 | 54 | 45.3 | 2.3 | 14 | 42 | 0.02 | 0.85 | 8.2 |
| S628 | 人民检察 | 332 | 0.61 | 239 | 10.0 | 1.8 | 27 | 109 | 0.00 | 0.10 | 3.3 |
| S263 | 人民音乐 | 232 | 0.85 | 200 | 8.7 | 1.2 | 22 | 88 | 0.03 | 0.21 | 31.8 |
| S617 | 人文地理 | 122 | 0.93 | 122 | 46.0 | 3.3 | 26 | 69 | 0.08 | 0.99 | 7.6 |
| S819 | 软科学 | 232 | 0.95 | 232 | 29.7 | 2.6 | 26 | 137 | 0.00 | 0.94 | 6.0 |
| S264 | 山东大学学报哲学社会科学版 | 95 | 0.94 | 95 | 43.0 | 1.8 | 16 | 53 | 0.05 | 0.74 | 6.7 |
| S961 | 山西财经大学学报 | 109 | 0.59 | 109 | 37.6 | 2.3 | 22 | 54 | 0.00 | 0.87 | 6.0 |

## 表 4-2 2022 年社会科学领域中国科技核心期刊来源指标刊名字顺索引（续）

| CODE | 刊名 | 来源文献量 | 文献选出率 | AR论文量 | 平均引文数 | 平均作者数 | 地区分布数 | 机构分布数 | 海外论文比 | 基金论文比 | 引用半衰期 |
|---|---|---|---|---|---|---|---|---|---|---|---|
| S964 | 陕西师范大学学报哲学社会科学版 | 90 | 0.93 | 90 | 35.5 | 1.6 | 19 | 47 | 0.00 | 0.82 | 9.2 |
| S834 | 商业经济与管理 | 85 | 0.97 | 85 | 47.8 | 2.3 | 18 | 55 | 0.00 | 0.99 | 8.1 |
| S835 | 商业研究 | 88 | 1.00 | 88 | 27.1 | 2.4 | 21 | 60 | 0.02 | 0.91 | 7.6 |
| S265 | 上海财经大学学报哲学社会科学版 | 60 | 1.00 | 60 | 47.3 | 2.4 | 17 | 44 | 0.00 | 0.95 | 6.0 |
| S965 | 上海大学学报社会科学版 | 63 | 0.97 | 63 | 30.9 | 1.3 | 14 | 40 | 0.03 | 0.71 | 9.0 |
| S266 | 上海翻译 | 96 | 0.91 | 93 | 25.1 | 1.6 | 22 | 67 | 0.03 | 0.77 | 11.0 |
| S268 | 上海金融 | 77 | 0.87 | 77 | 40.6 | 2.3 | 21 | 55 | 0.00 | 0.52 | 7.5 |
| S781 | 上海经济研究 | 119 | 0.93 | 119 | 40.4 | 1.9 | 15 | 45 | 0.00 | 0.80 | 8.4 |
| S269 | 上海师范大学学报哲学社会科学版 | 96 | 1.00 | 96 | 39.6 | 1.2 | 18 | 55 | 0.04 | 0.66 | 34.5 |
| S883 | 上海体育学院学报 | 116 | 0.94 | 109 | 41.6 | 2.9 | 18 | 59 | 0.01 | 0.77 | 5.9 |
| S267 | 上海行政学院学报 | 54 | 0.90 | 54 | 36.3 | 1.9 | 15 | 32 | 0.04 | 0.85 | 7.6 |
| S270 | 社会 | 52 | 0.93 | 52 | 67.8 | 1.4 | 12 | 31 | 0.08 | 0.44 | 17.6 |
| S271 | 社会保障研究 | 57 | 0.90 | 57 | 38.1 | 2.2 | 16 | 42 | 0.02 | 0.81 | 5.7 |
| S863 | 社会科学 | 209 | 0.92 | 209 | 56.1 | 1.3 | 24 | 77 | 0.01 | 0.72 | 21.8 |
| S865 | 社会科学研究 | 130 | 0.98 | 130 | 48.7 | 1.5 | 20 | 61 | 0.02 | 0.62 | 36.3 |
| S866 | 社会科学战线 | 365 | 0.91 | 365 | 42.4 | 1.5 | 25 | 128 | 0.02 | 0.69 | 18.1 |
| S867 | 社会学研究 | 61 | 0.91 | 61 | 61.1 | 1.7 | 9 | 29 | 0.07 | 0.72 | 13.2 |
| S276 | 社会主义研究 | 129 | 0.98 | 129 | 31.5 | 1.5 | 24 | 67 | 0.00 | 0.78 | 8.5 |
| S782 | 审计研究 | 75 | 0.91 | 75 | 15.6 | 2.4 | 15 | 34 | 0.00 | 0.81 | 5.6 |
| S784 | 生态经济 | 392 | 0.97 | 377 | 26.4 | 2.7 | 30 | 230 | 0.02 | 0.79 | 5.8 |
| S278 | 史学月刊 | 157 | 0.92 | 156 | 66.3 | 1.1 | 23 | 65 | 0.00 | 0.56 | 83.4 |
| S691 | 世界汉语教学 | 40 | 0.93 | 39 | 43.6 | 1.6 | 11 | 29 | 0.15 | 0.60 | 17.7 |
| S785 | 世界经济 | 108 | 0.90 | 108 | 56.9 | 2.7 | 17 | 42 | 0.04 | 0.91 | 11.5 |
| S787 | 世界经济研究 | 116 | 0.89 | 113 | 40.4 | 2.2 | 21 | 68 | 0.03 | 0.80 | 8.6 |
| S788 | 世界经济与政治 | 66 | 0.76 | 66 | 108.8 | 1.5 | 12 | 33 | 0.02 | 0.59 | 9.4 |
| S789 | 世界经济与政治论坛 | 42 | 0.91 | 42 | 68.6 | 1.8 | 11 | 31 | 0.02 | 0.62 | 7.2 |
| A201 | 世界科技研究与发展 | 76 | 0.90 | 72 | 29.3 | 3.6 | 13 | 49 | 0.01 | 0.54 | 3.4 |
| S285 | 世界民族 | 63 | 1.00 | 62 | 64.5 | 1.4 | 16 | 36 | 0.02 | 0.75 | 16.6 |
| S286 | 世界宗教文化 | 147 | 0.96 | 147 | 36.1 | 1.3 | 23 | 69 | 0.06 | 0.70 | 34.8 |
| S287 | 世界宗教研究 | 150 | 0.90 | 146 | 52.5 | 1.2 | 19 | 58 | 0.01 | 0.53 | 81.0 |
| S850 | 数据分析与知识发现 | 157 | 0.93 | 157 | 34.5 | 3.5 | 23 | 84 | 0.01 | 0.82 | 5.5 |
| S790 | 数量经济技术经济研究 | 109 | 0.96 | 109 | 45.3 | 2.5 | 21 | 63 | 0.05 | 0.88 | 8.3 |
| B523 | 数学教育学报 | 98 | 1.00 | 98 | 28.7 | 2.4 | 20 | 50 | 0.03 | 0.87 | 8.1 |
| W022 | 数字图书馆论坛 | 120 | 0.80 | 111 | 23.9 | 2.3 | 23 | 81 | 0.00 | 0.43 | 2.4 |
| S656 | 税务与经济 | 89 | 0.99 | 82 | 20.5 | 1.8 | 20 | 56 | 0.02 | 0.62 | 7.5 |
| S290 | 思想教育研究 | 299 | 0.95 | 296 | 14.8 | 1.7 | 26 | 120 | 0.00 | 0.79 | 6.8 |
| S291 | 思想理论教育导刊 | 240 | 0.92 | 240 | 13.2 | 1.3 | 23 | 115 | 0.00 | 0.61 | 5.9 |
| S292 | 思想战线 | 102 | 0.97 | 102 | 48.9 | 1.3 | 19 | 62 | 0.01 | 0.66 | 16.5 |
| S967 | 四川大学学报哲学社会科学版 | 110 | 0.98 | 109 | 52.1 | 1.2 | 16 | 53 | 0.03 | 0.63 | 41.5 |
| S294 | 苏州大学学报哲学社会科学版 | 107 | 1.00 | 107 | 43.8 | 1.6 | 16 | 57 | 0.02 | 0.74 | 13.6 |
| S295 | 台湾研究 | 59 | 0.84 | 59 | 38.1 | 1.6 | 10 | 31 | 0.03 | 0.63 | 8.2 |
| S296 | 台湾研究集刊 | 52 | 0.98 | 51 | 46.1 | 1.7 | 8 | 23 | 0.06 | 0.58 | 18.9 |
| S297 | 探索 | 91 | 0.93 | 91 | 33.0 | 1.3 | 18 | 62 | 0.00 | 0.90 | 4.5 |

## 表 4-2　2022 年社会科学领域中国科技核心期刊来源指标刊名字顺索引（续）

| CODE | 刊名 | 来源文献量 | 文献选出率 | AR论文量 | 平均引文数 | 平均作者数 | 地区分布数 | 机构分布数 | 海外论文比 | 基金论文比 | 引用半衰期 |
|---|---|---|---|---|---|---|---|---|---|---|---|
| S884 | 体育科学 | 113 | 1.00 | 113 | 41.4 | 3.4 | 19 | 57 | 0.00 | 0.88 | 6.0 |
| S880 | 体育学刊 | 124 | 1.00 | 124 | 23.8 | 2.6 | 20 | 75 | 0.01 | 0.81 | 5.7 |
| S885 | 体育与科学 | 96 | 1.00 | 91 | 27.3 | 2.4 | 20 | 67 | 0.02 | 0.57 | 8.6 |
| S886 | 天津体育学院学报 | 106 | 0.98 | 106 | 26.5 | 2.5 | 19 | 54 | 0.03 | 0.89 | 5.6 |
| S793 | 统计研究 | 126 | 0.95 | 126 | 37.7 | 2.5 | 20 | 56 | 0.02 | 0.90 | 10.6 |
| S293 | 统计与决策 | 873 | 0.97 | 869 | 14.5 | 2.4 | 30 | 338 | 0.01 | 0.84 | 5.7 |
| S306 | 统计与信息论坛 | 124 | 1.00 | 124 | 26.9 | 2.7 | 26 | 75 | 0.03 | 0.90 | 6.4 |
| S895 | 图书馆建设 | 126 | 0.91 | 117 | 26.1 | 1.9 | 22 | 70 | 0.05 | 0.52 | 3.8 |
| S897 | 图书馆论坛 | 210 | 0.98 | 197 | 32.0 | 2.5 | 24 | 101 | 0.02 | 0.64 | 5.0 |
| S308 | 图书馆学研究 | 134 | 1.00 | 134 | 33.1 | 2.2 | 22 | 72 | 0.01 | 0.78 | 2.7 |
| S899 | 图书情报工作 | 344 | 0.95 | 343 | 40.4 | 3.0 | 23 | 98 | 0.02 | 0.74 | 4.5 |
| S900 | 图书情报知识 | 84 | 0.92 | 78 | 44.0 | 2.9 | 16 | 36 | 0.04 | 0.71 | 3.7 |
| S901 | 图书与情报 | 92 | 0.95 | 92 | 36.1 | 2.2 | 25 | 55 | 0.00 | 0.76 | 4.1 |
| S694 | 外国教育研究 | 98 | 0.89 | 98 | 35.5 | 1.9 | 17 | 52 | 0.06 | 0.76 | 6.8 |
| S795 | 外国经济与管理 | 109 | 1.00 | 109 | 41.3 | 3.0 | 21 | 64 | 0.01 | 0.93 | 6.6 |
| S314 | 外国文学 | 100 | 0.99 | 100 | 25.4 | 1.0 | 16 | 47 | 0.00 | 0.53 | 22.0 |
| S315 | 外国文学评论 | 41 | 0.84 | 41 | 84.0 | 1.0 | 9 | 26 | 0.22 | 0.54 | 40.4 |
| S316 | 外国文学研究 | 87 | 0.92 | 86 | 25.9 | 1.1 | 21 | 63 | 0.08 | 0.67 | 21.0 |
| S317 | 外国语 | 78 | 0.99 | 74 | 36.6 | 1.8 | 20 | 53 | 0.04 | 0.60 | 15.4 |
| S318 | 外国语文 | 110 | 0.95 | 110 | 26.2 | 1.5 | 20 | 70 | 0.02 | 0.75 | 14.5 |
| S320 | 外交评论 | 35 | 0.90 | 35 | 106.9 | 1.4 | 10 | 23 | 0.00 | 0.63 | 10.9 |
| S697 | 外语教学 | 103 | 0.94 | 103 | 30.9 | 1.9 | 20 | 62 | 0.02 | 0.73 | 11.4 |
| S698 | 外语教学与研究 | 84 | 0.91 | 84 | 27.4 | 1.8 | 19 | 52 | 0.06 | 0.73 | 15.8 |
| S323 | 外语界 | 72 | 1.00 | 71 | 25.7 | 2.0 | 18 | 46 | 0.01 | 0.72 | 7.7 |
| S699 | 外语与外语教学 | 85 | 0.92 | 85 | 34.3 | 2.0 | 18 | 62 | 0.06 | 0.79 | 11.2 |
| S973 | 文史哲 | 83 | 0.91 | 82 | 72.7 | 1.1 | 15 | 48 | 0.06 | 0.40 | 100.0 |
| S811 | 文物 | 96 | 0.89 | 93 | 27.6 | 1.9 | 15 | 34 | 0.04 | 0.33 | 25.8 |
| A906 | 文物保护与考古科学 | 95 | 0.95 | 95 | 22.1 | 3.9 | 15 | 55 | 0.04 | 0.54 | 11.0 |
| S327 | 文学评论 | 143 | 0.94 | 143 | 36.9 | 1.0 | 21 | 65 | 0.01 | 0.54 | 32.1 |
| S328 | 文学遗产 | 100 | 0.94 | 99 | 55.4 | 1.0 | 17 | 51 | 0.02 | 0.46 | 62.3 |
| S329 | 文艺理论研究 | 132 | 0.96 | 131 | 32.2 | 1.1 | 22 | 71 | 0.02 | 0.69 | 22.2 |
| S330 | 文艺理论与批评 | 92 | 0.88 | 91 | 40.6 | 1.2 | 14 | 47 | 0.03 | 0.40 | 97.5 |
| S331 | 文艺评论 | 84 | 0.92 | 84 | 18.9 | 1.3 | 20 | 61 | 0.01 | 0.48 | 19.3 |
| S332 | 文艺研究 | 143 | 0.85 | 143 | 40.8 | 1.2 | 16 | 59 | 0.05 | 0.53 | 34.8 |
| S333 | 文艺争鸣 | 362 | 0.94 | 322 | 19.7 | 1.2 | 26 | 114 | 0.03 | 0.32 | 21.9 |
| S334 | 武汉大学学报哲学社会科学版 | 96 | 1.00 | 96 | 31.5 | 1.6 | 20 | 46 | 0.01 | 0.89 | 8.8 |
| S887 | 武汉体育学院学报 | 147 | 1.00 | 147 | 25.7 | 2.9 | 22 | 66 | 0.01 | 0.94 | 4.9 |
| C509 | 物理与工程 | 191 | 0.99 | 183 | 11.5 | 3.6 | 25 | 104 | 0.01 | 0.51 | 8.4 |
| S336 | 西安交通大学学报社会科学版 | 97 | 0.97 | 97 | 28.8 | 2.3 | 16 | 40 | 0.03 | 0.82 | 6.1 |
| S881 | 西安体育学院学报 | 90 | 1.00 | 90 | 32.8 | 2.9 | 19 | 46 | 0.01 | 0.98 | 5.2 |
| S576 | 西安外国语大学学报 | 92 | 0.96 | 92 | 25.1 | 1.8 | 19 | 66 | 0.03 | 0.77 | 13.1 |
| S975 | 西北大学学报哲学社会科学版 | 96 | 0.94 | 96 | 28.6 | 1.8 | 15 | 35 | 0.00 | 0.86 | 13.2 |
| S150 | 西北农林科技大学学报社会科学版 | 101 | 0.94 | 101 | 28.3 | 2.1 | 20 | 53 | 0.00 | 0.92 | 5.3 |

## 表 4-2　2022 年社会科学领域中国科技核心期刊来源指标刊名字顺索引（续）

| CODE | 刊名 | 来源文献量 | 文献选出率 | AR论文量 | 平均引文数 | 平均作者数 | 地区分布数 | 机构分布数 | 海外论文比 | 基金论文比 | 引用半衰期 |
|---|---|---|---|---|---|---|---|---|---|---|---|
| S340 | 西南大学学报社会科学版 | 139 | 1.00 | 139 | 40.7 | 2.0 | 21 | 66 | 0.01 | 0.86 | 7.1 |
| S341 | 西南民族大学学报人文社科版 | 340 | 1.00 | 340 | 33.8 | 1.6 | 29 | 158 | 0.01 | 0.79 | 9.5 |
| S342 | 戏剧－中央戏剧学院学报 | 71 | 0.83 | 71 | 25.1 | 1.4 | 13 | 37 | 0.06 | 0.55 | 32.8 |
| S978 | 厦门大学学报哲学社会科学版 | 88 | 0.98 | 88 | 54.0 | 1.7 | 14 | 27 | 0.01 | 0.88 | 19.3 |
| S343 | 现代财经－天津财经大学学报 | 79 | 1.00 | 79 | 42.5 | 2.5 | 21 | 47 | 0.00 | 0.91 | 6.1 |
| S906 | 现代传播 | 239 | 0.95 | 239 | 24.7 | 1.7 | 22 | 95 | 0.01 | 0.70 | 8.1 |
| S588 | 现代电影技术 | 110 | 0.86 | 110 | 7.9 | 1.8 | 12 | 45 | 0.01 | 0.12 | 4.8 |
| S630 | 现代法学 | 78 | 0.96 | 78 | 60.6 | 1.0 | 18 | 43 | 0.00 | 0.76 | 8.5 |
| S309 | 现代情报 | 192 | 0.99 | 192 | 39.8 | 2.8 | 22 | 80 | 0.02 | 0.85 | 5.0 |
| S346 | 湘潭大学学报哲学社会科学版 | 183 | 0.99 | 182 | 24.1 | 1.7 | 22 | 81 | 0.01 | 0.78 | 11.0 |
| S836 | 消费经济 | 48 | 0.98 | 48 | 34.2 | 2.6 | 17 | 39 | 0.00 | 0.96 | 6.6 |
| S348 | 小说评论 | 175 | 0.96 | 164 | 11.0 | 1.1 | 19 | 80 | 0.06 | 0.32 | 17.5 |
| S700 | 心理发展与教育 | 100 | 1.00 | 100 | 56.6 | 4.0 | 27 | 55 | 0.02 | 0.89 | 10.3 |
| S349 | 新疆师范大学学报哲学社会科学版 | 80 | 0.92 | 80 | 35.0 | 1.9 | 17 | 48 | 0.00 | 0.74 | 7.0 |
| S350 | 新视野 | 103 | 1.00 | 103 | 18.1 | 1.7 | 17 | 56 | 0.01 | 0.64 | 7.1 |
| S351 | 新文学史料 | 103 | 0.90 | 97 | 16.7 | 1.1 | 21 | 62 | 0.02 | 0.27 | 79.5 |
| S907 | 新闻大学 | 101 | 0.80 | 101 | 42.1 | 1.9 | 14 | 44 | 0.05 | 0.55 | 11.0 |
| S909 | 新闻与传播研究 | 85 | 0.78 | 85 | 69.4 | 1.7 | 17 | 45 | 0.01 | 0.69 | 13.7 |
| S582 | 刑事技术 | 106 | 0.96 | 105 | 16.9 | 5.5 | 21 | 53 | 0.00 | 0.56 | 7.0 |
| S201 | 行政论坛 | 111 | 0.90 | 111 | 30.6 | 1.7 | 23 | 73 | 0.01 | 0.95 | 6.0 |
| S354 | 学海 | 136 | 0.96 | 136 | 34.8 | 1.5 | 13 | 66 | 0.01 | 0.71 | 12.5 |
| S703 | 学前教育研究 | 124 | 0.82 | 124 | 31.7 | 2.1 | 21 | 81 | 0.03 | 0.93 | 7.6 |
| S981 | 学术研究 | 274 | 0.86 | 270 | 38.0 | 1.5 | 20 | 95 | 0.04 | 0.68 | 33.8 |
| S982 | 学术月刊 | 212 | 0.94 | 211 | 61.5 | 1.4 | 21 | 60 | 0.03 | 0.59 | 28.0 |
| S704 | 学位与研究生教育 | 153 | 0.94 | 146 | 20.3 | 2.3 | 21 | 79 | 0.02 | 0.55 | 6.5 |
| S361 | 学习论坛 | 101 | 1.00 | 101 | 19.0 | 1.6 | 18 | 63 | 0.01 | 0.84 | 5.3 |
| S983 | 学习与探索 | 262 | 0.89 | 262 | 21.6 | 1.7 | 24 | 132 | 0.02 | 0.76 | 10.5 |
| S363 | 学校党建与思想教育 | 612 | 0.95 | 313 | 5.6 | 1.7 | 28 | 268 | 0.00 | 0.74 | 5.1 |
| S799 | 亚太经济 | 98 | 0.94 | 97 | 23.0 | 2.1 | 20 | 63 | 0.04 | 0.78 | 5.7 |
| G865 | 医学信息学杂志 | 226 | 0.95 | 224 | 15.2 | 4.0 | 25 | 139 | 0.00 | 0.55 | 3.7 |
| G308 | 医学与哲学 | 396 | 0.94 | 379 | 21.2 | 2.8 | 28 | 212 | 0.01 | 0.62 | 6.6 |
| S366 | 艺术百家 | 126 | 0.88 | 126 | 19.1 | 1.5 | 16 | 73 | 0.02 | 0.56 | 14.2 |
| S367 | 音乐研究 | 82 | 0.93 | 82 | 35.9 | 1.2 | 22 | 51 | 0.01 | 0.55 | 63.5 |
| S368 | 语言教学与研究 | 63 | 0.88 | 59 | 34.4 | 1.4 | 16 | 36 | 0.06 | 0.62 | 15.6 |
| S369 | 语言文字应用 | 56 | 0.86 | 49 | 29.5 | 2.1 | 13 | 33 | 0.05 | 0.73 | 11.9 |
| S370 | 语言研究 | 65 | 0.93 | 62 | 28.3 | 1.4 | 20 | 47 | 0.00 | 0.85 | 23.1 |
| S372 | 云南财经大学学报 | 83 | 1.00 | 83 | 37.8 | 2.2 | 20 | 53 | 0.02 | 0.90 | 6.6 |
| S374 | 云南民族大学学报哲学社会科学版 | 103 | 0.94 | 103 | 39.4 | 1.5 | 23 | 64 | 0.00 | 0.91 | 9.7 |
| S922 | 哲学动态 | 172 | 0.92 | 170 | 18.8 | 1.1 | 21 | 75 | 0.02 | 0.53 | 18.9 |
| S923 | 哲学研究 | 146 | 0.87 | 146 | 23.9 | 1.0 | 22 | 59 | 0.01 | 0.62 | 21.5 |
| S986 | 浙江大学学报人文社会科学版 | 143 | 0.76 | 142 | 47.3 | 1.9 | 16 | 61 | 0.03 | 0.80 | 11.7 |
| S987 | 浙江社会科学 | 208 | 0.96 | 202 | 28.8 | 1.6 | 17 | 88 | 0.02 | 0.66 | 13.7 |
| G352 | 证据科学 | 50 | 1.00 | 49 | 75.2 | 1.8 | 14 | 29 | 0.08 | 0.44 | 23.8 |

## 表 4-2　2022 年社会科学领域中国科技核心期刊来源指标刊名字顺索引（续）

| CODE | 刊名 | 来源文献量 | 文献选出率 | AR论文量 | 平均引文数 | 平均作者数 | 地区分布数 | 机构分布数 | 海外论文比 | 基金论文比 | 引用半衰期 |
|---|---|---|---|---|---|---|---|---|---|---|---|
| S659 | 证券市场导报 | 92 | 0.84 | 90 | 34.4 | 2.3 | 20 | 67 | 0.02 | 0.64 | 7.5 |
| S619 | 政法论坛 | 89 | 0.94 | 89 | 58.2 | 1.0 | 16 | 42 | 0.00 | 0.63 | 10.3 |
| S382 | 政治学研究 | 80 | 0.92 | 79 | 42.3 | 1.4 | 14 | 41 | 0.00 | 0.60 | 9.8 |
| S383 | 政治与法律 | 137 | 0.92 | 137 | 64.4 | 1.0 | 18 | 64 | 0.00 | 0.60 | 8.5 |
| S384 | 职教论坛 | 185 | 0.98 | 185 | 19.4 | 1.9 | 23 | 116 | 0.01 | 0.81 | 4.4 |
| S390 | 治理研究 | 66 | 0.84 | 66 | 44.2 | 1.9 | 10 | 33 | 0.02 | 0.92 | 6.9 |
| Q468 | 智库理论与实践 | 101 | 0.95 | 101 | 25.4 | 2.2 | 22 | 77 | 0.03 | 0.55 | 4.1 |
| S386 | 中共党史研究 | 81 | 0.96 | 77 | 75.3 | 1.1 | 15 | 44 | 0.07 | 0.41 | 88.0 |
| S193 | 中共中央党校（国家行政学院）学报 | 94 | 0.97 | 94 | 23.5 | 1.5 | 12 | 43 | 0.00 | 0.63 | 7.2 |
| S392 | 中国比较文学 | 61 | 0.95 | 60 | 37.2 | 1.1 | 13 | 50 | 0.18 | 0.54 | 21.8 |
| S393 | 中国边疆史地研究 | 72 | 0.94 | 72 | 71.1 | 1.3 | 20 | 43 | 0.00 | 0.75 | 100.0 |
| S304 | 中国大学教学 | 163 | 0.94 | 163 | 12.0 | 2.0 | 25 | 110 | 0.00 | 0.55 | 5.1 |
| S396 | 中国党政干部论坛 | 233 | 1.00 | 191 | 0.0 | 1.0 | 18 | 97 | 0.00 | 0.00 | 0.0 |
| S397 | 中国地方志 | 80 | 0.91 | 77 | 46.3 | 1.1 | 24 | 59 | 0.00 | 0.33 | 100.0 |
| S398 | 中国地质大学学报社会科学版 | 74 | 0.94 | 74 | 36.3 | 2.0 | 19 | 53 | 0.03 | 0.81 | 7.9 |
| J076 | 中国发明与专利 | 116 | 1.00 | 116 | 16.3 | 2.6 | 19 | 89 | 0.00 | 0.45 | 4.9 |
| S633 | 中国法学 | 87 | 1.00 | 87 | 76.0 | 1.0 | 15 | 46 | 0.00 | 0.62 | 17.9 |
| S400 | 中国翻译 | 142 | 0.87 | 136 | 20.5 | 1.5 | 22 | 80 | 0.06 | 0.50 | 15.2 |
| S401 | 中国改革 | 80 | 0.73 | 63 | 0.2 | 1.2 | 6 | 44 | 0.11 | 0.01 | 100.0 |
| S664 | 中国高教研究 | 209 | 0.92 | 183 | 17.9 | 1.8 | 19 | 75 | 0.01 | 0.55 | 5.1 |
| S800 | 中国工业经济 | 123 | 0.93 | 123 | 43.2 | 2.6 | 17 | 52 | 0.02 | 0.90 | 9.2 |
| S404 | 中国海商法研究 | 40 | 0.89 | 40 | 50.0 | 1.5 | 14 | 26 | 0.00 | 0.88 | 20.5 |
| S823 | 中国科技翻译 | 68 | 0.99 | 60 | 10.2 | 1.7 | 17 | 55 | 0.01 | 0.43 | 12.9 |
| A583 | 中国科技期刊研究 | 204 | 0.93 | 204 | 23.5 | 3.3 | 24 | 129 | 0.00 | 0.44 | 2.9 |
| S133 | 中国科技资源导刊 | 71 | 0.97 | 71 | 20.4 | 4.1 | 17 | 46 | 0.01 | 0.70 | 4.0 |
| S410 | 中国劳动 | 34 | 0.94 | 34 | 39.0 | 2.2 | 10 | 23 | 0.03 | 0.62 | 5.2 |
| S618 | 中国历史地理论丛 | 66 | 0.89 | 66 | 80.4 | 1.3 | 19 | 48 | 0.00 | 0.71 | 100.0 |
| S838 | 中国流通经济 | 128 | 0.96 | 128 | 37.6 | 1.9 | 23 | 98 | 0.00 | 0.94 | 4.5 |
| S414 | 中国穆斯林 | 95 | 0.66 | 60 | 11.1 | 1.2 | 18 | 40 | 0.02 | 0.23 | 33.0 |
| S803 | 中国农村观察 | 61 | 1.00 | 61 | 48.0 | 2.6 | 16 | 40 | 0.00 | 0.85 | 8.5 |
| S804 | 中国农村经济 | 93 | 0.95 | 92 | 46.3 | 2.5 | 16 | 42 | 0.02 | 0.82 | 9.0 |
| H221 | 中国农业资源与区划 | 314 | 0.72 | 312 | 30.1 | 3.6 | 30 | 128 | 0.01 | 0.88 | 5.8 |
| S417 | 中国青年社会科学 | 93 | 0.94 | 93 | 25.3 | 1.8 | 14 | 53 | 0.01 | 0.53 | 9.3 |
| S416 | 中国青年研究 | 163 | 0.97 | 163 | 27.9 | 1.7 | 21 | 86 | 0.02 | 0.52 | 7.1 |
| S874 | 中国人口科学 | 55 | 0.86 | 55 | 25.5 | 2.1 | 16 | 36 | 0.00 | 0.82 | 6.5 |
| S419 | 中国人力资源开发 | 95 | 0.82 | 95 | 57.0 | 2.9 | 20 | 70 | 0.02 | 0.92 | 6.7 |
| S990 | 中国人民大学学报 | 101 | 0.97 | 101 | 45.8 | 1.6 | 10 | 28 | 0.01 | 0.65 | 11.6 |
| S875 | 中国社会科学 | 125 | 0.97 | 125 | 62.0 | 1.2 | 19 | 50 | 0.00 | 0.10 | 28.9 |
| S587 | 中国司法鉴定 | 92 | 0.95 | 90 | 22.5 | 3.3 | 19 | 59 | 0.00 | 0.50 | 8.0 |
| S714 | 中国特殊教育 | 136 | 0.98 | 136 | 44.7 | 2.8 | 22 | 61 | 0.03 | 0.65 | 7.0 |
| S888 | 中国体育科技 | 174 | 0.99 | 174 | 39.1 | 3.6 | 20 | 81 | 0.02 | 0.83 | 8.3 |
| S902 | 中国图书馆学报 | 61 | 0.98 | 56 | 35.7 | 2.0 | 11 | 29 | 0.03 | 0.51 | 5.0 |
| S426 | 中国文化研究 | 72 | 0.95 | 67 | 38.7 | 1.2 | 14 | 52 | 0.01 | 0.58 | 42.2 |

## 表 4-2 2022 年社会科学领域中国科技核心期刊来源指标刊名字顺索引（续）

| CODE | 刊名 | 来源文献量 | 文献选出率 | AR论文量 | 平均引文数 | 平均作者数 | 地区分布数 | 机构分布数 | 海外论文比 | 基金论文比 | 引用半衰期 |
|---|---|---|---|---|---|---|---|---|---|---|---|
| S427 | 中国现代文学研究丛刊 | 202 | 0.93 | 194 | 35.1 | 1.1 | 25 | 95 | 0.04 | 0.31 | 41.3 |
| S428 | 中国刑事法杂志 | 60 | 0.92 | 60 | 48.1 | 1.0 | 13 | 40 | 0.02 | 0.57 | 9.5 |
| S405 | 中国行政管理 | 268 | 0.90 | 214 | 26.3 | 1.7 | 24 | 126 | 0.00 | 0.71 | 8.4 |
| G911 | 中国医学伦理学 | 242 | 0.98 | 240 | 19.3 | 3.3 | 24 | 133 | 0.03 | 0.53 | 4.0 |
| S429 | 中国音乐 | 147 | 0.90 | 137 | 25.4 | 1.1 | 24 | 65 | 0.02 | 0.44 | 30.2 |
| S430 | 中国音乐学 | 66 | 0.90 | 65 | 30.8 | 1.2 | 15 | 34 | 0.03 | 0.52 | 40.5 |
| S715 | 中国语文 | 64 | 0.88 | 63 | 46.3 | 1.2 | 12 | 36 | 0.09 | 0.66 | 25.3 |
| G131 | 中国运动医学杂志 | 115 | 0.90 | 115 | 45.4 | 5.1 | 21 | 49 | 0.03 | 0.83 | 7.1 |
| S432 | 中国职业技术教育 | 482 | 0.94 | 481 | 15.1 | 1.9 | 25 | 268 | 0.00 | 0.72 | 3.6 |
| S807 | 中国资产评估 | 121 | 0.88 | 119 | 11.4 | 2.5 | 15 | 70 | 0.02 | 0.21 | 6.4 |
| S434 | 中国宗教 | 376 | 0.63 | 23 | 0.0 | 1.2 | 28 | 183 | 0.02 | 0.14 | 0.0 |
| S435 | 中华文化论坛 | 78 | 0.91 | 78 | 47.3 | 1.3 | 17 | 48 | 0.01 | 0.58 | 39.0 |
| S992 | 中南财经政法大学学报 | 73 | 0.99 | 73 | 36.7 | 2.2 | 22 | 46 | 0.00 | 0.89 | 6.0 |
| S993 | 中南民族大学学报人文社会科学版 | 260 | 0.87 | 251 | 20.8 | 1.6 | 29 | 103 | 0.01 | 0.81 | 8.6 |
| S994 | 中山大学学报社会科学版 | 111 | 0.93 | 109 | 49.7 | 1.3 | 13 | 45 | 0.04 | 0.62 | 56.6 |
| S634 | 中外法学 | 84 | 0.92 | 84 | 89.2 | 1.0 | 15 | 40 | 0.00 | 0.60 | 22.5 |
| S440 | 中央财经大学学报 | 123 | 0.97 | 123 | 44.1 | 2.6 | 22 | 60 | 0.01 | 0.85 | 9.3 |
| S441 | 中央音乐学院学报 | 52 | 0.87 | 52 | 40.3 | 1.2 | 15 | 29 | 0.02 | 0.40 | 31.8 |
| S996 | 中州学刊 | 275 | 0.93 | 274 | 26.3 | 1.4 | 28 | 152 | 0.01 | 0.72 | 11.4 |
| S444 | 装饰 | 304 | 0.86 | 216 | 19.2 | 2.0 | 20 | 105 | 0.04 | 0.51 | 17.5 |
| S728 | 资源开发与市场 | 190 | 0.98 | 190 | 33.4 | 3.4 | 28 | 115 | 0.02 | 0.96 | 5.3 |
| S446 | 资源与产业 | 92 | 0.94 | 92 | 30.0 | 2.7 | 22 | 46 | 0.00 | 0.72 | 4.4 |
| S926 | 自然辩证法研究 | 226 | 0.91 | 224 | 22.7 | 1.5 | 22 | 104 | 0.01 | 0.62 | 14.7 |
| S448 | 宗教学研究 | 159 | 0.98 | 153 | 36.9 | 1.2 | 23 | 78 | 0.01 | 0.55 | 37.1 |

# 5　2022 年各学科分类期刊整体情况

表 5-1　2022 年各学科分类期刊数量、核心总被引频次和核心影响因子（社会科学）

| 表号 | 学科分类 | 期刊数量 | 核心总被引频次 | | 核心影响因子 | |
|---|---|---|---|---|---|---|
| | | | 平均值 | 中值 | 平均值 | 中值 |
| 表 6-1 | 社会科学综合 | 22 | 1289 | 905 | 0.970 | 0.653 |
| 表 6-2 | 社会科学综合大学学报 | 35 | 595 | 542 | 0.834 | 0.746 |
| 表 6-3 | 社会科学师范大学学报 | 9 | 518 | 508 | 0.775 | 0.636 |
| 表 6-4 | 马克思主义 | 5 | 651 | 606 | 0.798 | 0.741 |
| 表 6-5 | 哲学 | 6 | 951 | 735 | 0.491 | 0.421 |
| 表 6-6 | 宗教学 | 5 | 149 | 151 | 0.094 | 0.097 |
| 表 6-7 | 语言学综合 | 12 | 405 | 329 | 0.385 | 0.377 |
| 表 6-8 | 外国语言学 | 8 | 413 | 465 | 0.580 | 0.576 |
| 表 6-9 | 中国文学 | 13 | 348 | 261 | 0.196 | 0.139 |
| 表 6-10 | 外国文学 | 5 | 135 | 140 | 0.134 | 0.120 |
| 表 6-11 | 艺术学 | 20 | 283 | 270 | 0.205 | 0.205 |
| 表 6-12 | 历史学 | 10 | 654 | 413 | 0.473 | 0.195 |
| 表 6-13 | 考古学 | 6 | 1004 | 647 | 0.389 | 0.355 |
| 表 6-14 | 经济学综合 | 27 | 2252 | 1199 | 2.338 | 1.648 |
| 表 6-15 | 经济大学学报 | 9 | 550 | 415 | 1.163 | 1.106 |
| 表 6-16 | 国民经济学、管理经济学、数量经济学 | 12 | 926 | 660 | 1.207 | 0.975 |
| 表 6-17 | 会计学、审计学 | 3 | 1809 | 1125 | 1.771 | 1.787 |
| 表 6-18 | 生态农业经济学 | 9 | 2339 | 2853 | 2.296 | 1.523 |
| 表 6-19 | 工商业经济学 | 16 | 1763 | 1000 | 2.023 | 1.213 |
| 表 6-20 | 财政学、金融学、保险学 | 17 | 1552 | 711 | 1.924 | 1.684 |
| 表 6-21 | 政治学综合 | 12 | 748 | 410 | 1.011 | 0.387 |
| 表 6-22 | 政治大学学报 | 6 | 578 | 508 | 1.084 | 0.988 |
| 表 6-23 | 行政学 | 3 | 1790 | 905 | 1.912 | 1.709 |
| 表 6-24 | 国际政治学、外交学 | 4 | 573 | 375 | 1.679 | 1.706 |
| 表 6-25 | 法学综合 | 18 | 1469 | 1319 | 2.234 | 2.065 |
| 表 6-26 | 部门法学、刑事侦查学、司法鉴定学 | 7 | 455 | 366 | 0.920 | 0.646 |
| 表 6-27 | 军事学 | 2 | 224 | 224 | 0.452 | 0.452 |
| 表 6-28 | 社会学综合 | 11 | 1149 | 475 | 1.380 | 0.876 |
| 表 6-29 | 人口学、劳动科学 | 6 | 917 | 909 | 1.833 | 1.695 |
| 表 6-30 | 民族学与文化学 | 5 | 345 | 296 | 0.359 | 0.208 |
| 表 6-31 | 新闻学与传播学 | 6 | 974 | 879 | 1.024 | 0.786 |

## 表 5-1　2022 年各学科分类期刊数量、核心总被引频次和核心影响因子（社会科学）（续）

| 表号 | 学科分类 | 期刊数量 | 核心总被引频次 | | 核心影响因子 | |
|---|---|---|---|---|---|---|
| | | | 平均值 | 中值 | 平均值 | 中值 |
| 表 6-32 | 图书馆学、文献学 | 13 | 1191 | 981 | 1.417 | 1.136 |
| 表 6-33 | 情报学 | 15 | 1679 | 1048 | 1.459 | 1.709 |
| 表 6-34 | 档案学、博物馆学 | 2 | 614 | 614 | 1.137 | 1.137 |
| 表 6-35 | 教育学综合 | 16 | 868 | 615 | 0.934 | 0.833 |
| | | | | | | |
| 表 6-36 | 学前教育学、普通教育学 | 7 | 533 | 499 | 0.626 | 0.457 |
| 表 6-37 | 高等教育学 | 7 | 1001 | 781 | 0.837 | 0.742 |
| 表 6-38 | 成人教育学、职业技术教育学 | 5 | 574 | 615 | 0.594 | 0.445 |
| 表 6-39 | 体育科学 | 10 | 963 | 880 | 1.150 | 1.051 |
| 表 6-40 | 统计学 | 3 | 2932 | 2754 | 1.786 | 1.331 |

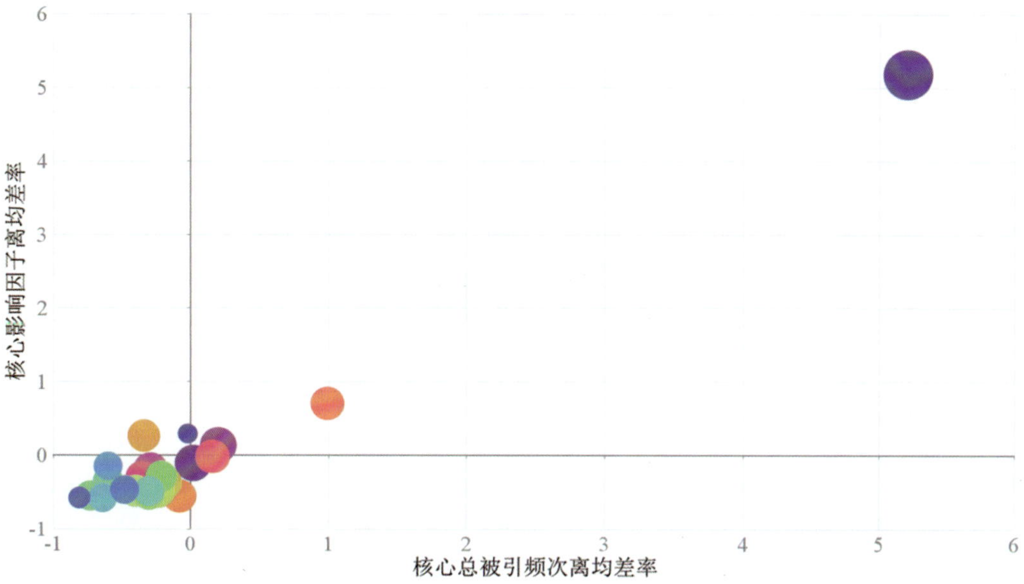


2022 年社会科学综合类期刊核心总被引频次和核心影响因子离均差率的分布图
（节点大小表示综合评价总分）

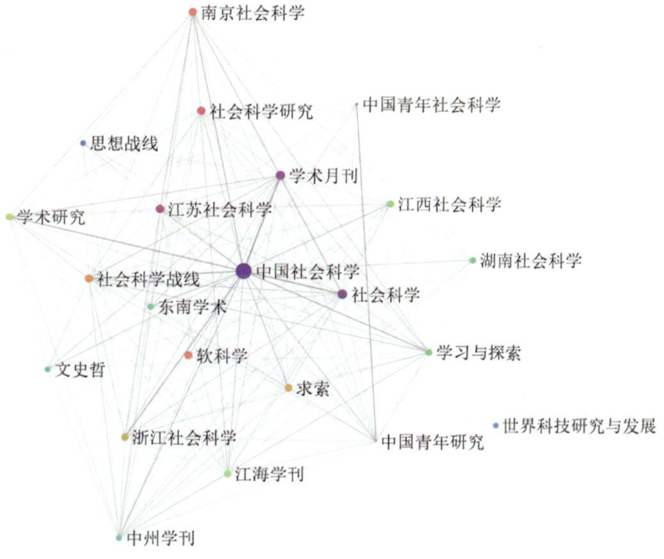


2022 年社会科学综合类期刊互引关系示意图

## 表 6-1　2022 年社会科学综合类期刊主要指标

| CODE | 刊名 | 核心总被引频次 | | | 核心影响因子 | | | 综合评价总分 | | 学科扩散指标 | 学科影响指标 | 红点指标 |
|---|---|---|---|---|---|---|---|---|---|---|---|---|
| | | 数值 | 排名 | 离均差率 | 数值 | 排名 | 离均差率 | 数值 | 排名 | | | |
| S174 | 东南学术 | 520 | 18 | −0.60 | 0.633 | 12 | −0.35 | 32.6 | 16 | 11.68 | 0.73 | 0.46 |
| S211 | 湖南社会科学 | 349 | 21 | −0.73 | 0.435 | 19 | −0.55 | 32.6 | 15 | 9.50 | 0.55 | 0.45 |
| S944 | 江海学刊 | 768 | 16 | −0.40 | 0.494 | 16 | −0.49 | 36.1 | 12 | 13.14 | 0.91 | 0.37 |
| S854 | 江苏社会科学 | 909 | 11 | −0.29 | 0.777 | 9 | −0.20 | 41.8 | 4 | 14.59 | 0.95 | 0.40 |
| S946 | 江西社会科学 | 899 | 13 | −0.30 | 0.458 | 18 | −0.53 | 35.6 | 13 | 16.23 | 0.95 | 0.36 |
| S858 | 南京社会科学 | 1499 | 4 | 0.16 | 0.950 | 6 | −0.02 | 40.7 | 6 | 18.91 | 0.95 | 0.40 |
| S958 | 求索 | 850 | 14 | −0.34 | 1.222 | 4 | 0.26 | 37.7 | 9 | 14.77 | 0.91 | 0.39 |
| S819 | 软科学 | 2568 | 2 | 0.99 | 1.647 | 2 | 0.70 | 40.3 | 7 | 19.18 | 0.68 | 0.27 |
| S863 | 社会科学 | 1312 | 5 | 0.02 | 0.866 | 7 | −0.11 | 47.0 | 2 | 17.55 | 0.95 | 0.32 |
| S865 | 社会科学研究 | 836 | 15 | −0.35 | 0.673 | 11 | −0.31 | 40.9 | 5 | 14.95 | 0.91 | 0.30 |
| S866 | 社会科学战线 | 1184 | 7 | −0.08 | 0.425 | 20 | −0.56 | 39.2 | 8 | 16.68 | 0.95 | 0.30 |
| A201 | 世界科技研究与发展 | 515 | 19 | −0.60 | 0.825 | 8 | −0.15 | 29.5 | 19 | 13.68 | 0.09 | 0.17 |
| S292 | 思想战线 | 666 | 17 | −0.48 | 0.516 | 14 | −0.47 | 29.4 | 20 | 10.55 | 0.68 | 0.40 |
| S973 | 文史哲 | 463 | 20 | −0.64 | 0.408 | 21 | −0.58 | 29.7 | 18 | 7.18 | 0.77 | 0.29 |
| S981 | 学术研究 | 988 | 10 | −0.23 | 0.482 | 17 | −0.50 | 36.9 | 11 | 15.91 | 0.91 | 0.37 |
| S982 | 学术月刊 | 1548 | 3 | 0.20 | 1.096 | 5 | 0.13 | 46.4 | 3 | 16.86 | 0.91 | 0.27 |
| S983 | 学习与探索 | 1018 | 9 | −0.21 | 0.684 | 10 | −0.29 | 34.4 | 14 | 15.59 | 0.86 | 0.44 |
| S987 | 浙江社会科学 | 1052 | 8 | −0.18 | 0.603 | 13 | −0.38 | 37.2 | 10 | 16.41 | 0.86 | 0.35 |
| S417 | 中国青年社会科学 | 244 | 22 | −0.81 | 0.403 | 22 | −0.58 | 16.9 | 21 | 5.68 | 0.41 | 0.52 |
| S416 | 中国青年研究 | 1256 | 6 | −0.02 | 1.251 | 3 | 0.29 | 13.8 | 22 | 11.95 | 0.64 | 0.33 |
| S875 | 中国社会科学 | 8003 | 1 | 5.21 | 5.991 | 1 | 5.18 | 88.0 | 1 | 24.77 | 0.95 | 0.40 |
| S996 | 中州学刊 | 901 | 12 | −0.30 | 0.499 | 15 | −0.49 | 31.7 | 17 | 14.55 | 0.82 | 0.34 |
| | 22 种期刊平均值 | 1289 | | | 0.970 | | | | | | | |

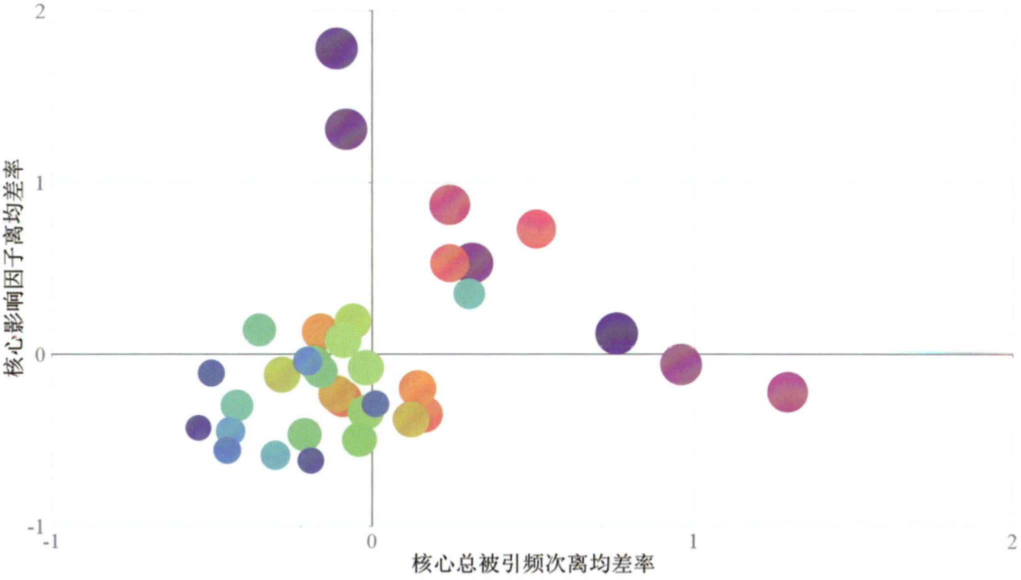


2022 年社会科学综合大学学报类期刊核心总被引频次和核心影响因子离均差率的分布图
（节点大小表示综合评价总分）

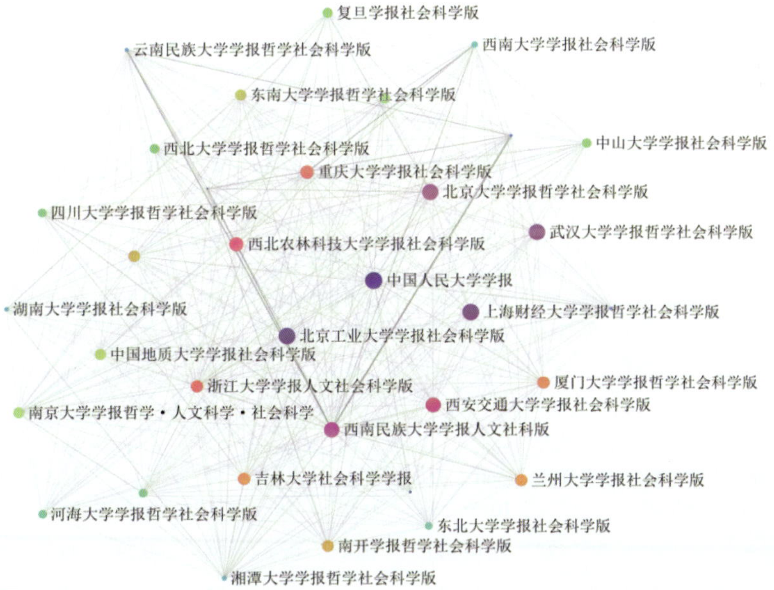


2022 年社会科学综合大学学报类期刊互引关系示意图

## 表 6-2　2022 年社会科学综合大学学报类期刊主要指标

| CODE | 刊名 | 核心总被引频次 | | | 核心影响因子 | | | 综合评价总分 | | 学科扩散指标 | 学科影响指标 | 红点指标 |
|---|---|---|---|---|---|---|---|---|---|---|---|---|
| | | 数值 | 排名 | 离均差率 | 数值 | 排名 | 离均差率 | 数值 | 排名 | | | |
| S929 | 北京大学学报哲学社会科学版 | 1165 | 2 | 0.96 | 0.780 | 15 | −0.06 | 60.5 | 5 | 10.09 | 0.86 | 0.26 |
| S148 | 北京工业大学学报社会科学版 | 528 | 20 | −0.11 | 2.320 | 1 | 1.78 | 61.9 | 2 | 7.69 | 0.57 | 0.65 |
| S443 | 重庆大学学报社会科学版 | 738 | 7 | 0.24 | 1.276 | 6 | 0.53 | 52.1 | 9 | 8.54 | 0.66 | 0.46 |
| S170 | 东北大学学报社会科学版 | 344 | 31 | −0.42 | 0.585 | 25 | −0.30 | 37.1 | 26 | 6.51 | 0.46 | 0.34 |
| S172 | 东南大学学报哲学社会科学版 | 430 | 28 | −0.28 | 0.734 | 19 | −0.12 | 46.1 | 16 | 6.94 | 0.57 | 0.20 |
| S934 | 复旦学报社会科学版 | 581 | 13 | −0.02 | 0.549 | 26 | −0.34 | 43.6 | 20 | 7.89 | 0.71 | 0.29 |
| S936 | 广西民族大学学报哲学社会科学版 | 483 | 25 | −0.19 | 0.320 | 35 | −0.62 | 24.4 | 34 | 5.40 | 0.49 | 0.20 |
| S272 | 河海大学学报哲学社会科学版 | 384 | 30 | −0.35 | 0.949 | 9 | 0.14 | 39.1 | 25 | 5.63 | 0.49 | 0.32 |
| S205 | 河南大学学报社会科学版 | 326 | 33 | −0.45 | 0.367 | 33 | −0.56 | 26.8 | 31 | 5.37 | 0.51 | 0.22 |
| S209 | 湖南大学学报社会科学版 | 335 | 32 | −0.44 | 0.458 | 30 | −0.45 | 30.1 | 29 | 5.66 | 0.43 | 0.33 |
| S210 | 湖南科技大学学报社会科学版 | 275 | 35 | −0.54 | 0.472 | 29 | −0.43 | 23.3 | 35 | 4.37 | 0.34 | 0.44 |
| S942 | 吉林大学社会科学学报 | 676 | 10 | 0.14 | 0.664 | 20 | −0.20 | 48.4 | 12 | 8.43 | 0.80 | 0.36 |
| S947 | 兰州大学学报社会科学版 | 497 | 23 | −0.16 | 0.939 | 10 | 0.13 | 48.1 | 13 | 7.54 | 0.63 | 0.51 |
| S950 | 南京大学学报哲学·人文科学·社会科学 | 540 | 19 | −0.09 | 0.898 | 12 | 0.08 | 45.3 | 18 | 7.00 | 0.86 | 0.33 |
| S953 | 南开学报哲学社会科学版 | 527 | 21 | −0.11 | 0.644 | 22 | −0.23 | 47.3 | 14 | 7.60 | 0.74 | 0.22 |
| S955 | 清华大学学报哲学社会科学版 | 666 | 11 | 0.12 | 0.518 | 28 | −0.38 | 47.0 | 15 | 8.06 | 0.83 | 0.16 |
| S264 | 山东大学学报哲学社会科学版 | 581 | 13 | −0.02 | 0.771 | 16 | −0.08 | 44.8 | 19 | 7.83 | 0.74 | 0.43 |
| S265 | 上海财经大学学报哲学社会科学版 | 549 | 17 | −0.08 | 1.923 | 2 | 1.31 | 61.6 | 3 | 5.91 | 0.63 | 0.33 |
| S965 | 上海大学学报社会科学版 | 298 | 34 | −0.50 | 0.746 | 18 | −0.11 | 26.2 | 33 | 4.31 | 0.54 | 0.30 |
| S967 | 四川大学学报哲学社会科学版 | 467 | 27 | −0.21 | 0.443 | 31 | −0.47 | 39.7 | 23 | 6.86 | 0.66 | 0.25 |
| S294 | 苏州大学学报哲学社会科学版 | 501 | 22 | −0.16 | 0.751 | 17 | −0.10 | 39.4 | 24 | 5.97 | 0.71 | 0.41 |
| S334 | 武汉大学学报哲学社会科学版 | 780 | 5 | 0.31 | 1.278 | 5 | 0.53 | 60.7 | 4 | 9.06 | 0.80 | 0.42 |
| S336 | 西安交通大学学报社会科学版 | 736 | 8 | 0.24 | 1.559 | 3 | 0.87 | 57.6 | 7 | 9.06 | 0.69 | 0.56 |
| S975 | 西北大学学报哲学社会科学版 | 485 | 24 | −0.18 | 0.789 | 14 | −0.05 | 41.7 | 22 | 6.74 | 0.60 | 0.42 |
| S150 | 西北农林科技大学学报社会科学版 | 896 | 4 | 0.51 | 1.446 | 4 | 0.73 | 54.7 | 8 | 7.17 | 0.49 | 0.45 |
| S340 | 西南大学学报社会科学版 | 774 | 6 | 0.30 | 1.124 | 7 | 0.35 | 34.5 | 27 | 7.03 | 0.49 | 0.39 |
| S341 | 西南民族大学学报人文社科版 | 1361 | 1 | 1.29 | 0.652 | 21 | −0.22 | 58.6 | 6 | 12.26 | 0.77 | 0.44 |
| S978 | 厦门大学学报哲学社会科学版 | 542 | 18 | −0.09 | 0.620 | 23 | −0.26 | 48.5 | 11 | 7.63 | 0.71 | 0.35 |
| S346 | 湘潭大学学报哲学社会科学版 | 416 | 29 | −0.30 | 0.341 | 34 | −0.59 | 31.1 | 28 | 6.49 | 0.54 | 0.34 |
| S374 | 云南民族大学学报哲学社会科学版 | 476 | 26 | −0.20 | 0.802 | 13 | −0.04 | 29.4 | 30 | 5.29 | 0.46 | 0.53 |
| S986 | 浙江大学学报人文社会科学版 | 688 | 9 | 0.16 | 0.541 | 27 | −0.35 | 48.9 | 10 | 9.23 | 0.80 | 0.34 |
| S398 | 中国地质大学学报社会科学版 | 560 | 16 | −0.06 | 0.993 | 8 | 0.19 | 45.5 | 17 | 7.23 | 0.54 | 0.30 |
| S990 | 中国人民大学学报 | 1045 | 3 | 0.76 | 0.937 | 11 | 0.12 | 63.2 | 1 | 10.37 | 0.97 | 0.31 |
| S993 | 中南民族大学学报人文社会科学版 | 601 | 12 | 0.01 | 0.589 | 24 | −0.29 | 26.3 | 32 | 5.71 | 0.49 | 0.57 |
| S994 | 中山大学学报社会科学版 | 569 | 15 | −0.04 | 0.415 | 32 | −0.50 | 41.8 | 21 | 7.51 | 0.71 | 0.22 |
| | 35 种期刊平均值 | 595 | | | 0.834 | | | | | | | |

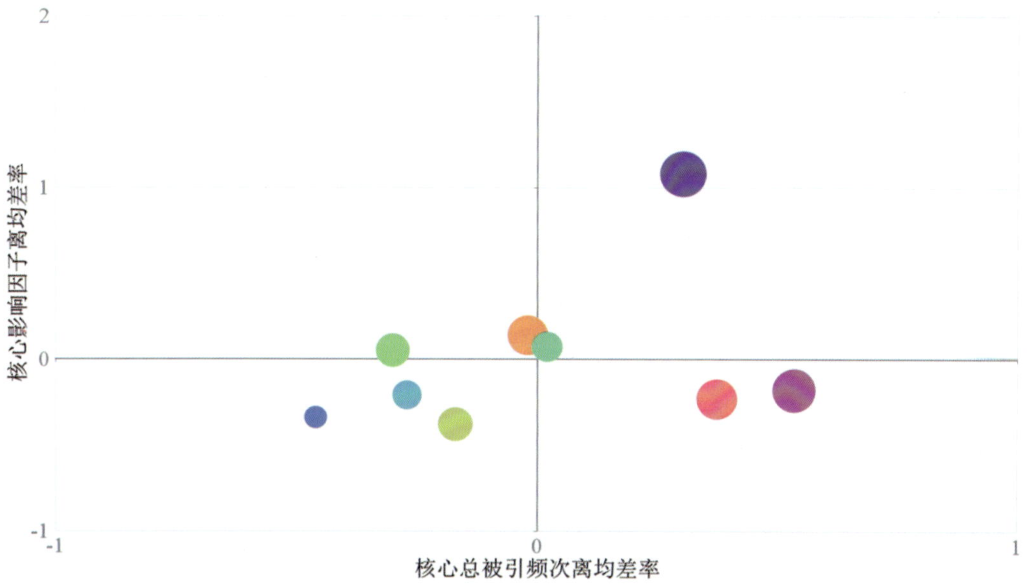


2022 年社会科学师范大学学报类期刊核心总被引频次和核心影响因子离均差率的分布图
（节点大小表示综合评价总分）

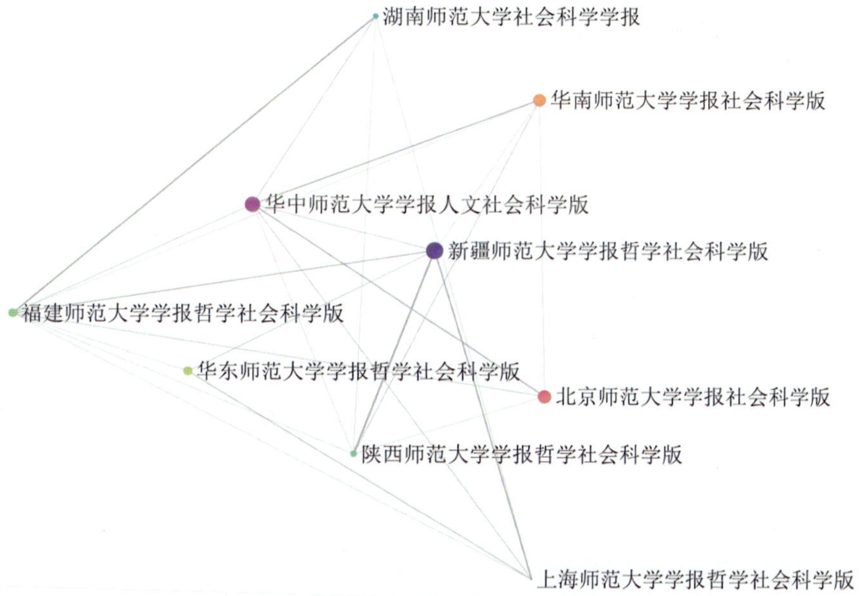


2022 年社会科学师范大学学报类期刊互引关系示意图

## 表 6-3　2022 年社会科学师范大学学报类期刊主要指标

| CODE | 刊名 | 核心总被引频次 | | | 核心影响因子 | | | 综合评价总分 | | 学科扩散指标 | 学科影响指标 | 红点指标 |
|---|---|---|---|---|---|---|---|---|---|---|---|---|
| | | 数值 | 排名 | 离均差率 | 数值 | 排名 | 离均差率 | 数值 | 排名 | | | |
| S930 | 北京师范大学学报社会科学版 | 712 | 2 | 0.37 | 0.597 | 7 | −0.23 | 57.3 | 3 | 32.11 | 0.56 | 0.30 |
| S933 | 福建师范大学学报哲学社会科学版 | 364 | 8 | −0.30 | 0.813 | 4 | 0.05 | 40.1 | 6 | 22.78 | 0.78 | 0.34 |
| S213 | 湖南师范大学社会科学学报 | 378 | 7 | −0.27 | 0.611 | 6 | −0.21 | 29.9 | 8 | 23.33 | 0.67 | 0.16 |
| S939 | 华东师范大学学报哲学社会科学版 | 430 | 6 | −0.17 | 0.481 | 9 | −0.38 | 41.6 | 5 | 25.56 | 0.67 | 0.16 |
| S940 | 华南师范大学学报社会科学版 | 508 | 5 | −0.02 | 0.880 | 2 | 0.14 | 55.7 | 4 | 31.22 | 0.67 | 0.23 |
| | | | | | | | | | | | | |
| S941 | 华中师范大学学报人文社会科学版 | 795 | 1 | 0.53 | 0.636 | 5 | −0.18 | 66.9 | 2 | 34.33 | 0.89 | 0.18 |
| S964 | 陕西师范大学学报哲学社会科学版 | 528 | 4 | 0.02 | 0.832 | 3 | 0.07 | 32.2 | 7 | 26.11 | 0.78 | 0.34 |
| S269 | 上海师范大学学报哲学社会科学版 | 278 | 9 | −0.46 | 0.514 | 8 | −0.34 | 18.4 | 9 | 18.56 | 0.56 | 0.25 |
| S349 | 新疆师范大学学报哲学社会科学版 | 671 | 3 | 0.30 | 1.608 | 1 | 1.08 | 73.8 | 1 | 31.67 | 0.67 | 0.63 |
| | 9 种期刊平均值 | 518 | | | 0.775 | | | | | | | |

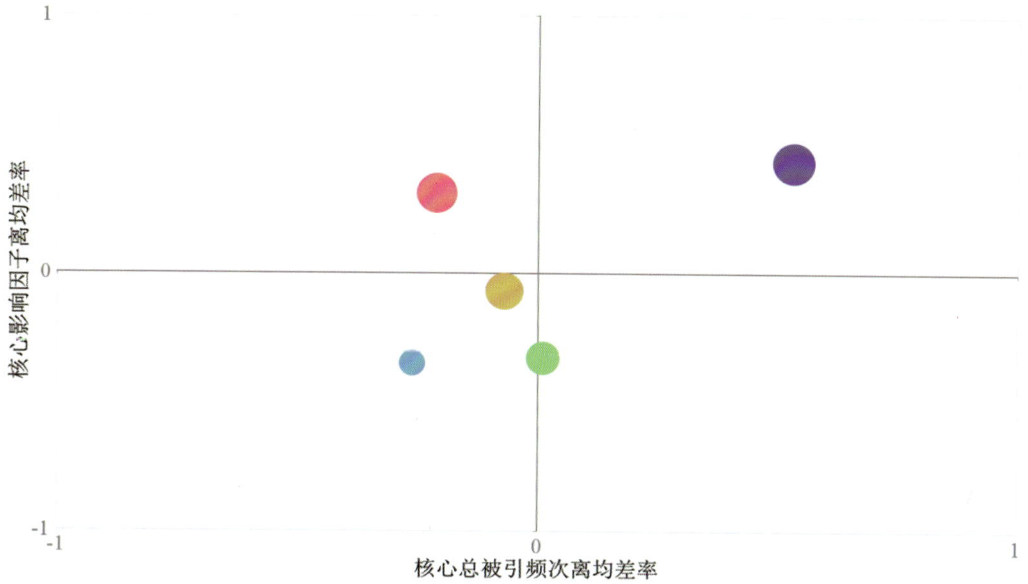


2022 年马克思主义类期刊核心总被引频次和核心影响因子离均差率的分布图
（节点大小表示综合评价总分）

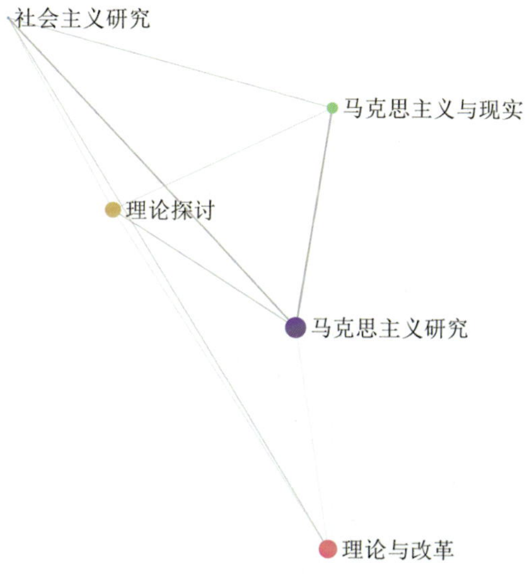


2022 年马克思主义类期刊互引关系示意图

## 表 6-4　2022 年马克思主义类期刊主要指标

| CODE | 刊名 | 核心总被引频次 | | | 核心影响因子 | | | 综合评价总分 | | 学科扩散指标 | 学科影响指标 | 红点指标 |
|---|---|---|---|---|---|---|---|---|---|---|---|---|
| | | 数值 | 排名 | 离均差率 | 数值 | 排名 | 离均差率 | 数值 | 排名 | | | |
| S237 | 理论探讨 | 606 | 3 | –0.07 | 0.741 | 3 | –0.07 | 49.5 | 3 | 46.20 | 1.00 | 0.36 |
| S238 | 理论与改革 | 513 | 4 | –0.21 | 1.049 | 2 | 0.31 | 56.5 | 2 | 39.40 | 0.80 | 0.43 |
| S246 | 马克思主义研究 | 992 | 1 | 0.53 | 1.140 | 1 | 0.43 | 62.6 | 1 | 41.00 | 1.00 | 0.51 |
| S247 | 马克思主义与现实 | 658 | 2 | 0.01 | 0.537 | 4 | –0.33 | 39.6 | 4 | 43.60 | 1.00 | 0.34 |
| S276 | 社会主义研究 | 484 | 5 | –0.26 | 0.522 | 5 | –0.35 | 23.5 | 5 | 36.00 | 1.00 | 0.53 |
| | 5 种期刊平均值 | 651 | | | 0.798 | | | | | | | |

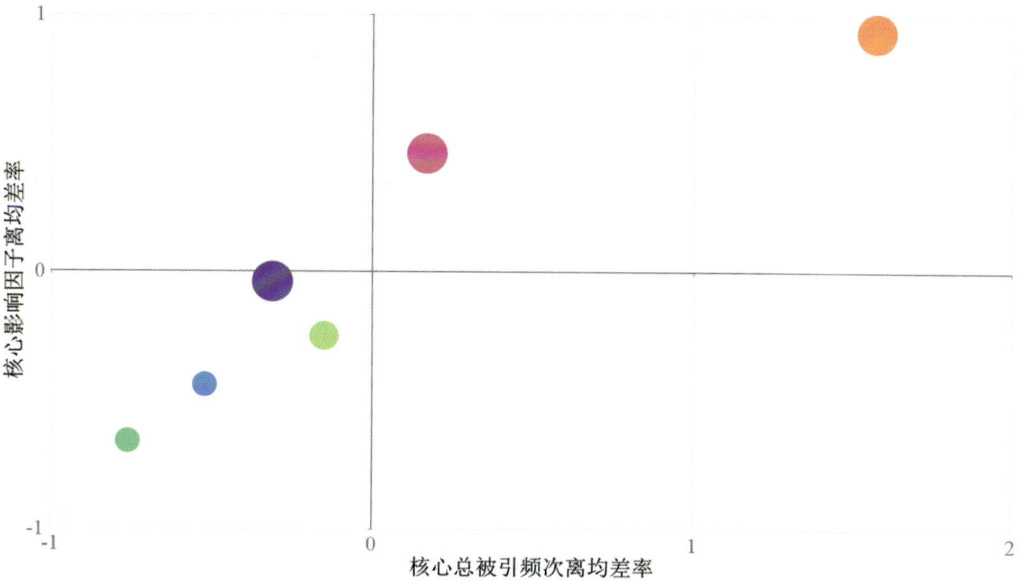


2022 年哲学类期刊核心总被引频次和核心影响因子离均差率的分布图
（节点大小表示综合评价总分）

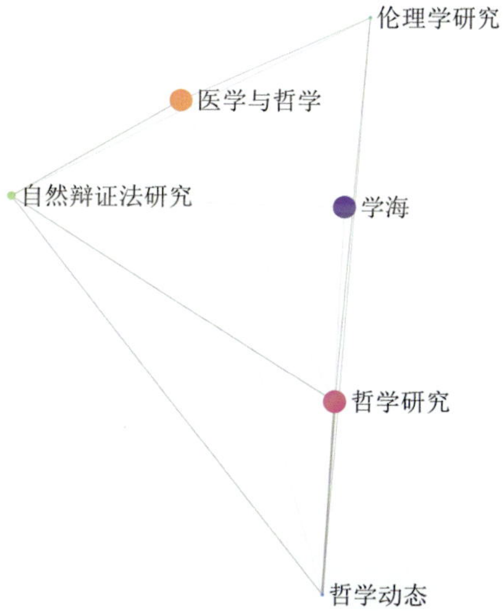


2022 年哲学类期刊互引关系示意图

## 表 6-5　2022 年哲学类期刊主要指标

| CODE | 刊名 | 核心总被引频次 | | | 核心影响因子 | | | 综合评价总分 | | 学科扩散指标 | 学科影响指标 | 红点指标 |
|---|---|---|---|---|---|---|---|---|---|---|---|---|
| | | 数值 | 排名 | 离均差率 | 数值 | 排名 | 离均差率 | 数值 | 排名 | | | |
| S244 | 伦理学研究 | 231 | 6 | –0.76 | 0.165 | 6 | –0.66 | 22.1 | 6 | 19.50 | 1.00 | 0.31 |
| S354 | 学海 | 659 | 4 | –0.31 | 0.472 | 3 | –0.04 | 58.2 | 1 | 44.17 | 1.00 | 0.12 |
| G308 | 医学与哲学 | 2439 | 1 | 1.57 | 0.948 | 1 | 0.93 | 56.9 | 3 | 76.00 | 0.67 | 0.37 |
| S922 | 哲学动态 | 454 | 5 | –0.52 | 0.275 | 5 | –0.44 | 22.1 | 5 | 28.33 | 1.00 | 0.20 |
| S923 | 哲学研究 | 1110 | 2 | 0.17 | 0.719 | 2 | 0.46 | 58.0 | 2 | 42.00 | 1.00 | 0.24 |
| | | | | | | | | | | | | |
| S926 | 自然辩证法研究 | 810 | 3 | –0.15 | 0.369 | 4 | –0.25 | 29.9 | 4 | 45.67 | 1.00 | 0.20 |
| | 6 种期刊平均值 | 951 | | | 0.491 | | | | | | | |

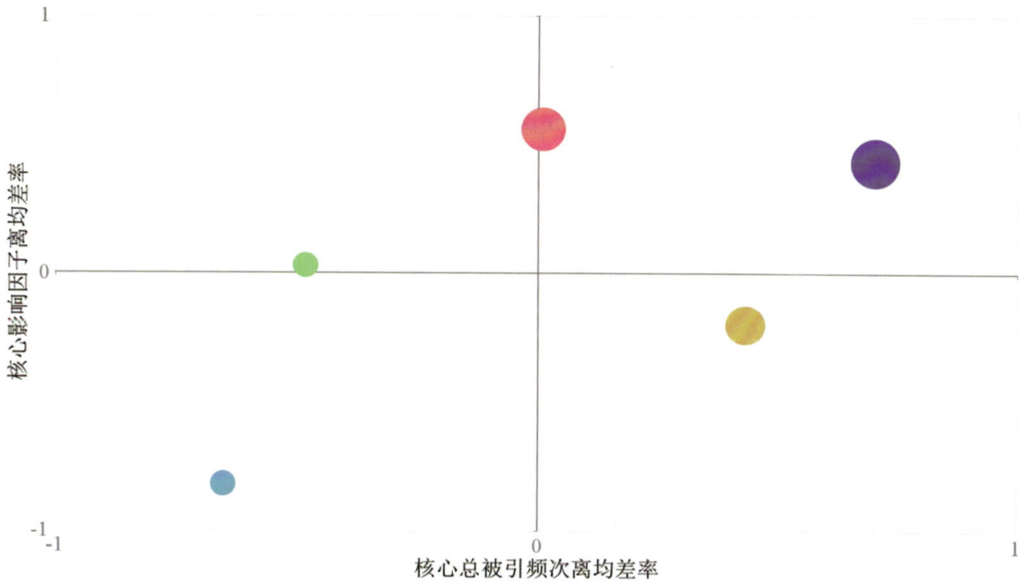


2022 年宗教学类期刊核心总被引频次和核心影响因子离均差率的分布图
（节点大小表示综合评价总分）

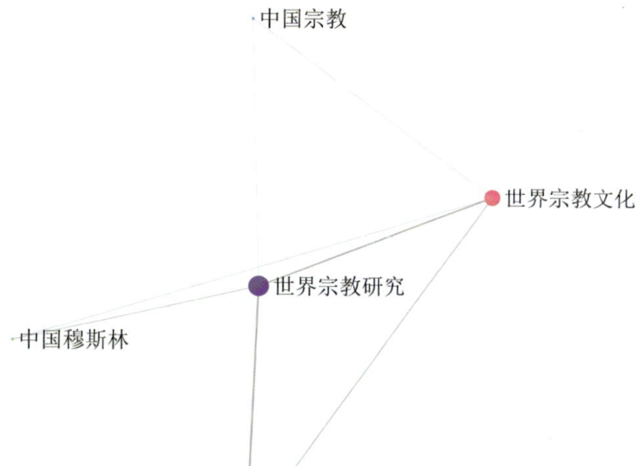


2022 年宗教学类期刊互引关系示意图

## 表 6-6　2022 年宗教学类期刊主要指标

| CODE | 刊名 | 核心总被引频次 | | | 核心影响因子 | | | 综合评价总分 | | 学科扩散指标 | 学科影响指标 | 红点指标 |
|---|---|---|---|---|---|---|---|---|---|---|---|---|
| | | 数值 | 排名 | 离均差率 | 数值 | 排名 | 离均差率 | 数值 | 排名 | | | |
| S286 | 世界宗教文化 | 151 | 3 | 0.01 | 0.146 | 1 | 0.56 | 68.9 | 2 | 8.40 | 0.80 | 0.37 |
| S287 | 世界宗教研究 | 254 | 1 | 0.70 | 0.134 | 2 | 0.43 | 86.3 | 1 | 13.20 | 0.80 | 0.19 |
| S414 | 中国穆斯林 | 77 | 4 | –0.48 | 0.097 | 3 | 0.03 | 23.1 | 4 | 2.20 | 0.60 | 0.00 |
| S434 | 中国宗教 | 52 | 5 | –0.65 | 0.017 | 5 | –0.82 | 23.0 | 5 | 3.80 | 0.80 | 0.00 |
| S448 | 宗教学研究 | 213 | 2 | 0.43 | 0.075 | 4 | –0.20 | 52.8 | 3 | 10.60 | 0.60 | 0.26 |
| | 5 种期刊平均值 | 149 | | | 0.094 | | | | | | | |

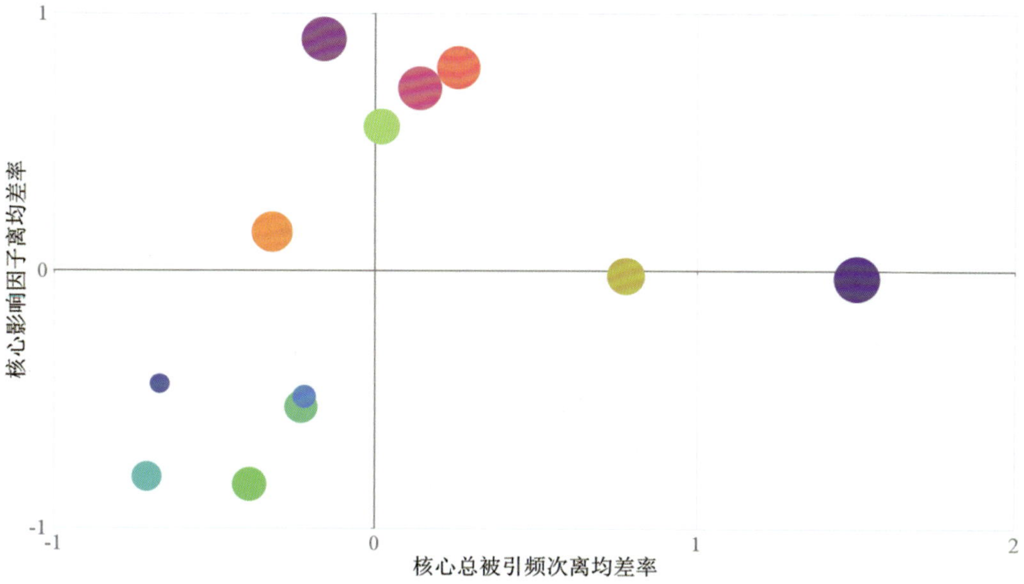


2022 年语言学综合类期刊核心总被引频次和核心影响因子离均差率的分布图
（节点大小表示综合评价总分）

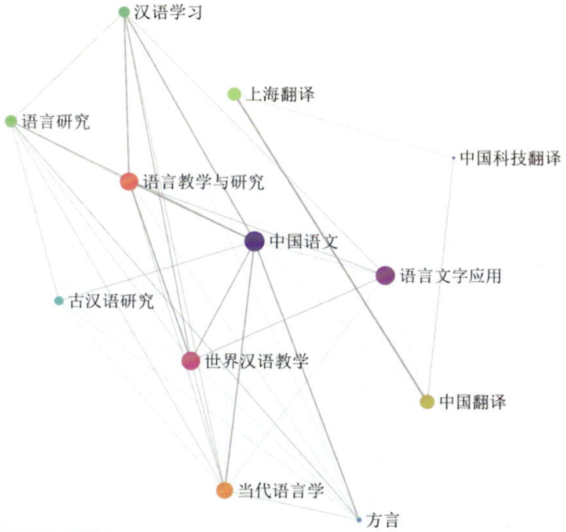


2022 年语言学综合类期刊互引关系示意图

## 表 6-7　2022 年语言学综合类期刊主要指标

| CODE | 刊名 | 核心总被引频次 | | | 核心影响因子 | | | 综合评价总分 | | 学科扩散指标 | 学科影响指标 | 红点指标 |
|---|---|---|---|---|---|---|---|---|---|---|---|---|
| | | 数值 | 排名 | 离均差率 | 数值 | 排名 | 离均差率 | 数值 | 排名 | | | |
| S165 | 当代语言学 | 277 | 9 | −0.32 | 0.444 | 5 | 0.15 | 58.4 | 5 | 3.17 | 0.83 | 0.12 |
| S179 | 方言 | 316 | 7 | −0.22 | 0.198 | 9 | −0.49 | 19.1 | 11 | 1.92 | 0.75 | 0.44 |
| S184 | 古汉语研究 | 117 | 12 | −0.71 | 0.078 | 11 | −0.80 | 31.8 | 10 | 2.67 | 0.75 | 0.14 |
| S200 | 汉语学习 | 312 | 8 | −0.23 | 0.182 | 10 | −0.53 | 37.7 | 9 | 3.17 | 0.83 | 0.22 |
| S266 | 上海翻译 | 413 | 5 | 0.02 | 0.602 | 4 | 0.56 | 46.1 | 7 | 3.42 | 0.25 | 0.27 |
| | | | | | | | | | | | | |
| S691 | 世界汉语教学 | 463 | 4 | 0.14 | 0.659 | 3 | 0.71 | 67.4 | 3 | 4.33 | 0.92 | 0.10 |
| S368 | 语言教学与研究 | 510 | 3 | 0.26 | 0.688 | 2 | 0.79 | 65.4 | 4 | 4.92 | 0.92 | 0.25 |
| S369 | 语言文字应用 | 341 | 6 | −0.16 | 0.731 | 1 | 0.90 | 69.6 | 2 | 6.33 | 0.83 | 0.14 |
| S370 | 语言研究 | 248 | 10 | −0.39 | 0.067 | 12 | −0.83 | 41.1 | 8 | 3.33 | 0.75 | 0.09 |
| S400 | 中国翻译 | 719 | 2 | 0.78 | 0.378 | 6 | −0.02 | 49.2 | 6 | 5.58 | 0.33 | 0.33 |
| | | | | | | | | | | | | |
| S823 | 中国科技翻译 | 134 | 11 | −0.67 | 0.214 | 8 | −0.44 | 14.0 | 12 | 3.33 | 0.25 | 0.28 |
| S715 | 中国语文 | 1012 | 1 | 1.50 | 0.375 | 7 | −0.03 | 75.3 | 1 | 6.50 | 0.83 | 0.11 |
| | 12 种期刊平均值 | 405 | | | 0.385 | | | | | | | |

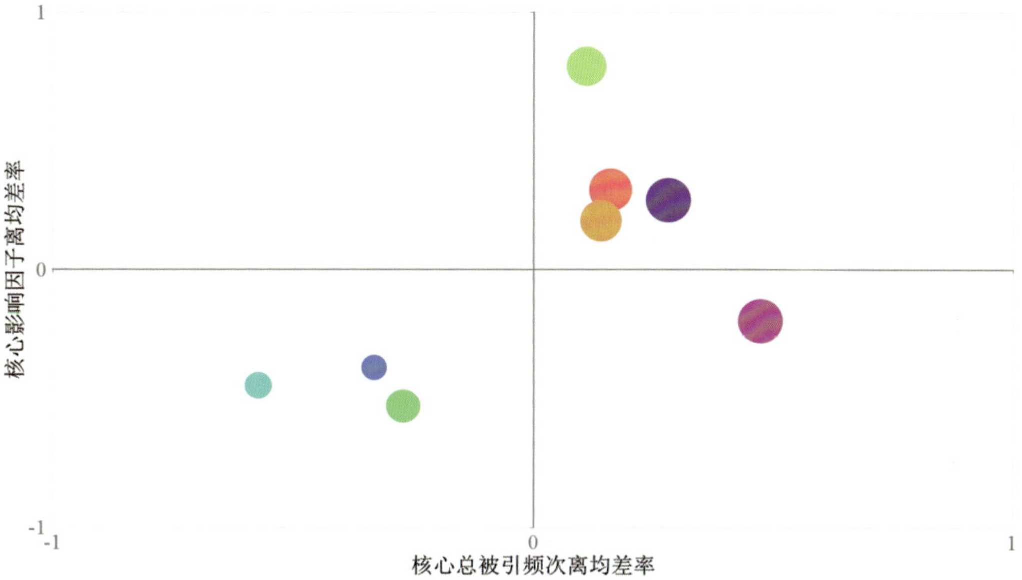


2022 年外国语言学类期刊核心总被引频次和核心影响因子离均差率的分布图
（节点大小表示综合评价总分）

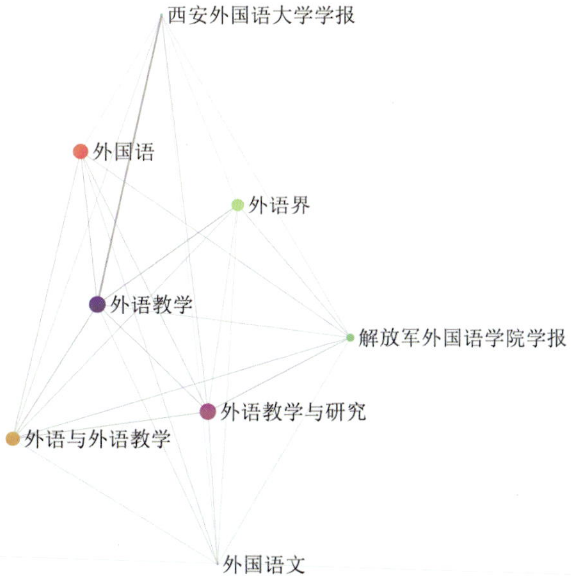


2022 年外国语言学类期刊互引关系示意图

## 表 6-8　2022 年外国语言学类期刊主要指标

| CODE | 刊名 | 核心总被引频次 | | | 核心影响因子 | | | 综合评价总分 | | 学科扩散指标 | 学科影响指标 | 红点指标 |
|---|---|---|---|---|---|---|---|---|---|---|---|---|
| | | 数值 | 排名 | 离均差率 | 数值 | 排名 | 离均差率 | 数值 | 排名 | | | |
| S225 | 解放军外国语学院学报 | 302 | 6 | –0.27 | 0.270 | 8 | –0.53 | 40.2 | 6 | 8.00 | 1.00 | 0.23 |
| S317 | 外国语 | 479 | 3 | 0.16 | 0.761 | 2 | 0.31 | 64.6 | 3 | 8.50 | 1.00 | 0.19 |
| S318 | 外国语文 | 278 | 7 | –0.33 | 0.360 | 6 | –0.38 | 22.9 | 8 | 7.25 | 1.00 | 0.21 |
| S697 | 外语教学 | 528 | 2 | 0.28 | 0.738 | 3 | 0.27 | 70.2 | 1 | 9.50 | 1.00 | 0.27 |
| S698 | 外语教学与研究 | 609 | 1 | 0.47 | 0.463 | 5 | –0.20 | 69.4 | 2 | 8.25 | 1.00 | 0.23 |
| | | | | | | | | | | | | |
| S323 | 外语界 | 459 | 5 | 0.11 | 1.037 | 1 | 0.79 | 55.5 | 5 | 7.00 | 0.88 | 0.36 |
| S699 | 外语与外语教学 | 471 | 4 | 0.14 | 0.688 | 4 | 0.19 | 60.6 | 4 | 8.13 | 1.00 | 0.28 |
| S576 | 西安外国语大学学报 | 179 | 8 | –0.57 | 0.320 | 7 | –0.45 | 26.2 | 7 | 5.00 | 1.00 | 0.20 |
| | 8 种期刊平均值 | 413 | | | 0.580 | | | | | | | |

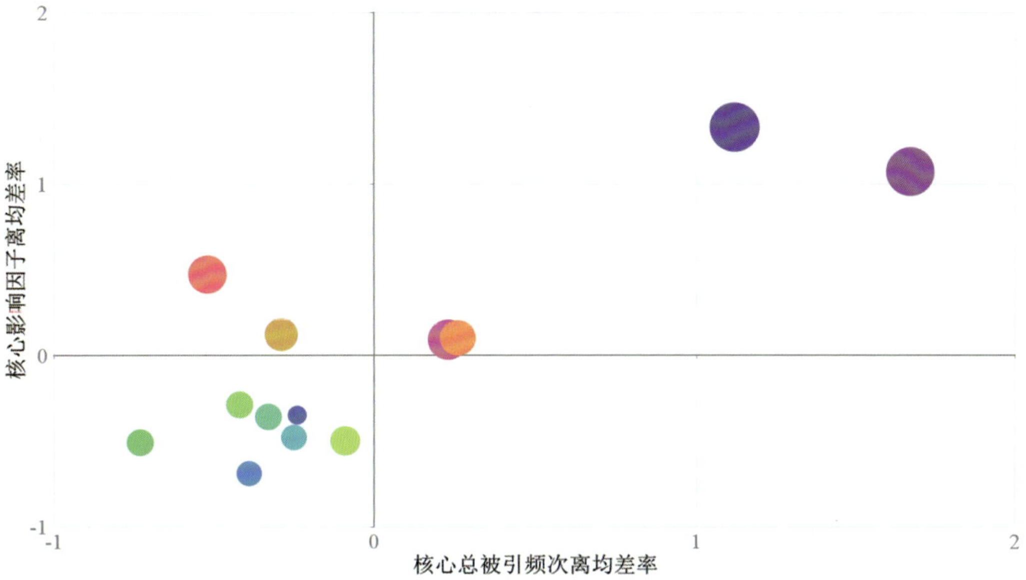


2022 年中国文学类期刊核心总被引频次和核心影响因子离均差率的分布图
（节点大小表示综合评价总分）

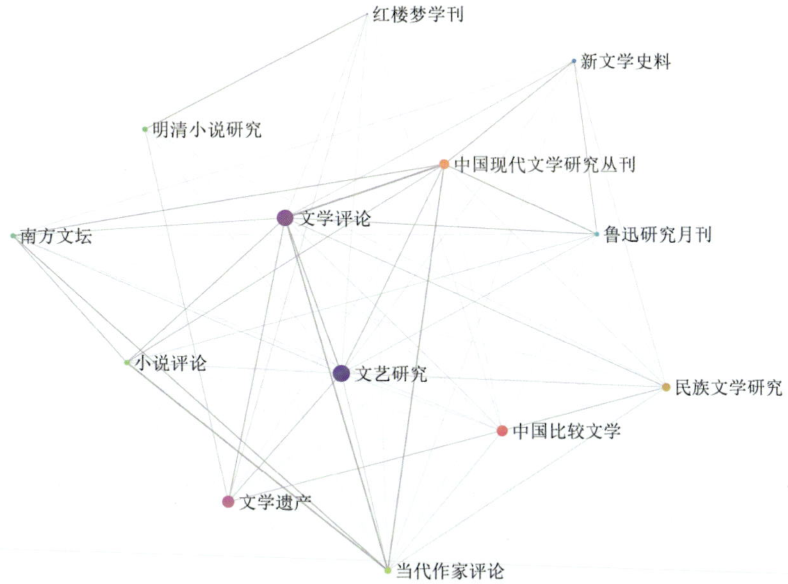


2022 年中国文学类期刊互引关系示意图

## 表 6-9　2022 年中国文学类期刊主要指标

| CODE | 刊名 | 核心总被引频次 | | | 核心影响因子 | | | 综合评价总分 | | 学科扩散指标 | 学科影响指标 | 红点指标 |
|---|---|---|---|---|---|---|---|---|---|---|---|---|
| | | 数值 | 排名 | 离均差率 | 数值 | 排名 | 离均差率 | 数值 | 排名 | | | |
| S166 | 当代作家评论 | 315 | 5 | −0.09 | 0.099 | 11 | −0.50 | 31.1 | 7 | 3.85 | 0.77 | 0.00 |
| S206 | 红楼梦学刊 | 266 | 6 | −0.24 | 0.127 | 8 | −0.35 | 12.8 | 13 | 1.85 | 0.38 | 0.58 |
| S243 | 鲁迅研究月刊 | 261 | 7 | −0.25 | 0.102 | 10 | −0.48 | 23.4 | 11 | 2.69 | 0.77 | 0.47 |
| S251 | 民族文学研究 | 247 | 8 | −0.29 | 0.219 | 4 | 0.12 | 38.2 | 6 | 3.54 | 0.69 | 0.16 |
| S254 | 明清小说研究 | 93 | 13 | −0.73 | 0.097 | 12 | −0.51 | 25.7 | 9 | 1.92 | 0.46 | 0.41 |
| S255 | 南方文坛 | 233 | 9 | −0.33 | 0.126 | 9 | −0.36 | 25.4 | 10 | 2.77 | 0.62 | 0.00 |
| S327 | 文学评论 | 928 | 1 | 1.67 | 0.406 | 2 | 1.07 | 84.7 | 2 | 9.23 | 1.00 | 0.23 |
| S328 | 文学遗产 | 429 | 4 | 0.23 | 0.213 | 6 | 0.09 | 57.8 | 3 | 6.77 | 0.69 | 0.11 |
| S332 | 文艺研究 | 738 | 2 | 1.12 | 0.457 | 1 | 1.33 | 87.3 | 1 | 10.62 | 1.00 | 0.00 |
| S348 | 小说评论 | 201 | 11 | −0.42 | 0.139 | 7 | −0.29 | 26.1 | 8 | 2.62 | 0.62 | 0.00 |
| S351 | 新文学史料 | 212 | 10 | −0.39 | 0.060 | 13 | −0.69 | 22.5 | 12 | 3.31 | 0.77 | 0.00 |
| S392 | 中国比较文学 | 166 | 12 | −0.52 | 0.288 | 3 | 0.47 | 51.7 | 4 | 4.54 | 0.69 | 0.16 |
| S427 | 中国现代文学研究丛刊 | 440 | 3 | 0.26 | 0.216 | 5 | 0.10 | 44.5 | 5 | 5.00 | 0.92 | 0.20 |
| | 13 种期刊平均值 | 348 | | | 0.196 | | | | | | | |

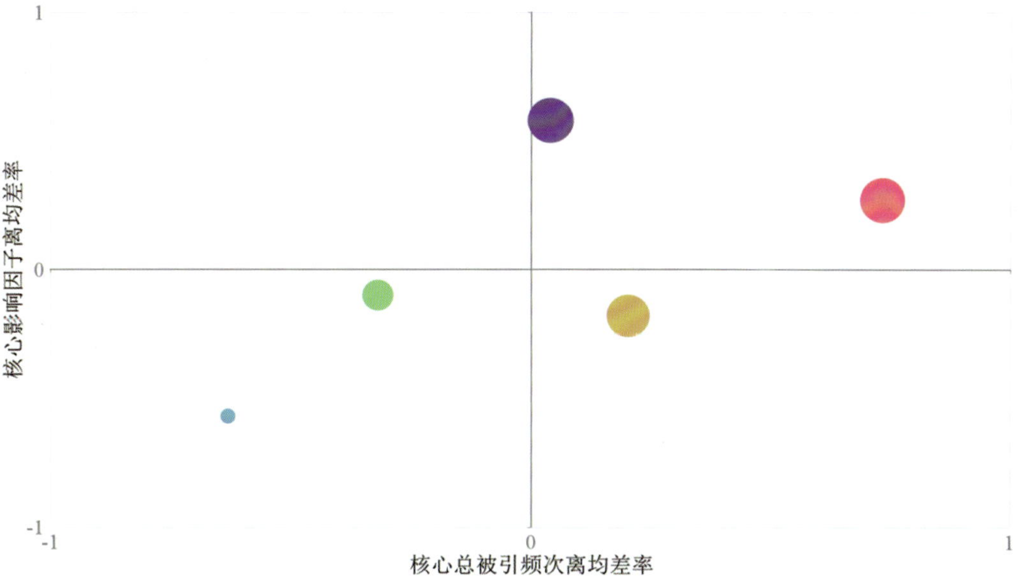


2022 年外国文学类期刊核心总被引频次和核心影响因子离均差率的分布图
（节点大小表示综合评价总分）

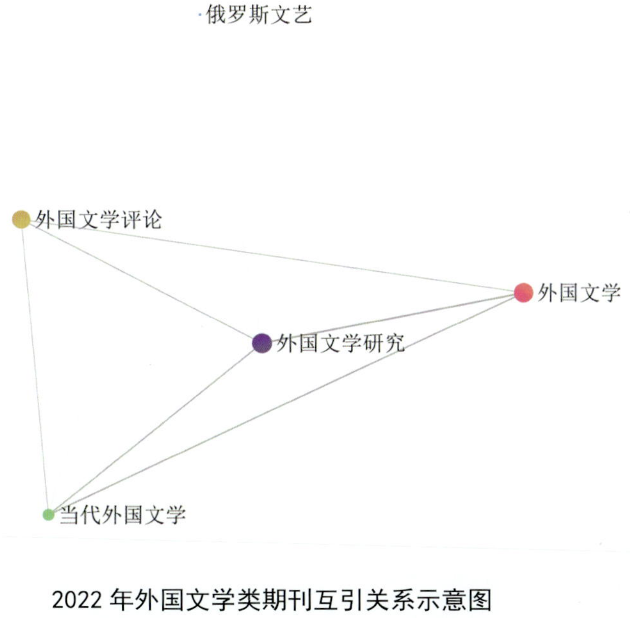


2022 年外国文学类期刊互引关系示意图

表 6-10　2022 年外国文学类期刊主要指标

| CODE | 刊名 | 核心总被引频次 | | | 核心影响因子 | | | 综合评价总分 | | 学科扩散指标 | 学科影响指标 | 红点指标 |
|---|---|---|---|---|---|---|---|---|---|---|---|---|
| | | 数值 | 排名 | 离均差率 | 数值 | 排名 | 离均差率 | 数值 | 排名 | | | |
| S162 | 当代外国文学 | 91 | 4 | –0.32 | 0.120 | 3 | –0.10 | 33.9 | 4 | 6.20 | 0.80 | 0.13 |
| S177 | 俄罗斯文艺 | 49 | 5 | –0.63 | 0.057 | 5 | –0.57 | 8.2 | 5 | 4.20 | 0.60 | 0.16 |
| S314 | 外国文学 | 232 | 1 | 0.73 | 0.170 | 2 | 0.27 | 72.0 | 2 | 16.60 | 1.00 | 0.22 |
| S315 | 外国文学评论 | 161 | 2 | 0.20 | 0.110 | 4 | –0.18 | 63.6 | 3 | 11.40 | 1.00 | 0.05 |
| S316 | 外国文学研究 | 140 | 3 | 0.04 | 0.211 | 1 | 0.58 | 72.9 | 1 | 11.00 | 1.00 | 0.23 |
| | 5 种期刊平均值 | 135 | | | 0.134 | | | | | | | |

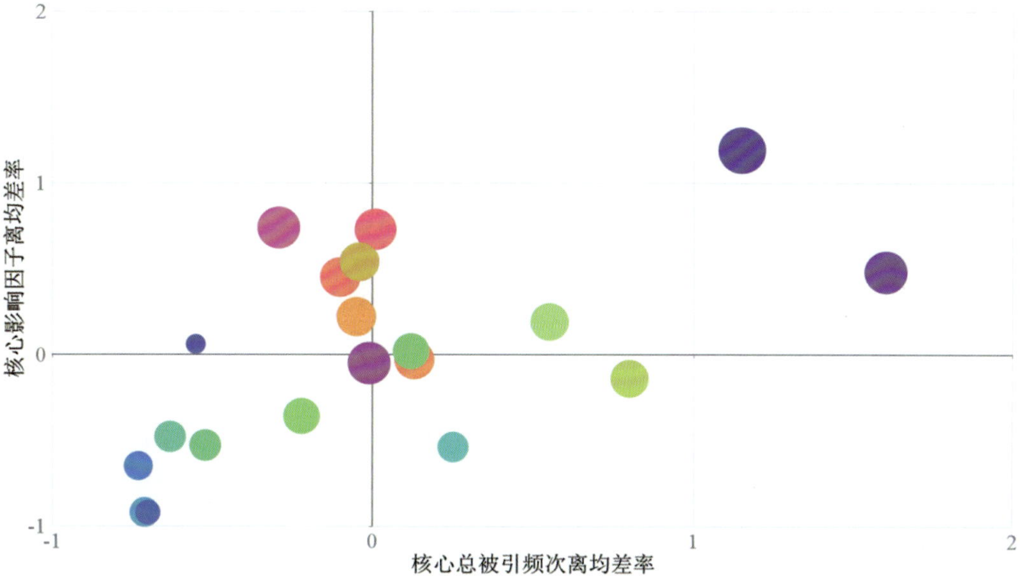


2022 年艺术学类期刊核心总被引频次和核心影响因子离均差率的分布图
（节点大小表示综合评价总分）

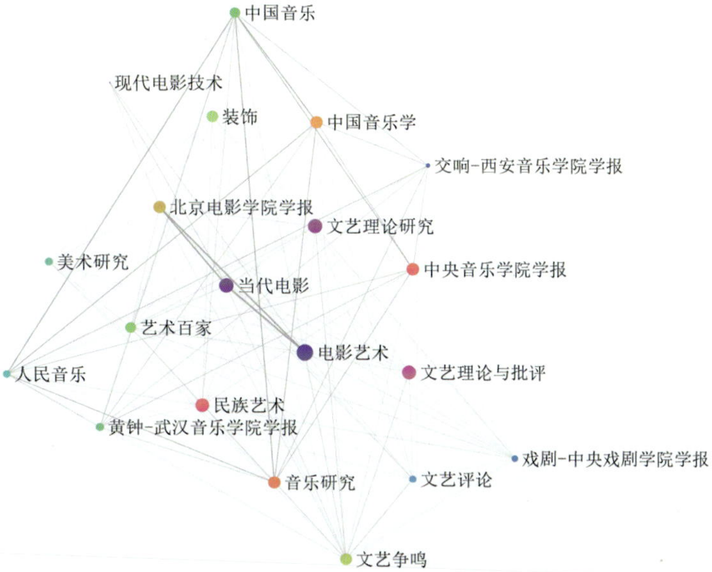


2022 年艺术学类期刊互引关系示意图

## 表 6-11 2022 年艺术学类期刊主要指标

| CODE | 刊名 | 核心总被引频次 | | | 核心影响因子 | | | 综合评价总分 | | 学科扩散指标 | 学科影响指标 | 红点指标 |
|---|---|---|---|---|---|---|---|---|---|---|---|---|
| | | 数值 | 排名 | 离均差率 | 数值 | 排名 | 离均差率 | 数值 | 排名 | | | |
| S153 | 北京电影学院学报 | 272 | 10 | −0.04 | 0.316 | 4 | 0.54 | 53.8 | 9 | 2.10 | 0.50 | 0.36 |
| S160 | 当代电影 | 733 | 1 | 1.60 | 0.303 | 5 | 0.48 | 65.2 | 2 | 3.85 | 0.55 | 0.24 |
| S169 | 电影艺术 | 607 | 2 | 1.15 | 0.449 | 1 | 1.19 | 76.6 | 1 | 2.50 | 0.55 | 0.45 |
| S216 | 黄钟 – 武汉音乐学院学报 | 136 | 15 | −0.52 | 0.096 | 16 | −0.53 | 36.0 | 14 | 1.20 | 0.50 | 0.14 |
| S221 | 交响 – 西安音乐学院学报 | 84 | 18 | −0.70 | 0.016 | 19 | −0.92 | 22.7 | 19 | 0.85 | 0.45 | 0.20 |
| S248 | 美术研究 | 104 | 17 | −0.63 | 0.107 | 15 | −0.48 | 35.3 | 15 | 2.40 | 0.40 | 0.11 |
| S253 | 民族艺术 | 285 | 8 | 0.01 | 0.355 | 3 | 0.73 | 60.7 | 5 | 3.65 | 0.60 | 0.30 |
| S263 | 人民音乐 | 352 | 5 | 0.25 | 0.095 | 17 | −0.54 | 33.5 | 16 | 1.50 | 0.70 | 0.00 |
| S329 | 文艺理论研究 | 278 | 9 | −0.01 | 0.194 | 12 | −0.05 | 64.1 | 3 | 4.80 | 0.60 | 0.18 |
| S330 | 文艺理论与批评 | 199 | 14 | −0.29 | 0.356 | 2 | 0.74 | 62.6 | 4 | 3.40 | 0.55 | 0.09 |
| S331 | 文艺评论 | 82 | 19 | −0.71 | 0.016 | 19 | −0.92 | 32.4 | 17 | 2.25 | 0.40 | 0.11 |
| S333 | 文艺争鸣 | 508 | 3 | 0.80 | 0.176 | 13 | −0.14 | 50.8 | 10 | 4.95 | 0.60 | 0.00 |
| S342 | 戏剧 – 中央戏剧学院学报 | 75 | 20 | −0.73 | 0.071 | 18 | −0.65 | 30.2 | 18 | 1.20 | 0.50 | 0.20 |
| S588 | 现代电影技术 | 126 | 16 | −0.55 | 0.218 | 9 | 0.06 | 14.1 | 20 | 0.75 | 0.25 | 0.32 |
| S366 | 艺术百家 | 220 | 13 | −0.22 | 0.132 | 14 | −0.36 | 46.6 | 12 | 4.70 | 0.80 | 0.21 |
| S367 | 音乐研究 | 318 | 6 | 0.13 | 0.199 | 11 | −0.03 | 54.3 | 7 | 1.30 | 0.50 | 0.13 |
| S429 | 中国音乐 | 317 | 7 | 0.12 | 0.210 | 10 | 0.02 | 45.7 | 13 | 1.90 | 0.50 | 0.23 |
| S430 | 中国音乐学 | 268 | 11 | −0.05 | 0.250 | 7 | 0.22 | 54.1 | 8 | 1.70 | 0.65 | 0.12 |
| S441 | 中央音乐学院学报 | 254 | 12 | −0.10 | 0.298 | 6 | 0.45 | 55.4 | 6 | 1.35 | 0.60 | 0.08 |
| S444 | 装饰 | 438 | 4 | 0.55 | 0.243 | 8 | 0.19 | 50.4 | 11 | 5.70 | 0.45 | 0.26 |
| | 20 种期刊平均值 | 283 | | | 0.205 | | | | | | | |

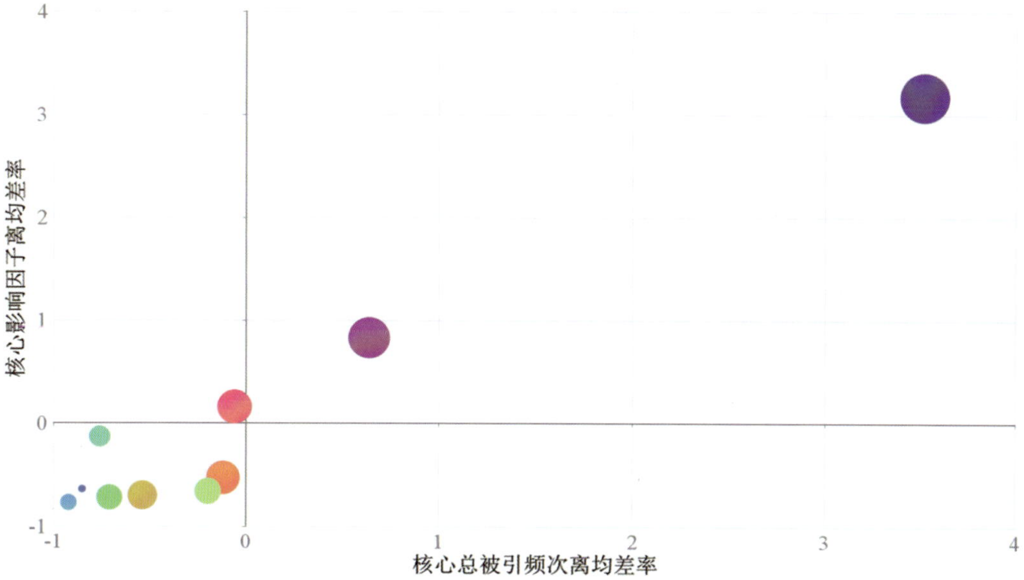


2022 年历史学类期刊核心总被引频次和核心影响因子离均差率的分布图
（节点大小表示综合评价总分）

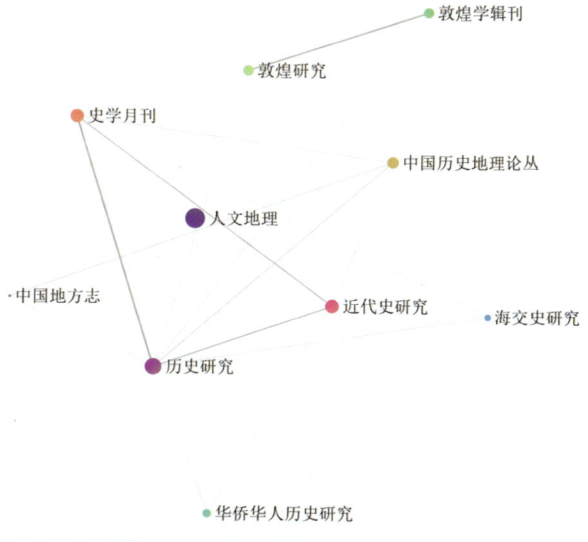


2022 年历史学类期刊互引关系示意图

## 表 6-12　2022 年历史学类期刊主要指标

| CODE | 刊名 | 核心总被引频次 | | | 核心影响因子 | | | 综合评价总分 | | 学科扩散指标 | 学科影响指标 | 红点指标 |
|---|---|---|---|---|---|---|---|---|---|---|---|---|
| | | 数值 | 排名 | 离均差率 | 数值 | 排名 | 离均差率 | 数值 | 排名 | | | |
| S175 | 敦煌学辑刊 | 191 | 7 | −0.71 | 0.132 | 9 | −0.72 | 23.1 | 7 | 3.90 | 0.60 | 0.27 |
| S176 | 敦煌研究 | 522 | 5 | −0.20 | 0.161 | 7 | −0.66 | 24.7 | 6 | 9.70 | 0.50 | 0.32 |
| S199 | 海交史研究 | 54 | 10 | −0.92 | 0.108 | 10 | −0.77 | 9.7 | 9 | 1.90 | 0.20 | 0.13 |
| S215 | 华侨华人历史研究 | 159 | 8 | −0.76 | 0.411 | 4 | −0.13 | 15.9 | 8 | 4.10 | 0.30 | 0.40 |
| S228 | 近代史研究 | 613 | 3 | −0.06 | 0.548 | 3 | 0.16 | 42.1 | 3 | 12.00 | 0.70 | 0.06 |
| | | | | | | | | | | | | |
| S240 | 历史研究 | 1075 | 2 | 0.64 | 0.867 | 2 | 0.83 | 60.6 | 2 | 19.60 | 0.90 | 0.15 |
| S617 | 人文地理 | 2953 | 1 | 3.52 | 1.970 | 1 | 3.17 | 87.4 | 1 | 31.90 | 0.20 | 0.25 |
| S278 | 史学月刊 | 573 | 4 | −0.12 | 0.220 | 5 | −0.53 | 39.9 | 4 | 15.70 | 0.90 | 0.22 |
| S397 | 中国地方志 | 96 | 9 | −0.85 | 0.169 | 6 | −0.64 | 2.1 | 10 | 1.60 | 0.30 | 0.39 |
| S618 | 中国历史地理论丛 | 304 | 6 | −0.54 | 0.143 | 8 | −0.70 | 30.1 | 5 | 9.70 | 0.80 | 0.14 |
| | 10 种期刊平均值 | 654 | | | 0.473 | | | | | | | |

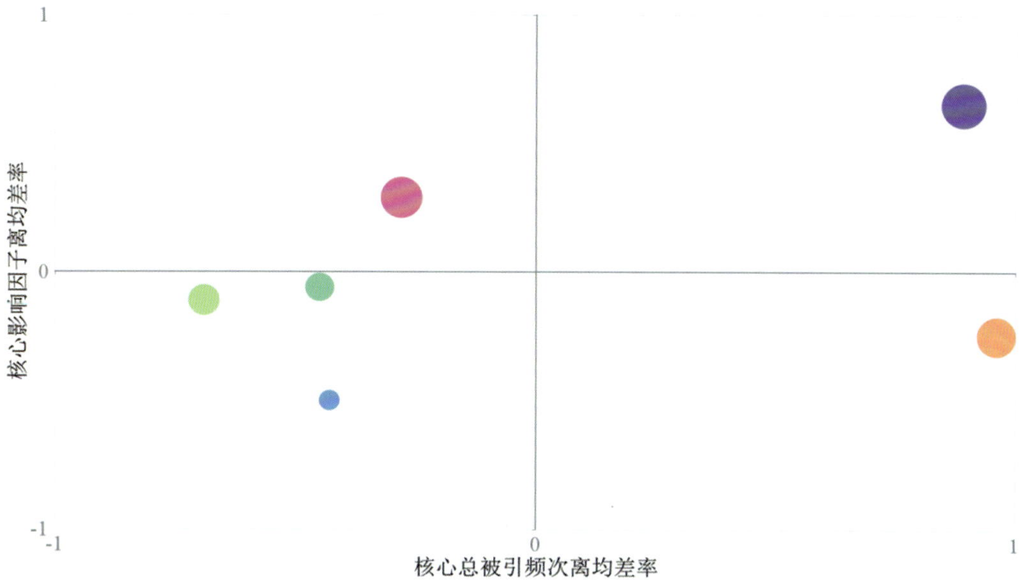


2022 年考古学类期刊核心总被引频次和核心影响因子离均差率的分布图
（节点大小表示综合评价总分）

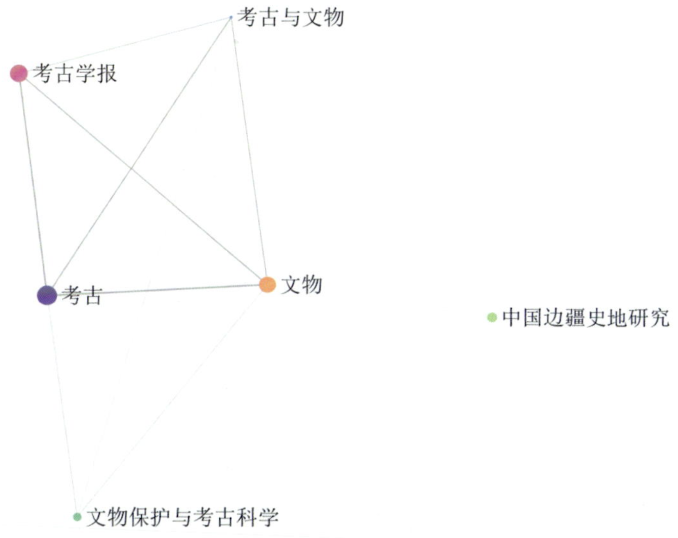


2022 年考古学类期刊互引关系示意图

## 表 6-13　2022 年考古学类期刊主要指标

| CODE | 刊名 | 核心总被引频次 | | | 核心影响因子 | | | 综合评价总分 | | 学科扩散指标 | 学科影响指标 | 红点指标 |
|---|---|---|---|---|---|---|---|---|---|---|---|---|
| | | 数值 | 排名 | 离均差率 | 数值 | 排名 | 离均差率 | 数值 | 排名 | | | |
| S808 | 考古 | 1896 | 2 | 0.89 | 0.640 | 1 | 0.65 | 70.6 | 1 | 21.00 | 1.00 | 0.16 |
| S809 | 考古学报 | 724 | 3 | −0.28 | 0.500 | 2 | 0.29 | 60.4 | 2 | 16.00 | 0.83 | 0.00 |
| S810 | 考古与文物 | 570 | 4 | −0.43 | 0.195 | 6 | −0.50 | 15.0 | 6 | 13.83 | 1.00 | 0.25 |
| S811 | 文物 | 1963 | 1 | 0.96 | 0.290 | 5 | −0.25 | 55.6 | 3 | 22.17 | 1.00 | 0.00 |
| A906 | 文物保护与考古科学 | 556 | 5 | −0.45 | 0.364 | 3 | −0.06 | 28.7 | 5 | 19.33 | 0.67 | 0.07 |
| | | | | | | | | | | | | |
| S393 | 中国边疆史地研究 | 316 | 6 | −0.69 | 0.345 | 4 | −0.11 | 34.1 | 4 | 11.17 | 0.50 | 0.22 |
| | 6 种期刊平均值 | 1004 | | | 0.389 | | | | | | | |

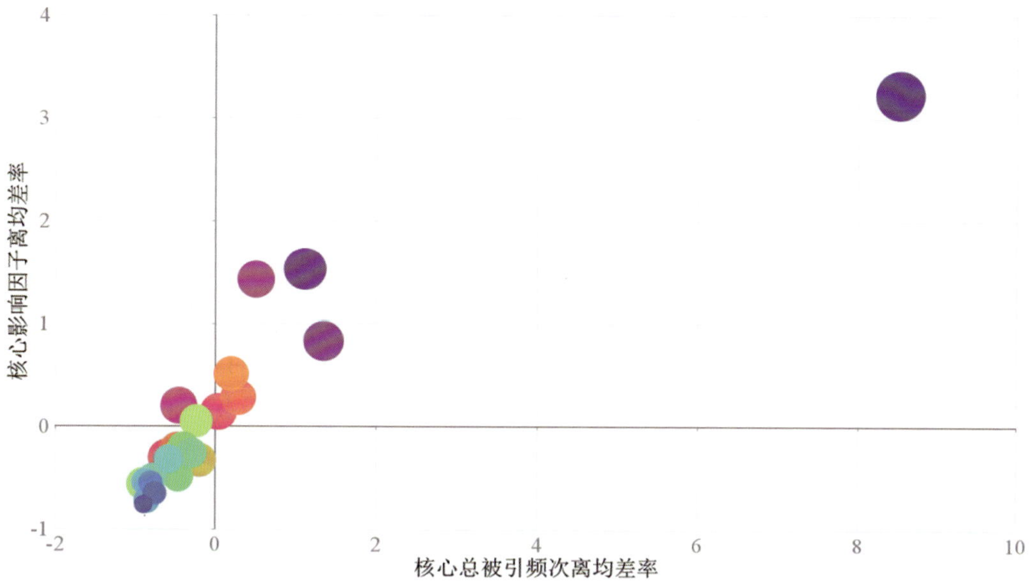


2022 年经济学综合类期刊核心总被引频次和核心影响因子离均差率的分布图
（节点大小表示综合评价总分）

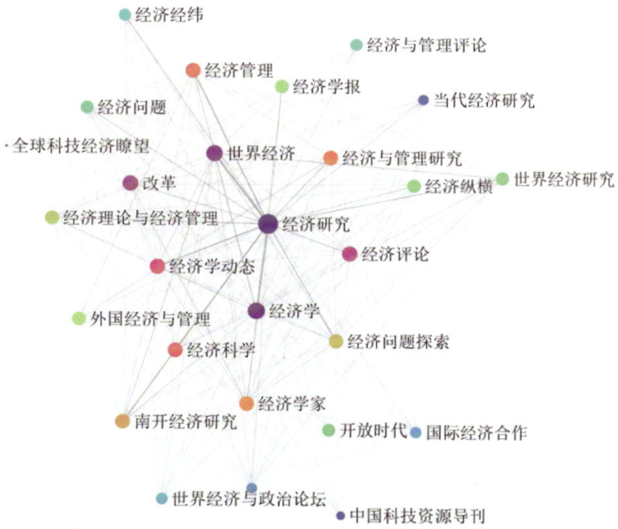


2022 年经济学综合类期刊互引关系示意图

## 表 6-14　2022 年经济学综合类期刊主要指标

| CODE | 刊名 | 核心总被引频次 | | | 核心影响因子 | | | 综合评价总分 | | 学科扩散指标 | 学科影响指标 | 红点指标 |
|---|---|---|---|---|---|---|---|---|---|---|---|---|
| | | 数值 | 排名 | 离均差率 | 数值 | 排名 | 离均差率 | 数值 | 排名 | | | |
| S740 | 当代经济研究 | 531 | 20 | −0.76 | 0.810 | 24 | −0.65 | 19.8 | 25 | 6.81 | 0.67 | 0.42 |
| S743 | 改革 | 3395 | 4 | 0.51 | 5.673 | 3 | 1.43 | 49.7 | 4 | 16.70 | 0.93 | 0.56 |
| S747 | 国际经济合作 | 317 | 23 | −0.86 | 0.646 | 25 | −0.72 | 23.7 | 23 | 5.70 | 0.52 | 0.34 |
| S759 | 经济管理 | 2895 | 5 | 0.29 | 3.003 | 6 | 0.28 | 44.9 | 8 | 12.00 | 0.85 | 0.41 |
| S760 | 经济经纬 | 915 | 18 | −0.59 | 1.587 | 15 | −0.32 | 29.4 | 21 | 9.44 | 0.70 | 0.67 |
| S761 | 经济科学 | 853 | 19 | −0.62 | 1.648 | 14 | −0.30 | 45.2 | 7 | 7.81 | 0.78 | 0.41 |
| S762 | 经济理论与经济管理 | 1071 | 16 | −0.52 | 1.537 | 18 | −0.34 | 39.5 | 13 | 9.33 | 0.81 | 0.42 |
| S764 | 经济评论 | 1225 | 13 | −0.46 | 2.812 | 7 | 0.20 | 48.6 | 5 | 9.96 | 0.93 | 0.56 |
| S768 | 经济问题 | 1572 | 10 | −0.30 | 1.724 | 13 | −0.26 | 33.4 | 18 | 13.37 | 0.81 | 0.43 |
| S769 | 经济问题探索 | 1792 | 8 | −0.20 | 1.576 | 16 | −0.33 | 41.2 | 12 | 13.07 | 0.93 | 0.67 |
| S229 | 经济学 | 4778 | 3 | 1.12 | 5.911 | 2 | 1.53 | 62.2 | 2 | 13.19 | 0.96 | 0.26 |
| S282 | 经济学报 | 202 | 27 | −0.91 | 1.031 | 23 | −0.56 | 38.0 | 15 | 4.11 | 0.63 | 0.30 |
| S721 | 经济学动态 | 2344 | 7 | 0.04 | 2.665 | 8 | 0.14 | 48.4 | 6 | 12.59 | 0.96 | 0.32 |
| S771 | 经济学家 | 2709 | 6 | 0.20 | 3.531 | 5 | 0.51 | 43.8 | 10 | 13.04 | 0.89 | 0.42 |
| S772 | 经济研究 | 21471 | 1 | 8.53 | 9.895 | 1 | 3.23 | 88.1 | 1 | 18.41 | 1.00 | 0.28 |
| S230 | 经济与管理评论 | 481 | 21 | −0.79 | 1.161 | 20 | −0.50 | 29.9 | 20 | 7.70 | 0.67 | 0.42 |
| S773 | 经济与管理研究 | 1174 | 15 | −0.48 | 1.805 | 11 | −0.23 | 44.4 | 9 | 10.81 | 0.85 | 0.54 |
| S774 | 经济纵横 | 1331 | 12 | −0.41 | 1.783 | 12 | −0.24 | 36.9 | 16 | 13.07 | 0.78 | 0.52 |
| S234 | 开放时代 | 1199 | 14 | −0.47 | 1.200 | 19 | −0.49 | 33.4 | 19 | 9.59 | 0.52 | 0.08 |
| S777 | 南开经济研究 | 1026 | 17 | −0.54 | 1.570 | 17 | −0.33 | 42.5 | 11 | 8.63 | 0.85 | 0.41 |
| S106 | 全球科技经济瞭望 | 270 | 25 | −0.88 | 0.303 | 27 | −0.87 | 0.1 | 27 | 3.56 | 0.11 | 0.41 |
| S785 | 世界经济 | 5285 | 2 | 1.35 | 4.284 | 4 | 0.83 | 56.4 | 3 | 11.56 | 0.93 | 0.32 |
| S787 | 世界经济研究 | 1343 | 11 | −0.40 | 1.848 | 10 | −0.21 | 36.8 | 17 | 8.22 | 0.93 | 0.44 |
| S789 | 世界经济与政治论坛 | 275 | 24 | −0.88 | 1.071 | 21 | −0.54 | 25.8 | 22 | 4.70 | 0.63 | 0.31 |
| S795 | 外国经济与管理 | 1703 | 9 | −0.24 | 2.450 | 9 | 0.05 | 39.2 | 14 | 11.22 | 0.78 | 0.19 |
| S799 | 亚太经济 | 417 | 22 | −0.81 | 1.056 | 22 | −0.55 | 20.6 | 24 | 5.48 | 0.70 | 0.51 |
| S133 | 中国科技资源导刊 | 235 | 26 | −0.90 | 0.555 | 26 | −0.76 | 11.9 | 26 | 2.59 | 0.07 | 0.39 |
| | 27 种期刊平均值 | 2252 | | | 2.338 | | | | | | | |

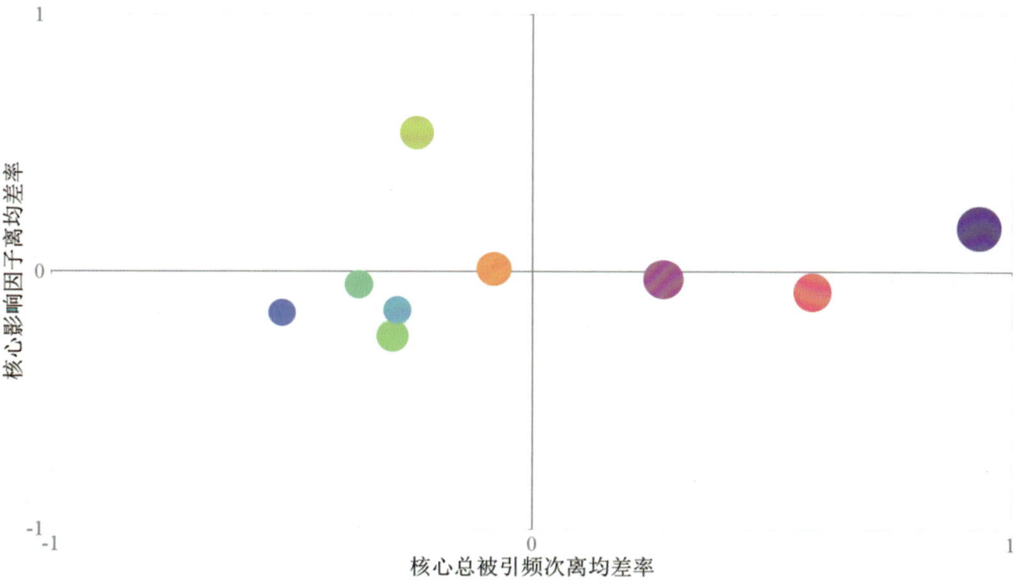


2022 年经济大学学报类期刊核心总被引频次和核心影响因子离均差率的分布图
（节点大小表示综合评价总分）

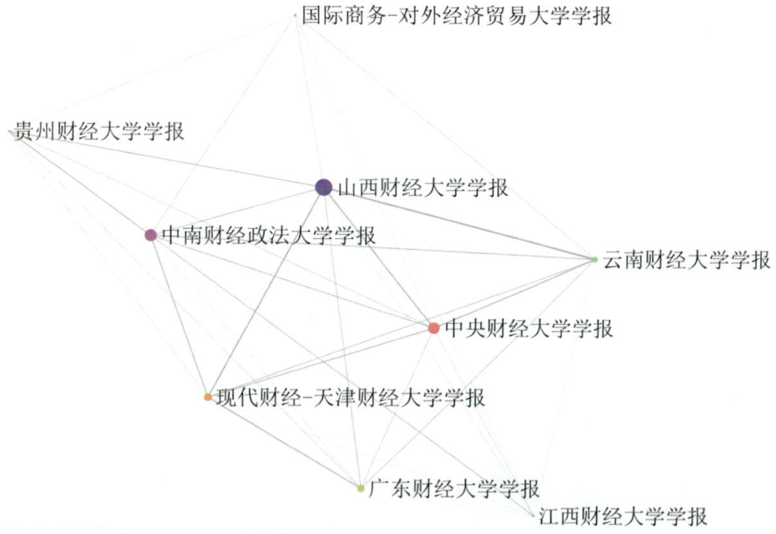


2022 年经济大学学报类期刊互引关系示意图

## 表 6-15　2022 年经济大学学报类期刊主要指标

| CODE | 刊名 | 核心总被引频次 | | | 核心影响因子 | | | 综合评价总分 | | 学科扩散指标 | 学科影响指标 | 红点指标 |
|---|---|---|---|---|---|---|---|---|---|---|---|---|
| | | 数值 | 排名 | 离均差率 | 数值 | 排名 | 离均差率 | 数值 | 排名 | | | |
| S188 | 广东财经大学学报 | 415 | 5 | −0.24 | 1.788 | 1 | 0.54 | 40.7 | 5 | 16.78 | 0.89 | 0.52 |
| S190 | 贵州财经大学学报 | 264 | 9 | −0.52 | 0.977 | 8 | −0.16 | 26.0 | 9 | 14.67 | 0.78 | 0.32 |
| S192 | 国际商务－对外经济贸易大学学报 | 351 | 8 | −0.36 | 1.106 | 5 | −0.05 | 28.9 | 7 | 15.56 | 0.56 | 0.35 |
| S220 | 江西财经大学学报 | 398 | 6 | −0.28 | 0.993 | 7 | −0.15 | 27.9 | 8 | 21.33 | 0.89 | 0.12 |
| S961 | 山西财经大学学报 | 1060 | 1 | 0.93 | 1.357 | 2 | 0.17 | 70.8 | 1 | 28.56 | 1.00 | 0.37 |
| | | | | | | | | | | | | |
| S343 | 现代财经－天津财经大学学报 | 507 | 4 | −0.08 | 1.179 | 3 | 0.01 | 41.5 | 4 | 17.89 | 0.89 | 0.39 |
| S372 | 云南财经大学学报 | 388 | 7 | −0.29 | 0.868 | 9 | −0.25 | 36.5 | 6 | 17.78 | 0.67 | 0.37 |
| S992 | 中南财经政法大学学报 | 697 | 3 | 0.27 | 1.131 | 4 | −0.03 | 54.4 | 2 | 23.67 | 0.89 | 0.36 |
| S440 | 中央财经大学学报 | 869 | 2 | 0.58 | 1.067 | 6 | −0.08 | 52.6 | 3 | 26.89 | 1.00 | 0.15 |
| | 9 种期刊平均值 | 550 | | | 1.163 | | | | | | | |

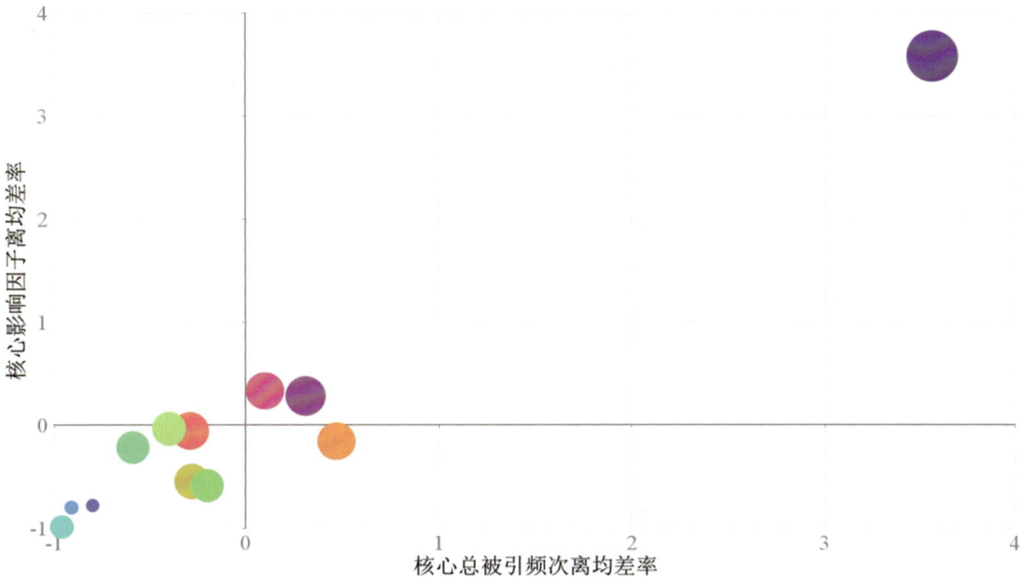


2022 年国民经济学、管理经济学、数量经济学类期刊核心总被引频次和核心影响因子离均差率的分布图
（节点大小表示综合评价总分）

2022 年国民经济学、管理经济学、数量经济学类期刊互引关系示意图

## 表 6-16　2022 年国民经济学、管理经济学、数量经济学类期刊主要指标

| CODE | 刊名 | 核心总被引频次 | | | 核心影响因子 | | | 综合评价总分 | | 学科扩散指标 | 学科影响指标 | 红点指标 |
|---|---|---|---|---|---|---|---|---|---|---|---|---|
| | | 数值 | 排名 | 离均差率 | 数值 | 排名 | 离均差率 | 数值 | 排名 | | | |
| S737 | 城市问题 | 1365 | 2 | 0.47 | 1.008 | 6 | −0.16 | 50.4 | 4 | 24.75 | 0.75 | 0.30 |
| S822 | 工程管理科技前沿 | 555 | 8 | −0.40 | 1.159 | 4 | −0.04 | 41.8 | 7 | 15.08 | 0.58 | 0.21 |
| S719 | 技术经济与管理研究 | 738 | 5 | −0.20 | 0.494 | 9 | −0.59 | 39.4 | 8 | 23.00 | 0.83 | 0.58 |
| S223 | 教育财会研究 | 81 | 11 | −0.91 | 0.241 | 11 | −0.80 | 7.1 | 11 | 1.42 | 0.17 | 0.38 |
| S683 | 教育与经济 | 383 | 9 | −0.59 | 0.941 | 7 | −0.22 | 38.4 | 9 | 9.25 | 0.08 | 0.16 |
| | | | | | | | | | | | | |
| S765 | 经济社会体制比较 | 1212 | 3 | 0.31 | 1.546 | 3 | 0.28 | 56.7 | 2 | 26.33 | 0.83 | 0.17 |
| S767 | 经济体制改革 | 1021 | 4 | 0.10 | 1.606 | 2 | 0.33 | 50.4 | 3 | 23.33 | 0.75 | 0.46 |
| S639 | 企业经济 | 664 | 6 | −0.28 | 0.547 | 8 | −0.55 | 44.7 | 6 | 21.17 | 0.50 | 0.37 |
| S834 | 商业经济与管理 | 656 | 7 | −0.29 | 1.135 | 5 | −0.06 | 50.4 | 5 | 19.25 | 0.67 | 0.14 |
| S790 | 数量经济技术经济研究 | 4224 | 1 | 3.56 | 5.523 | 1 | 3.58 | 93.8 | 1 | 33.42 | 0.83 | 0.40 |
| | | | | | | | | | | | | |
| S401 | 中国改革 | 36 | 12 | −0.96 | 0.015 | 12 | −0.99 | 20.5 | 10 | 2.67 | 0.08 | 0.00 |
| S807 | 中国资产评估 | 182 | 10 | −0.80 | 0.265 | 10 | −0.78 | 6.5 | 12 | 1.92 | 0.17 | 0.44 |
| | 12 种期刊平均值 | 926 | | | 1.207 | | | | | | | |

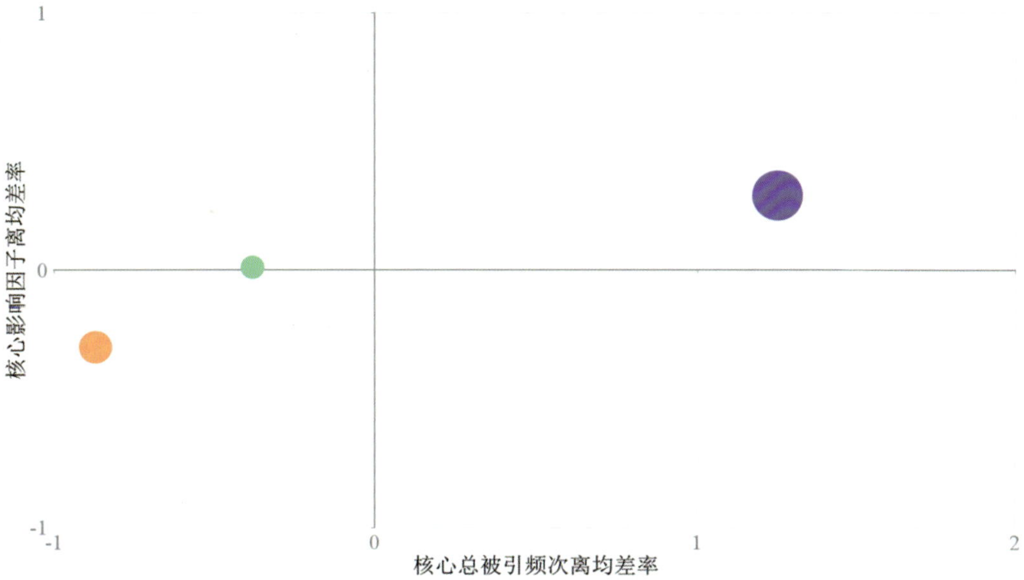


2022 年会计学、审计学类期刊核心总被引频次和核心影响因子离均差率的分布图
（节点大小表示综合评价总分）

2022 年会计学、审计学类期刊互引关系示意图

## 表 6-17　2022 年会计学、审计学类期刊主要指标

| CODE | 刊名 | 核心总被引频次 | | | 核心影响因子 | | | 综合评价总分 | | 学科扩散指标 | 学科影响指标 | 红点指标 |
|---|---|---|---|---|---|---|---|---|---|---|---|---|
| | | 数值 | 排名 | 离均差率 | 数值 | 排名 | 离均差率 | 数值 | 排名 | | | |
| S756 | 会计研究 | 4071 | 1 | 1.25 | 2.286 | 1 | 0.29 | 88.6 | 1 | 71.33 | 1.00 | 0.26 |
| S217 | 会计与经济研究 | 232 | 3 | −0.87 | 1.241 | 3 | −0.30 | 38.0 | 2 | 29.33 | 1.00 | 0.31 |
| S782 | 审计研究 | 1125 | 2 | −0.38 | 1.787 | 2 | 0.01 | 19.6 | 3 | 43.67 | 1.00 | 0.44 |
| | 3 种期刊平均值 | 1809 | | | 1.771 | | | | | | | |

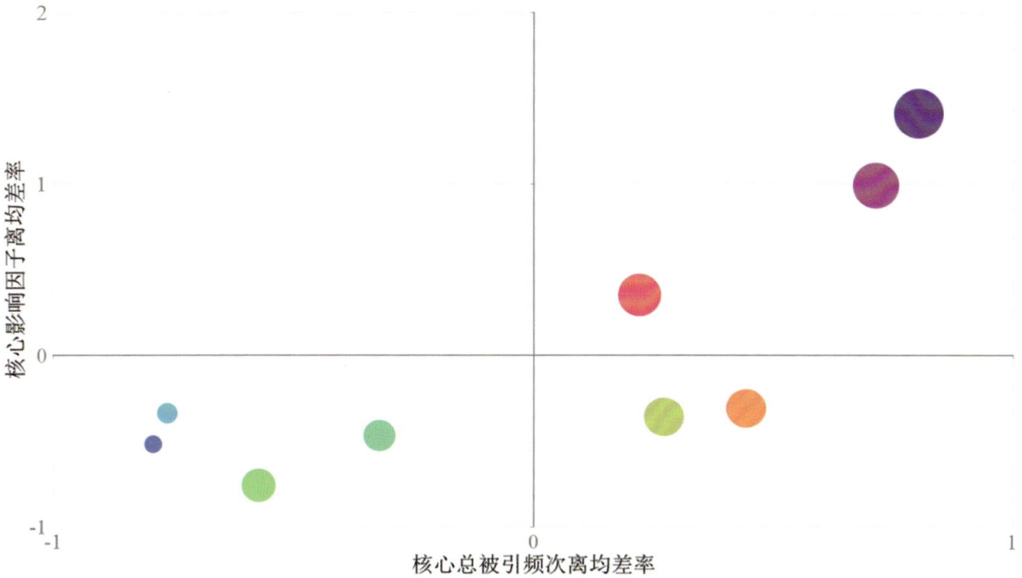


2022 年生态农业经济学类期刊核心总被引频次和核心影响因子离均差率的分布图
（节点大小表示综合评价总分）

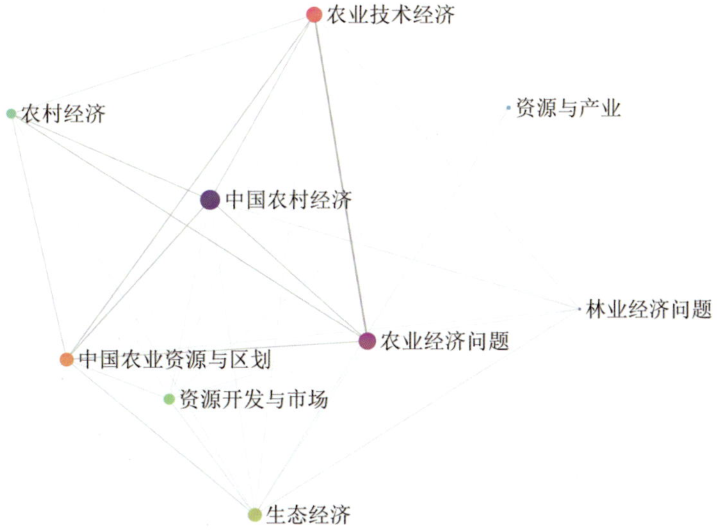


2022 年生态农业经济学类期刊互引关系示意图

## 表 6-18　2022 年生态农业经济学类期刊主要指标

| CODE | 刊名 | 核心总被引频次 | | | 核心影响因子 | | | 综合评价总分 | | 学科扩散指标 | 学科影响指标 | 红点指标 |
|---|---|---|---|---|---|---|---|---|---|---|---|---|
| | | 数值 | 排名 | 离均差率 | 数值 | 排名 | 离均差率 | 数值 | 排名 | | | |
| S242 | 林业经济问题 | 490 | 9 | –0.79 | 1.099 | 8 | –0.52 | 11.4 | 9 | 9.56 | 0.67 | 0.23 |
| S839 | 农村经济 | 1581 | 6 | –0.32 | 1.227 | 7 | –0.47 | 35.1 | 7 | 32.89 | 1.00 | 0.34 |
| S778 | 农业技术经济 | 2853 | 5 | 0.22 | 3.106 | 3 | 0.35 | 64.4 | 3 | 34.67 | 0.89 | 0.19 |
| S779 | 农业经济问题 | 3993 | 2 | 0.71 | 4.564 | 2 | 0.99 | 74.1 | 2 | 43.78 | 1.00 | 0.30 |
| S784 | 生态经济 | 2981 | 4 | 0.27 | 1.464 | 6 | –0.36 | 53.3 | 5 | 61.78 | 1.00 | 0.43 |
| | | | | | | | | | | | | |
| S804 | 中国农村经济 | 4221 | 1 | 0.80 | 5.531 | 1 | 1.41 | 89.3 | 1 | 42.89 | 1.00 | 0.34 |
| H221 | 中国农业资源与区划 | 3367 | 3 | 0.44 | 1.589 | 4 | –0.31 | 53.6 | 4 | 50.33 | 1.00 | 0.42 |
| S728 | 资源开发与市场 | 1001 | 7 | –0.57 | 0.559 | 9 | –0.76 | 40.3 | 6 | 34.89 | 0.78 | 0.46 |
| S446 | 资源与产业 | 568 | 8 | –0.76 | 1.523 | 5 | –0.34 | 15.4 | 8 | 21.22 | 0.44 | 0.37 |
| | 9 种期刊平均值 | 2339 | | | 2.296 | | | | | | | |

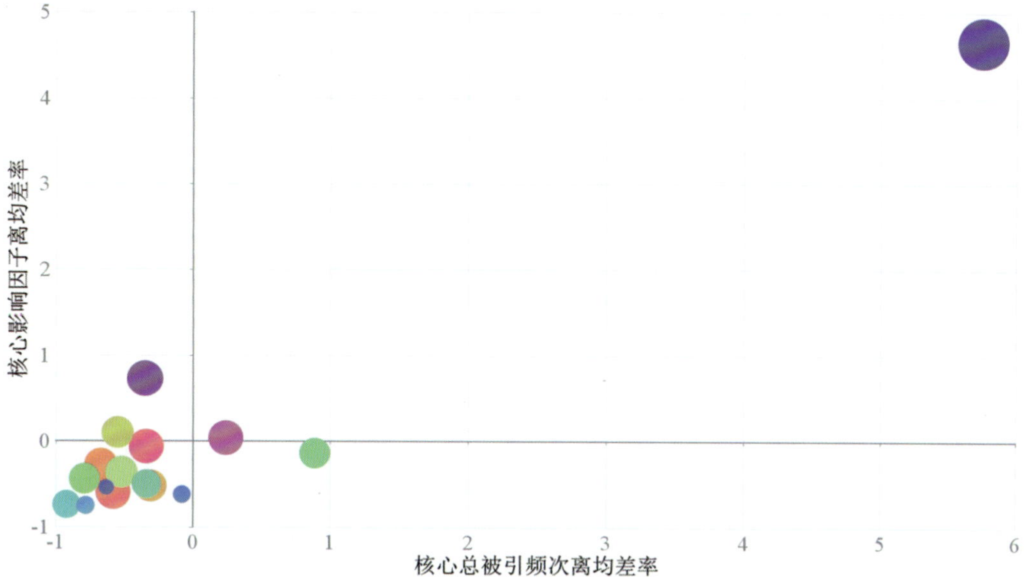


2022 年工商业经济学类期刊核心总被引频次和核心影响因子离均差率的分布图
（节点大小表示综合评价总分）

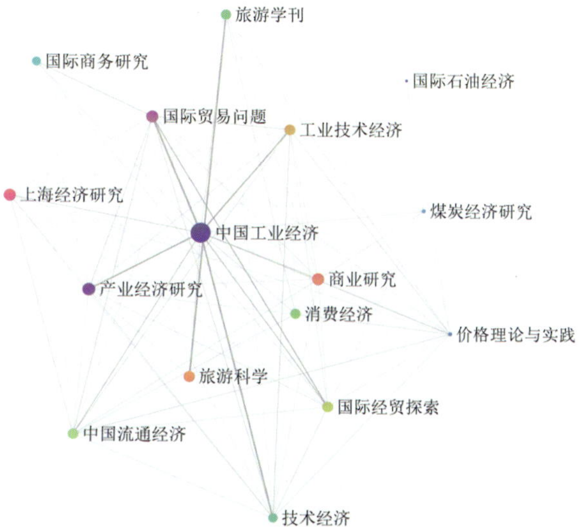


2022 年工商业经济学类期刊互引关系示意图

## 表 6-19　2022 年工商业经济学类期刊主要指标

| CODE | 刊名 | 核心总被引频次 | | | 核心影响因子 | | | 综合评价总分 | | 学科扩散指标 | 学科影响指标 | 红点指标 |
|---|---|---|---|---|---|---|---|---|---|---|---|---|
| | | 数值 | 排名 | 离均差率 | 数值 | 排名 | 离均差率 | 数值 | 排名 | | | |
| S159 | 产业经济研究 | 1148 | 8 | −0.35 | 3.500 | 2 | 0.73 | 45.5 | 2 | 13.69 | 0.94 | 0.68 |
| J067 | 工业技术经济 | 1217 | 5 | −0.31 | 0.977 | 11 | −0.52 | 35.9 | 7 | 20.00 | 0.81 | 0.69 |
| S831 | 国际经贸探索 | 796 | 10 | −0.55 | 2.228 | 3 | 0.10 | 35.7 | 8 | 11.69 | 0.75 | 0.54 |
| S750 | 国际贸易问题 | 2179 | 3 | 0.24 | 2.102 | 4 | 0.04 | 42.8 | 3 | 15.69 | 0.88 | 0.45 |
| S751 | 国际商务研究 | 137 | 16 | −0.92 | 0.519 | 15 | −0.74 | 28.2 | 13 | 4.81 | 0.38 | 0.28 |
| L042 | 国际石油经济 | 661 | 12 | −0.63 | 0.935 | 12 | −0.54 | 8.4 | 16 | 10.75 | 0.19 | 0.34 |
| S718 | 技术经济 | 1163 | 6 | −0.34 | 1.012 | 10 | −0.50 | 29.3 | 12 | 19.06 | 0.81 | 0.53 |
| S832 | 价格理论与实践 | 1615 | 4 | −0.08 | 0.778 | 14 | −0.62 | 11.3 | 15 | 23.25 | 0.94 | 0.30 |
| S245 | 旅游科学 | 575 | 13 | −0.67 | 1.486 | 7 | −0.27 | 37.2 | 6 | 8.50 | 0.25 | 0.24 |
| S616 | 旅游学刊 | 3325 | 2 | 0.89 | 1.733 | 6 | −0.14 | 33.5 | 11 | 17.25 | 0.50 | 0.07 |
| S637 | 煤炭经济研究 | 380 | 14 | −0.78 | 0.513 | 16 | −0.75 | 11.6 | 14 | 6.00 | 0.19 | 0.56 |
| S835 | 商业研究 | 733 | 11 | −0.58 | 0.825 | 13 | −0.59 | 42.2 | 5 | 16.19 | 0.88 | 0.47 |
| S781 | 上海经济研究 | 1162 | 7 | −0.34 | 1.899 | 5 | −0.06 | 42.4 | 4 | 17.50 | 0.88 | 0.29 |
| S836 | 消费经济 | 364 | 15 | −0.79 | 1.140 | 9 | −0.44 | 33.6 | 10 | 9.75 | 0.75 | 0.42 |
| S800 | 中国工业经济 | 11904 | 1 | 5.75 | 11.434 | 1 | 4.65 | 92.5 | 1 | 27.25 | 1.00 | 0.37 |
| S838 | 中国流通经济 | 852 | 9 | −0.52 | 1.285 | 8 | −0.36 | 34.9 | 9 | 16.19 | 0.81 | 0.48 |
| | 16 种期刊平均值 | 1763 | | | 2.023 | | | | | | | |

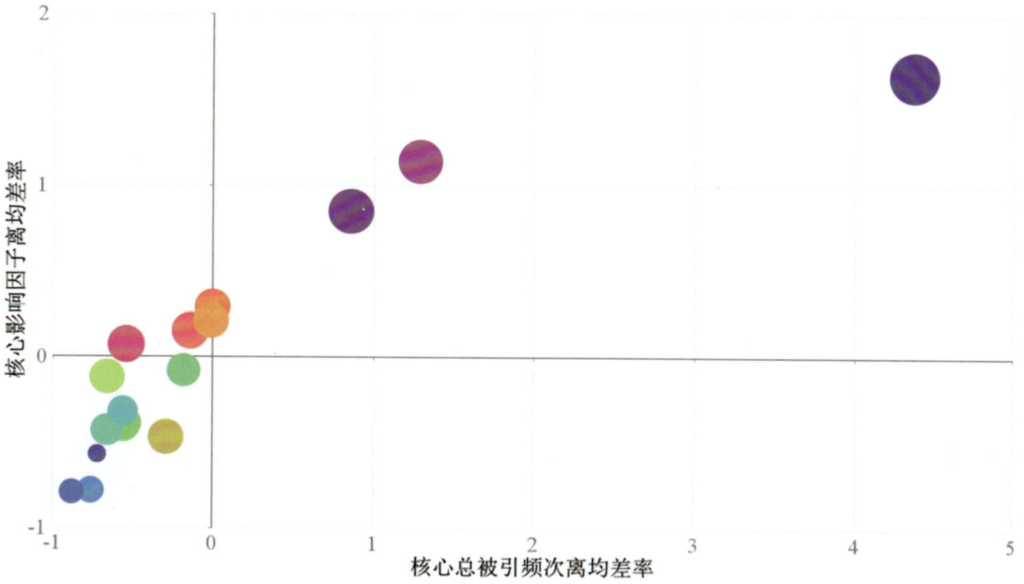


2022 年财政学、金融学、保险学类期刊核心总被引频次和核心影响因子离均差率的分布图
（节点大小表示综合评价总分）

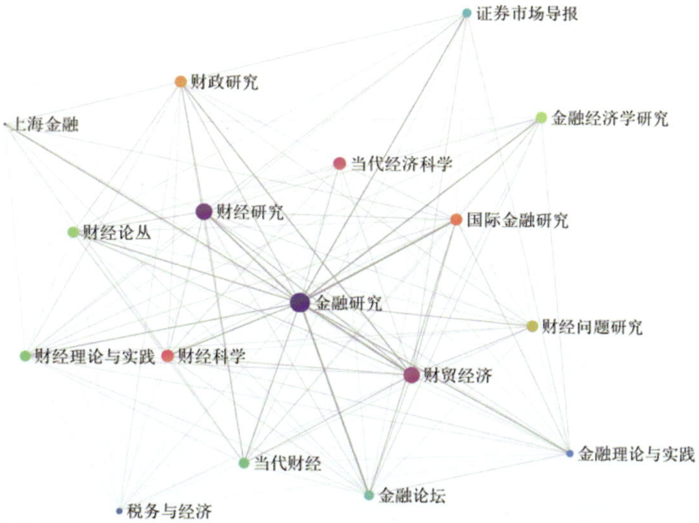


2022 年财政学、金融学、保险学类期刊互引关系示意图

## 表 6-20 2022 年财政学、金融学、保险学类期刊主要指标

| CODE | 刊名 | 核心总被引频次 | | | 核心影响因子 | | | 综合评价总分 | | 学科扩散指标 | 学科影响指标 | 红点指标 |
|---|---|---|---|---|---|---|---|---|---|---|---|---|
| | | 数值 | 排名 | 离均差率 | 数值 | 排名 | 离均差率 | 数值 | 排名 | | | |
| S731 | 财经科学 | 1340 | 6 | –0.14 | 2.209 | 6 | 0.15 | 48.1 | 5 | 15.82 | 1.00 | 0.40 |
| S647 | 财经理论与实践 | 693 | 10 | –0.55 | 1.176 | 11 | –0.39 | 40.2 | 11 | 12.06 | 1.00 | 0.49 |
| S147 | 财经论丛 | 687 | 11 | –0.56 | 1.157 | 12 | –0.40 | 42.2 | 10 | 12.35 | 0.94 | 0.38 |
| S732 | 财经问题研究 | 1107 | 8 | –0.29 | 1.018 | 14 | –0.47 | 44.2 | 8 | 17.65 | 0.94 | 0.39 |
| S733 | 财经研究 | 2886 | 3 | 0.86 | 3.551 | 3 | 0.85 | 71.4 | 2 | 17.41 | 1.00 | 0.34 |
| S734 | 财贸经济 | 3556 | 2 | 1.29 | 4.117 | 2 | 1.14 | 69.2 | 3 | 18.00 | 1.00 | 0.24 |
| S735 | 财政研究 | 1540 | 5 | –0.01 | 2.327 | 5 | 0.21 | 44.9 | 7 | 14.47 | 1.00 | 0.29 |
| S738 | 当代财经 | 1277 | 7 | –0.18 | 1.766 | 8 | –0.08 | 40.1 | 12 | 14.88 | 1.00 | 0.35 |
| S739 | 当代经济科学 | 711 | 9 | –0.54 | 2.059 | 7 | 0.07 | 49.2 | 4 | 12.82 | 0.94 | 0.53 |
| S746 | 国际金融研究 | 1545 | 4 | 0.00 | 2.490 | 4 | 0.29 | 45.0 | 6 | 10.18 | 0.94 | 0.55 |
| S226 | 金融经济学研究 | 524 | 13 | –0.66 | 1.684 | 9 | –0.12 | 43.7 | 9 | 9.06 | 0.94 | 0.57 |
| S652 | 金融理论与实践 | 370 | 16 | –0.76 | 0.433 | 16 | –0.78 | 25.6 | 15 | 8.41 | 0.76 | 0.52 |
| S227 | 金融论坛 | 522 | 14 | –0.66 | 1.106 | 13 | –0.43 | 36.6 | 13 | 8.88 | 0.88 | 0.48 |
| S757 | 金融研究 | 8323 | 1 | 4.37 | 5.079 | 1 | 1.64 | 92.4 | 1 | 17.88 | 1.00 | 0.46 |
| S268 | 上海金融 | 441 | 15 | –0.72 | 0.832 | 15 | –0.57 | 11.8 | 17 | 7.47 | 0.88 | 0.34 |
| S656 | 税务与经济 | 180 | 17 | –0.88 | 0.400 | 17 | –0.79 | 22.2 | 16 | 6.00 | 0.24 | 0.17 |
| S659 | 证券市场导报 | 678 | 12 | –0.56 | 1.312 | 10 | –0.32 | 33.0 | 14 | 8.59 | 0.94 | 0.52 |
| | 17 种期刊平均值 | 1552 | | | 1.924 | | | | | | | |

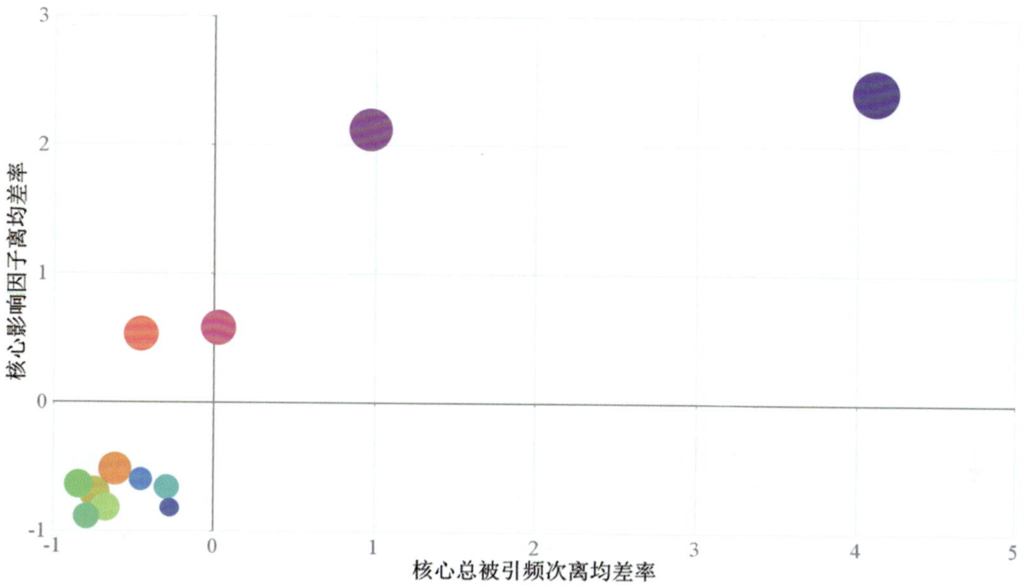


2022 年政治学综合类期刊核心总被引频次和核心影响因子离均差率的分布图
（节点大小表示综合评价总分）

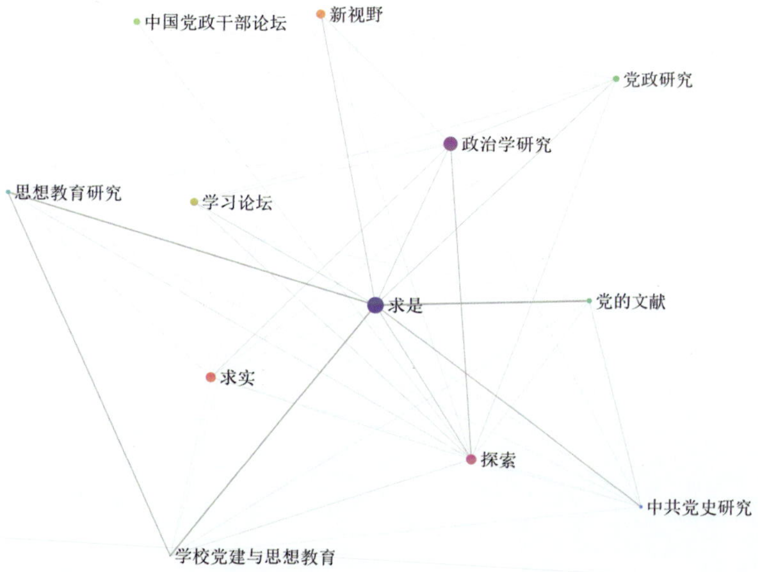


2022 年政治学综合类期刊互引关系示意图

## 表 6-21　2022 年政治学综合类期刊主要指标

| CODE | 刊名 | 核心总被引频次 | | | 核心影响因子 | | | 综合评价总分 | | 学科扩散指标 | 学科影响指标 | 红点指标 |
|---|---|---|---|---|---|---|---|---|---|---|---|---|
| | | 数值 | 排名 | 离均差率 | 数值 | 排名 | 离均差率 | 数值 | 排名 | | | |
| S167 | 党的文献 | 160 | 11 | −0.79 | 0.114 | 12 | −0.89 | 24.0 | 9 | 6.17 | 0.50 | 0.55 |
| S597 | 党政研究 | 122 | 12 | −0.84 | 0.365 | 7 | −0.64 | 28.7 | 8 | 6.17 | 0.33 | 0.61 |
| S261 | 求实 | 411 | 6 | −0.45 | 1.544 | 4 | 0.53 | 42.9 | 4 | 14.83 | 0.58 | 0.54 |
| S956 | 求是 | 3822 | 1 | 4.11 | 3.454 | 1 | 2.42 | 77.1 | 1 | 32.75 | 0.83 | 0.00 |
| S290 | 思想教育研究 | 533 | 5 | −0.29 | 0.344 | 8 | −0.66 | 21.7 | 10 | 11.58 | 0.42 | 0.58 |
| | | | | | | | | | | | | |
| S297 | 探索 | 768 | 3 | 0.03 | 1.599 | 3 | 0.58 | 44.0 | 3 | 16.75 | 0.75 | 0.56 |
| S350 | 新视野 | 295 | 8 | −0.61 | 0.483 | 5 | −0.52 | 37.9 | 5 | 13.00 | 0.58 | 0.31 |
| S361 | 学习论坛 | 194 | 10 | −0.74 | 0.305 | 9 | −0.70 | 33.4 | 6 | 9.83 | 0.25 | 0.35 |
| S363 | 学校党建与思想教育 | 547 | 4 | −0.27 | 0.180 | 11 | −0.82 | 12.8 | 12 | 12.83 | 0.25 | 0.70 |
| S382 | 政治学研究 | 1472 | 2 | 0.97 | 3.150 | 2 | 2.12 | 64.2 | 2 | 20.75 | 0.58 | 0.35 |
| | | | | | | | | | | | | |
| S386 | 中共党史研究 | 408 | 7 | −0.45 | 0.408 | 6 | −0.60 | 18.9 | 11 | 10.25 | 0.67 | 0.04 |
| S396 | 中国党政干部论坛 | 244 | 9 | −0.67 | 0.181 | 10 | −0.82 | 29.4 | 7 | 11.75 | 0.50 | 0.07 |
| | 12 种期刊平均值 | 748 | | | 1.011 | | | | | | | |

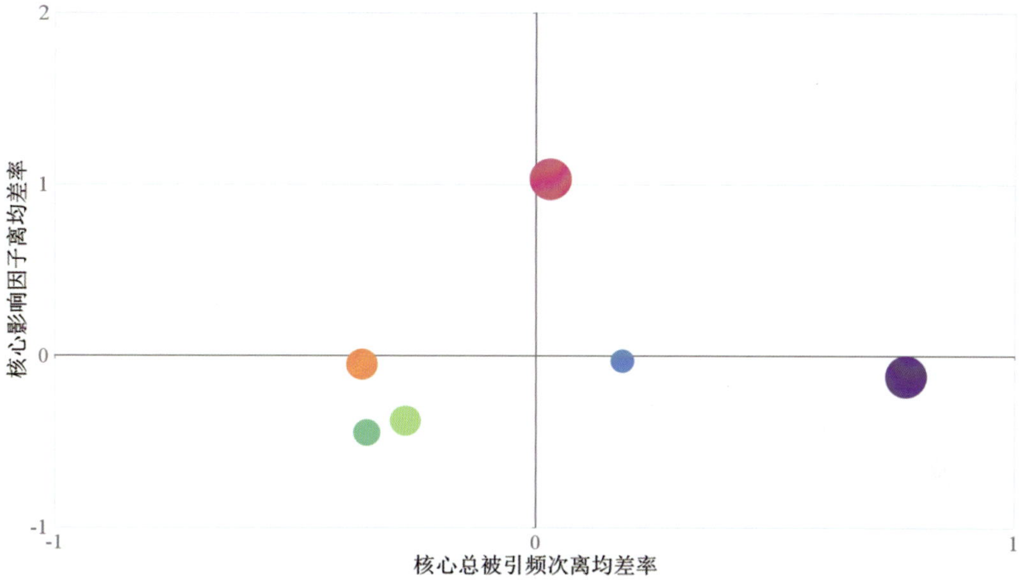


2022 年政治大学学报类期刊核心总被引频次和核心影响因子离均差率的分布图
（节点大小表示综合评价总分）

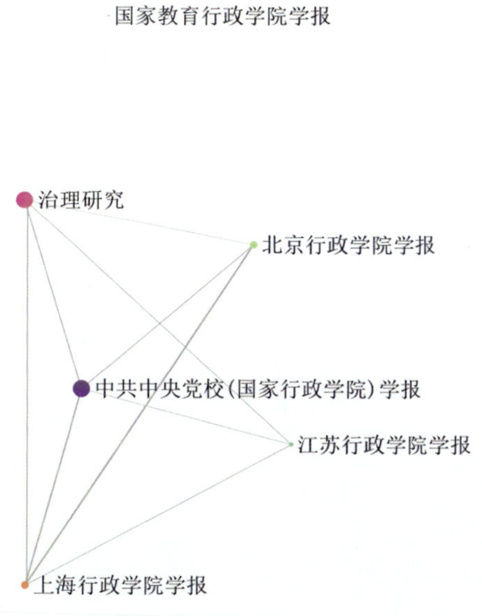


2022 年政治大学学报类期刊互引关系示意图

## 表 6-22　2022 年政治大学学报类期刊主要指标

| CODE | 刊名 | 核心总被引频次 | | | 核心影响因子 | | | 综合评价总分 | | 学科扩散指标 | 学科影响指标 | 红点指标 |
|---|---|---|---|---|---|---|---|---|---|---|---|---|
| | | 数值 | 排名 | 离均差率 | 数值 | 排名 | 离均差率 | 数值 | 排名 | | | |
| S156 | 北京行政学院学报 | 420 | 4 | –0.27 | 0.677 | 5 | –0.38 | 33.3 | 4 | 32.67 | 0.83 | 0.33 |
| S195 | 国家教育行政学院学报 | 680 | 2 | 0.18 | 1.051 | 2 | –0.03 | 19.7 | 6 | 25.50 | 0.17 | 0.13 |
| S219 | 江苏行政学院学报 | 378 | 5 | –0.35 | 0.597 | 6 | –0.45 | 25.4 | 5 | 31.50 | 0.67 | 0.26 |
| S267 | 上海行政学院学报 | 370 | 6 | –0.36 | 1.027 | 3 | –0.05 | 34.1 | 3 | 27.83 | 0.83 | 0.17 |
| S390 | 治理研究 | 596 | 3 | 0.03 | 2.205 | 1 | 1.03 | 61.3 | 2 | 36.00 | 0.83 | 0.26 |
| | | | | | | | | | | | | |
| S193 | 中共中央党校（国家行政学院）学报 | 1024 | 1 | 0.77 | 0.949 | 4 | –0.12 | 63.0 | 1 | 55.50 | 1.00 | 0.43 |
| | 6 种期刊平均值 | 578 | | | 1.084 | | | | | | | |

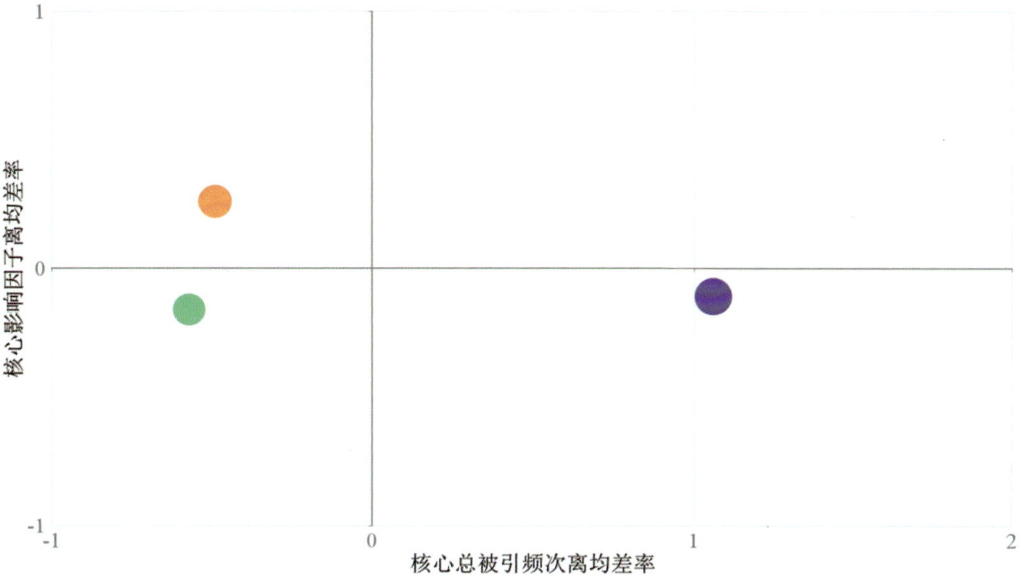


2022 年行政学类期刊核心总被引频次和核心影响因子离均差率的分布图
（节点大小表示综合评价总分）

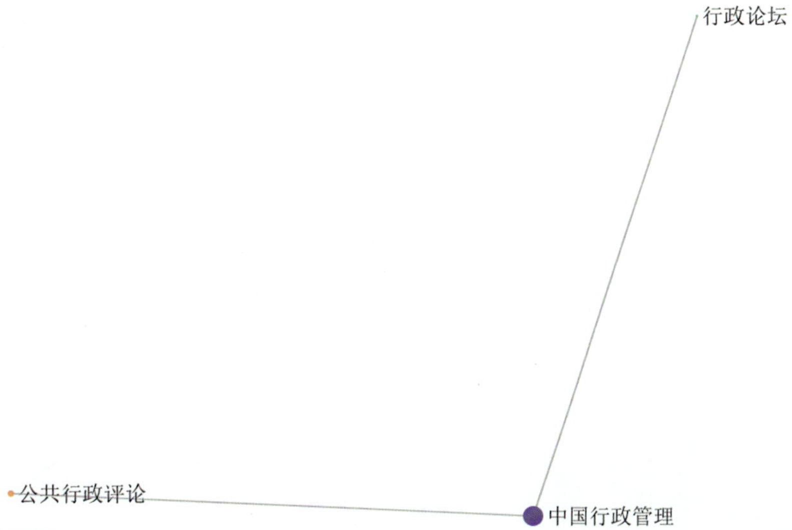


2022 年行政学类期刊互引关系示意图

表 6-23　2022 年行政学类期刊主要指标

| CODE | 刊名 | 核心总被引频次 | | | 核心影响因子 | | | 综合评价总分 | | 学科扩散指标 | 学科影响指标 | 红点指标 |
|---|---|---|---|---|---|---|---|---|---|---|---|---|
| | | 数值 | 排名 | 离均差率 | 数值 | 排名 | 离均差率 | 数值 | 排名 | | | |
| S183 | 公共行政评论 | 905 | 2 | –0.49 | 2.417 | 1 | 0.26 | 38.9 | 2 | 74.00 | 1.00 | 0.15 |
| S201 | 行政论坛 | 771 | 3 | –0.57 | 1.609 | 3 | –0.16 | 36.5 | 3 | 76.67 | 1.00 | 0.32 |
| S405 | 中国行政管理 | 3694 | 1 | 1.06 | 1.709 | 2 | –0.11 | 49.2 | 1 | 146.67 | 1.00 | 0.20 |
| | 3 种期刊平均值 | 1790 | | | 1.912 | | | | | | | |

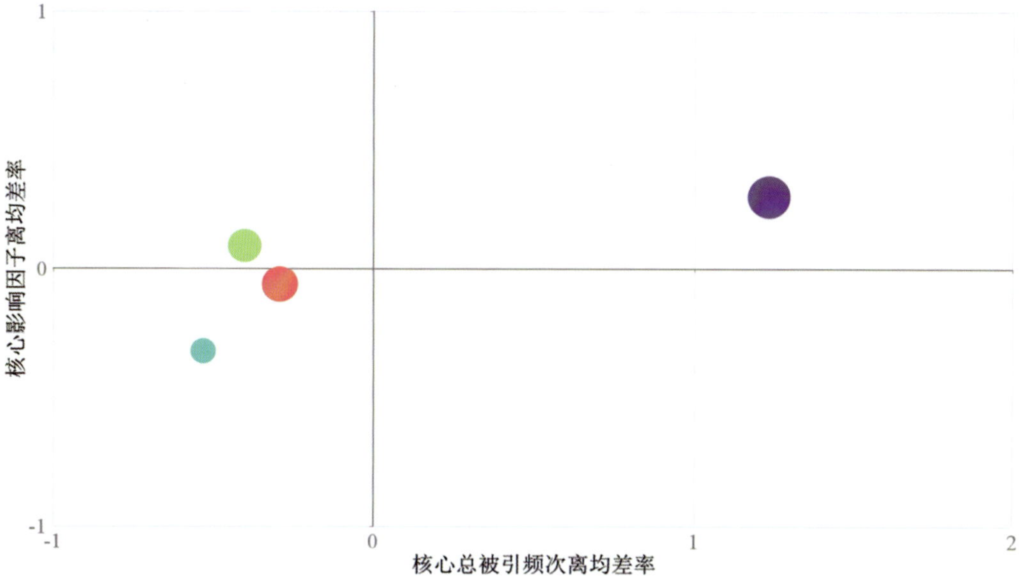


2022 年国际政治学、外交学类期刊核心总被引频次和核心影响因子离均差率的分布图
（节点大小表示综合评价总分）

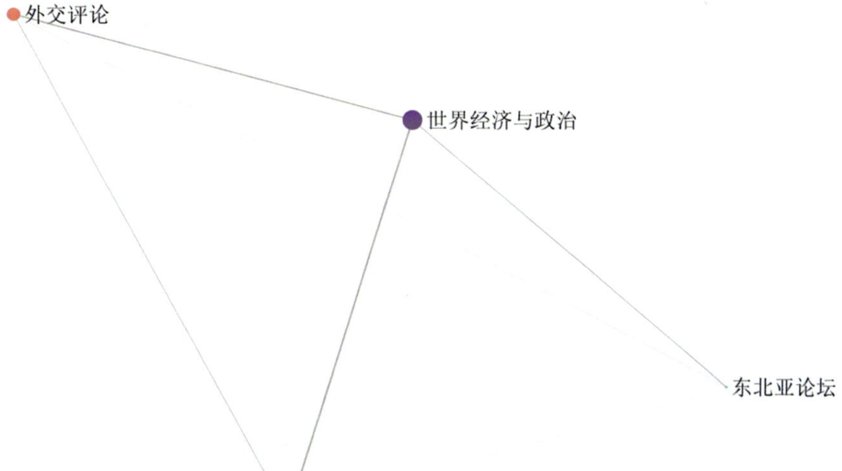


2022 年国际政治学、外交学类期刊互引关系示意图

## 表 6-24　2022 年国际政治学、外交学类期刊主要指标

| CODE | 刊名 | 核心总被引频次 | | | 核心影响因子 | | | 综合评价总分 | | 学科扩散指标 | 学科影响指标 | 红点指标 |
|---|---|---|---|---|---|---|---|---|---|---|---|---|
| | | 数值 | 排名 | 离均差率 | 数值 | 排名 | 离均差率 | 数值 | 排名 | | | |
| S164 | 当代亚太 | 343 | 3 | –0.40 | 1.828 | 2 | 0.09 | 39.4 | 3 | 17.00 | 1.00 | 0.07 |
| S171 | 东北亚论坛 | 266 | 4 | –0.53 | 1.148 | 4 | –0.32 | 23.0 | 4 | 25.50 | 1.00 | 0.34 |
| S788 | 世界经济与政治 | 1274 | 1 | 1.23 | 2.155 | 1 | 0.28 | 63.5 | 1 | 46.25 | 1.00 | 0.17 |
| S320 | 外交评论 | 407 | 2 | –0.29 | 1.583 | 3 | –0.06 | 45.2 | 2 | 26.00 | 1.00 | 0.51 |
| | 4 种期刊平均值 | 573 | | | 1.679 | | | | | | | |

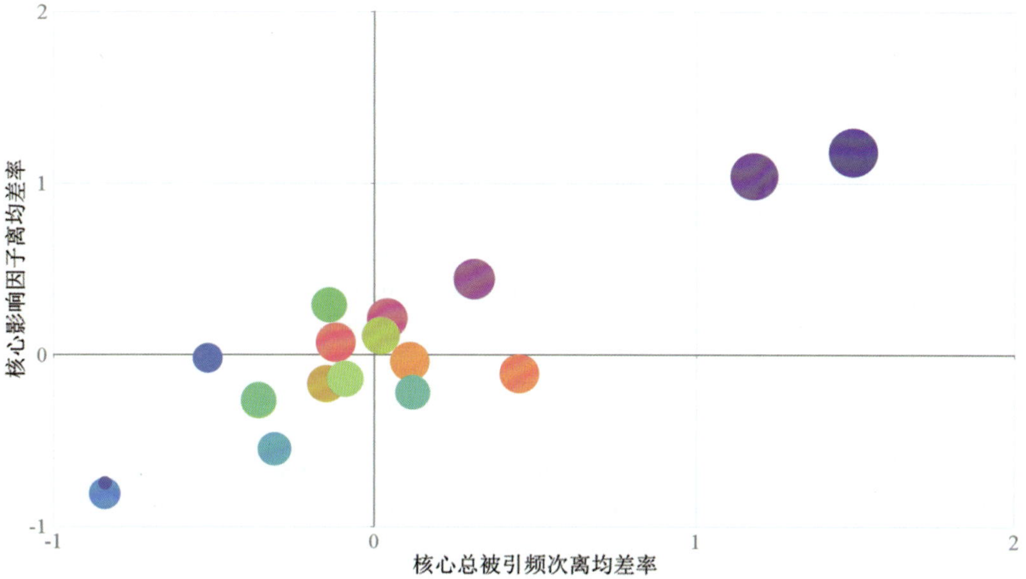


2022 年法学综合类期刊核心总被引频次和核心影响因子离均差率的分布图
（节点大小表示综合评价总分）

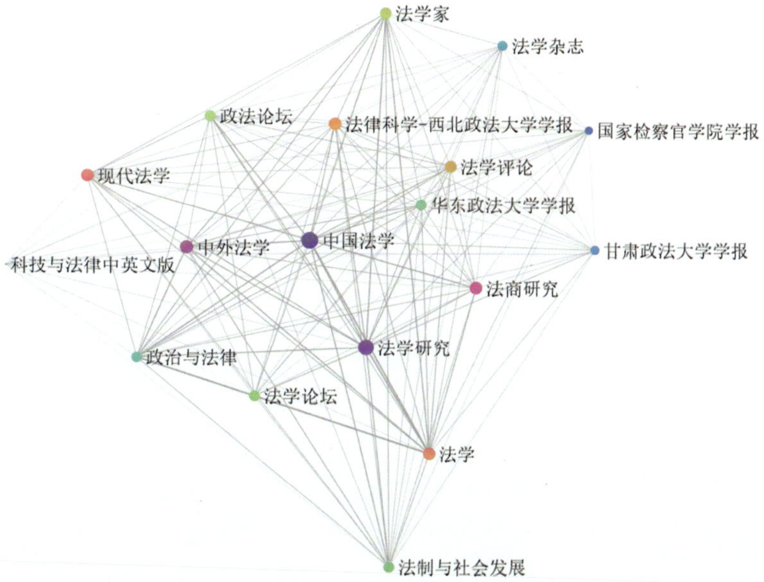


2022 年法学综合类期刊互引关系示意图

## 表 6-25　2022 年法学综合类期刊主要指标

| CODE | 刊名 | 核心总被引频次 | | | 核心影响因子 | | | 综合评价总分 | | 学科扩散指标 | 学科影响指标 | 红点指标 |
|---|---|---|---|---|---|---|---|---|---|---|---|---|
| | | 数值 | 排名 | 离均差率 | 数值 | 排名 | 离均差率 | 数值 | 排名 | | | |
| S621 | 法律科学 – 西北政法大学学报 | 1631 | 6 | 0.11 | 2.147 | 9 | −0.04 | 54.1 | 7 | 11.61 | 1.00 | 0.35 |
| S622 | 法商研究 | 1534 | 7 | 0.04 | 2.703 | 5 | 0.21 | 57.0 | 4 | 10.56 | 1.00 | 0.30 |
| S623 | 法学 | 2130 | 3 | 0.45 | 1.983 | 10 | −0.11 | 54.3 | 6 | 12.39 | 1.00 | 0.23 |
| S624 | 法学家 | 1502 | 8 | 0.02 | 2.471 | 6 | 0.11 | 48.9 | 9 | 8.67 | 1.00 | 0.35 |
| S178 | 法学论坛 | 947 | 14 | −0.36 | 1.632 | 15 | −0.27 | 44.5 | 11 | 10.00 | 1.00 | 0.42 |
| S625 | 法学评论 | 1245 | 12 | −0.15 | 1.847 | 12 | −0.17 | 50.0 | 8 | 11.11 | 1.00 | 0.24 |
| S626 | 法学研究 | 3202 | 2 | 1.18 | 4.559 | 2 | 1.04 | 78.5 | 2 | 12.50 | 1.00 | 0.28 |
| S319 | 法学杂志 | 1014 | 13 | −0.31 | 1.000 | 16 | −0.55 | 39.8 | 15 | 11.06 | 1.00 | 0.36 |
| S627 | 法制与社会发展 | 1256 | 11 | −0.14 | 2.893 | 4 | 0.29 | 44.1 | 12 | 9.22 | 1.00 | 0.39 |
| S181 | 甘肃政法大学学报 | 235 | 17 | −0.84 | 0.434 | 18 | −0.81 | 35.2 | 16 | 5.44 | 1.00 | 0.36 |
| S194 | 国家检察官学院学报 | 709 | 16 | −0.52 | 2.185 | 8 | −0.02 | 31.3 | 17 | 6.00 | 0.94 | 0.30 |
| S214 | 华东政法大学学报 | 947 | 14 | −0.36 | 1.647 | 14 | −0.26 | 43.2 | 13 | 9.28 | 1.00 | 0.43 |
| W027 | 科技与法律中英文版 | 234 | 18 | −0.84 | 0.556 | 17 | −0.75 | 6.5 | 18 | 5.78 | 0.67 | 0.46 |
| S630 | 现代法学 | 1299 | 10 | −0.12 | 2.398 | 7 | 0.07 | 55.2 | 5 | 10.67 | 1.00 | 0.39 |
| S619 | 政法论坛 | 1339 | 9 | −0.09 | 1.922 | 11 | −0.14 | 46.5 | 10 | 8.89 | 1.00 | 0.46 |
| S383 | 政治与法律 | 1651 | 5 | 0.12 | 1.753 | 13 | −0.22 | 42.9 | 14 | 10.78 | 1.00 | 0.34 |
| S633 | 中国法学 | 3652 | 1 | 1.49 | 4.865 | 1 | 1.18 | 85.2 | 1 | 13.67 | 1.00 | 0.37 |
| S634 | 中外法学 | 1921 | 4 | 0.31 | 3.220 | 3 | 0.44 | 59.0 | 3 | 10.72 | 1.00 | 0.33 |
| | 18 种期刊平均值 | 1469 | | | 2.234 | | | | | | | |

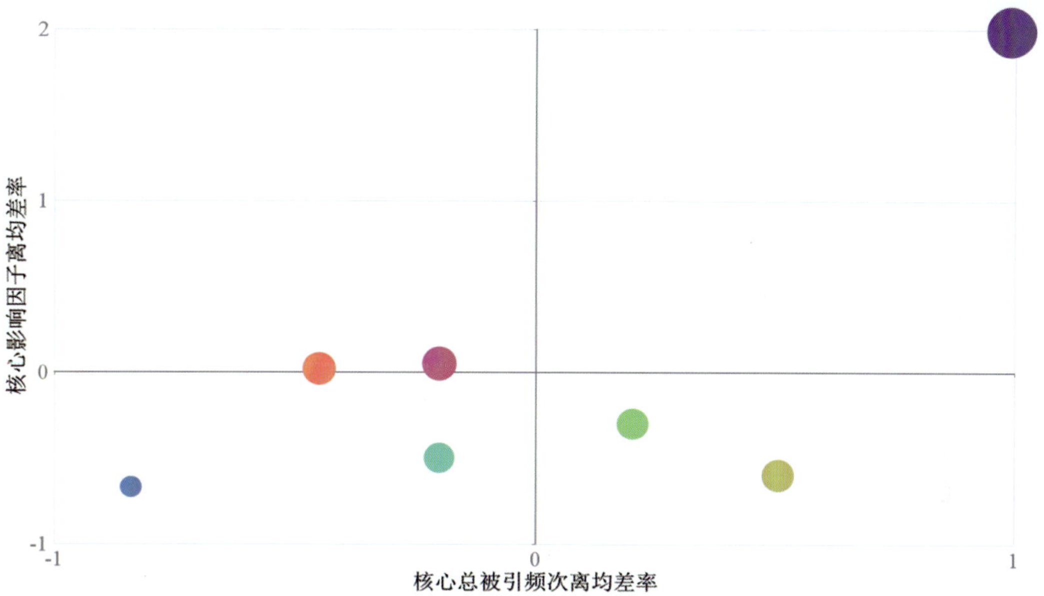


2022 年部门法学、刑事侦查学、司法鉴定学类期刊核心总被引频次和核心影响因子离均差率的分布图
（节点大小表示综合评价总分）

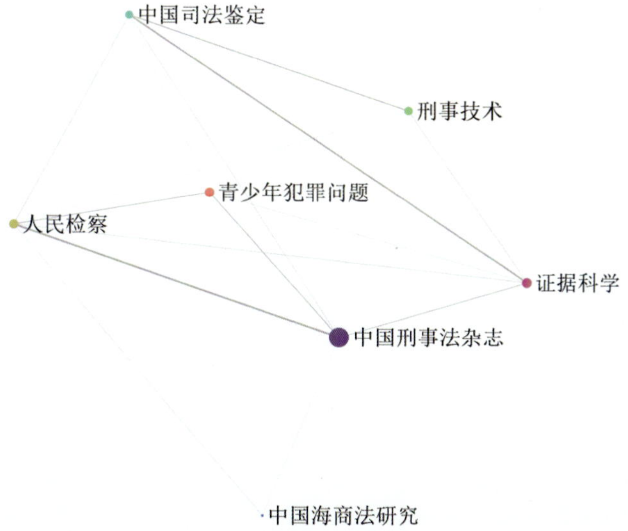


2022 年部门法学、刑事侦查学、司法鉴定学类期刊互引关系示意图

## 表 6-26　2022 年部门法学、刑事侦查学、司法鉴定学类期刊主要指标

| CODE | 刊名 | 核心总被引频次 | | | 核心影响因子 | | | 综合评价总分 | | 学科扩散指标 | 学科影响指标 | 红点指标 |
|---|---|---|---|---|---|---|---|---|---|---|---|---|
| | | 数值 | 排名 | 离均差率 | 数值 | 排名 | 离均差率 | 数值 | 排名 | | | |
| S260 | 青少年犯罪问题 | 251 | 6 | –0.45 | 0.940 | 3 | 0.02 | 38.0 | 3 | 7.14 | 0.57 | 0.12 |
| S628 | 人民检察 | 684 | 2 | 0.50 | 0.365 | 6 | –0.60 | 37.1 | 4 | 12.14 | 0.86 | 0.19 |
| S582 | 刑事技术 | 546 | 3 | 0.20 | 0.646 | 4 | –0.30 | 34.8 | 5 | 13.86 | 0.57 | 0.48 |
| G352 | 证据科学 | 362 | 5 | –0.20 | 0.970 | 2 | 0.05 | 41.2 | 2 | 8.14 | 0.86 | 0.34 |
| S404 | 中国海商法研究 | 74 | 7 | –0.84 | 0.304 | 7 | –0.67 | 16.1 | 7 | 3.29 | 0.14 | 0.15 |
| S587 | 中国司法鉴定 | 366 | 4 | –0.20 | 0.464 | 5 | –0.50 | 32.7 | 6 | 11.00 | 0.86 | 0.49 |
| S428 | 中国刑事法杂志 | 905 | 1 | 0.99 | 2.752 | 1 | 1.99 | 91.9 | 1 | 12.86 | 0.86 | 0.23 |
| | 7 种期刊平均值 | 455 | | | 0.920 | | | | | | | |

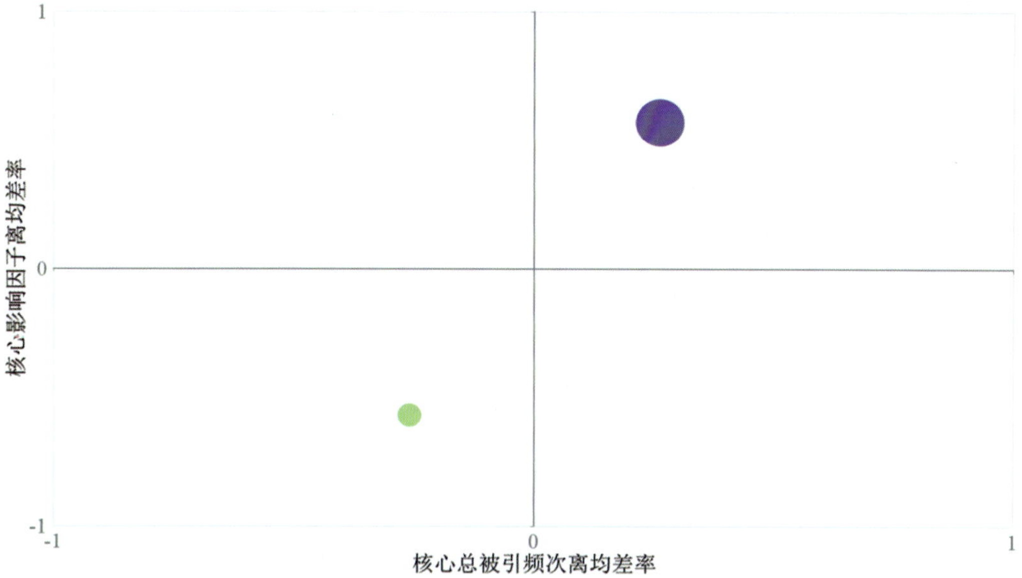


2022 年军事学类期刊核心总被引频次和核心影响因子离均差率的分布图
（节点大小表示综合评价总分）

2022 年军事学类期刊互引关系示意图

## 表 6-27　2022 年军事学类期刊主要指标

| CODE | 刊名 | 核心总被引频次 | | | 核心影响因子 | | | 综合评价总分 | | 学科扩散指标 | 学科影响指标 | 红点指标 |
|---|---|---|---|---|---|---|---|---|---|---|---|---|
| | | 数值 | 排名 | 离均差率 | 数值 | 排名 | 离均差率 | 数值 | 排名 | | | |
| S232 | 军事运筹与评估 | 282 | 1 | 0.26 | 0.710 | 1 | 0.57 | 80.0 | 1 | 32.50 | 0.50 | 0.06 |
| S235 | 抗日战争研究 | 165 | 2 | –0.26 | 0.194 | 2 | –0.57 | 20.0 | 2 | 18.50 | 0.50 | 0.42 |
| | 2 种期刊平均值 | 224 | | | 0.452 | | | | | | | |

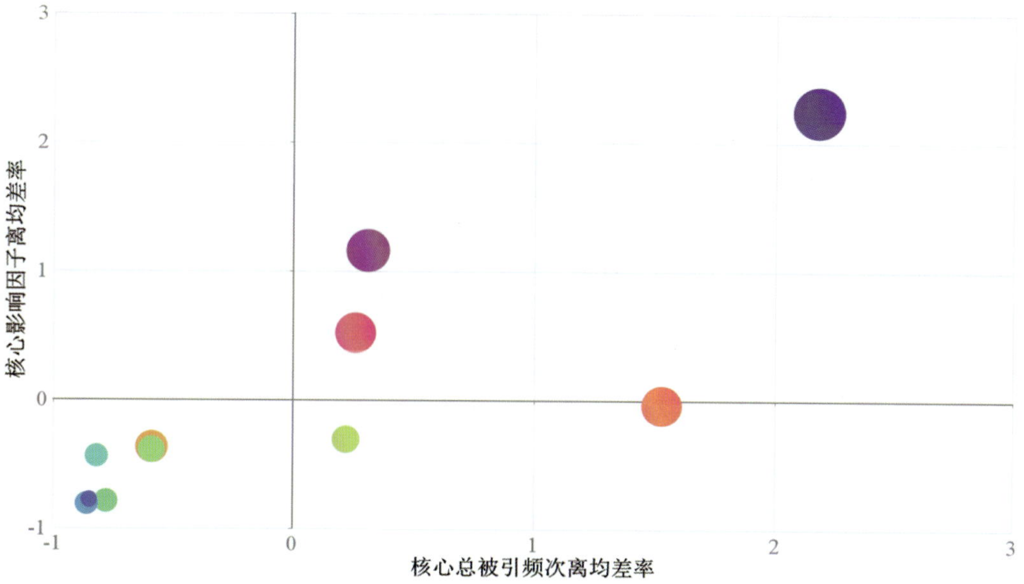


2022 年社会学综合类期刊核心总被引频次和核心影响因子离均差率的分布图
（节点大小表示综合评价总分）

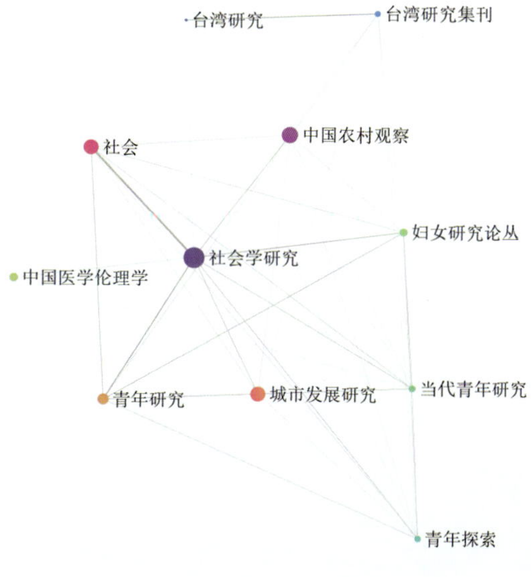


2022 年社会学综合类期刊互引关系示意图

## 表 6-28　2022 年社会学综合类期刊主要指标

| CODE | 刊名 | 核心总被引频次 | | | 核心影响因子 | | | 综合评价总分 | | 学科扩散指标 | 学科影响指标 | 红点指标 |
|---|---|---|---|---|---|---|---|---|---|---|---|---|
| | | 数值 | 排名 | 离均差率 | 数值 | 排名 | 离均差率 | 数值 | 排名 | | | |
| S736 | 城市发展研究 | 2903 | 2 | 1.53 | 1.331 | 4 | –0.04 | 56.7 | 4 | 39.09 | 0.55 | 0.30 |
| S161 | 当代青年研究 | 250 | 8 | –0.78 | 0.284 | 10 | –0.79 | 20.1 | 8 | 8.64 | 0.73 | 0.17 |
| S852 | 妇女研究论丛 | 475 | 6 | –0.59 | 0.848 | 7 | –0.39 | 24.6 | 7 | 9.91 | 0.64 | 0.08 |
| S258 | 青年探索 | 204 | 9 | –0.82 | 0.772 | 8 | –0.44 | 19.2 | 9 | 6.45 | 0.73 | 0.50 |
| S259 | 青年研究 | 472 | 7 | –0.59 | 0.876 | 6 | –0.37 | 37.0 | 5 | 13.91 | 0.82 | 0.28 |
| | | | | | | | | | | | | |
| S270 | 社会 | 1449 | 4 | 0.26 | 2.096 | 3 | 0.52 | 57.8 | 3 | 24.45 | 1.00 | 0.06 |
| S867 | 社会学研究 | 3649 | 1 | 2.18 | 4.475 | 1 | 2.24 | 95.9 | 1 | 36.09 | 1.00 | 0.10 |
| S295 | 台湾研究 | 171 | 10 | –0.85 | 0.310 | 9 | –0.78 | 9.7 | 11 | 2.00 | 0.18 | 0.31 |
| S296 | 台湾研究集刊 | 158 | 11 | –0.86 | 0.256 | 11 | –0.81 | 18.6 | 10 | 2.73 | 0.27 | 0.15 |
| S803 | 中国农村观察 | 1507 | 3 | 0.31 | 2.979 | 2 | 1.16 | 65.5 | 2 | 24.55 | 0.73 | 0.21 |
| | | | | | | | | | | | | |
| G911 | 中国医学伦理学 | 1400 | 5 | 0.22 | 0.951 | 5 | –0.31 | 26.6 | 6 | 20.18 | 0.18 | 0.59 |
| | 11 种期刊平均值 | 1149 | | | 1.380 | | | | | | | |

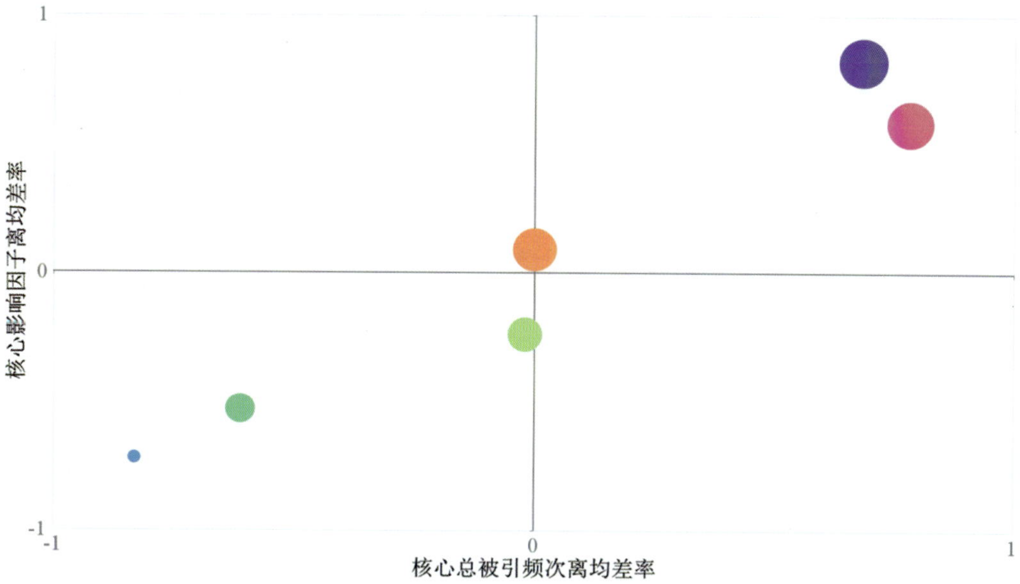


2022 年人口学、劳动科学类期刊核心总被引频次和核心影响因子离均差率的分布图
（节点大小表示综合评价总分）

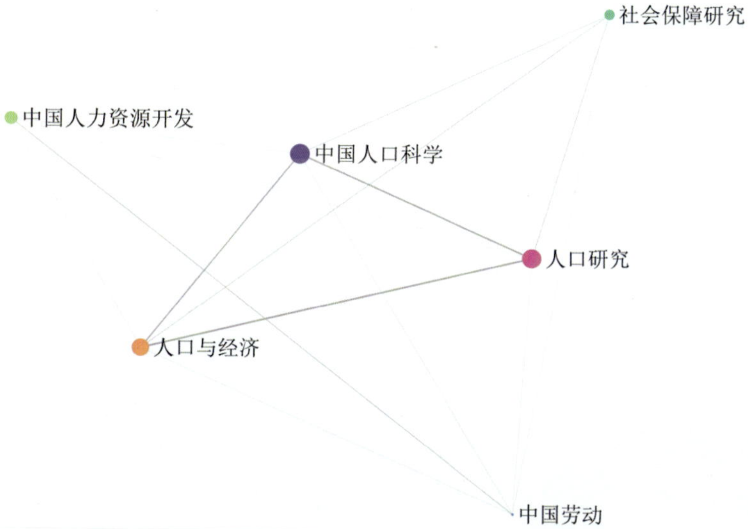


2022 年人口学、劳动科学类期刊互引关系示意图

## 表 6-29　2022 年人口学、劳动科学类期刊主要指标

| CODE | 刊名 | 核心总被引频次 | | | 核心影响因子 | | | 综合评价总分 | | 学科扩散指标 | 学科影响指标 | 红点指标 |
|---|---|---|---|---|---|---|---|---|---|---|---|---|
| | | 数值 | 排名 | 离均差率 | 数值 | 排名 | 离均差率 | 数值 | 排名 | | | |
| S860 | 人口研究 | 1633 | 1 | 0.78 | 2.894 | 2 | 0.58 | 79.5 | 2 | 56.33 | 1.00 | 0.30 |
| S862 | 人口与经济 | 918 | 3 | 0.00 | 1.990 | 3 | 0.09 | 66.9 | 3 | 47.33 | 1.00 | 0.24 |
| S271 | 社会保障研究 | 359 | 5 | –0.61 | 0.864 | 5 | –0.53 | 30.7 | 5 | 23.50 | 1.00 | 0.18 |
| S410 | 中国劳动 | 152 | 6 | –0.83 | 0.521 | 6 | –0.72 | 6.0 | 6 | 11.00 | 0.67 | 0.24 |
| S874 | 中国人口科学 | 1543 | 2 | 0.68 | 3.330 | 1 | 0.82 | 85.2 | 1 | 55.00 | 1.00 | 0.35 |
| | | | | | | | | | | | | |
| S419 | 中国人力资源开发 | 899 | 4 | –0.02 | 1.400 | 4 | –0.24 | 42.1 | 4 | 33.17 | 0.83 | 0.14 |
| | 6 种期刊平均值 | 917 | | | 1.833 | | | | | | | |

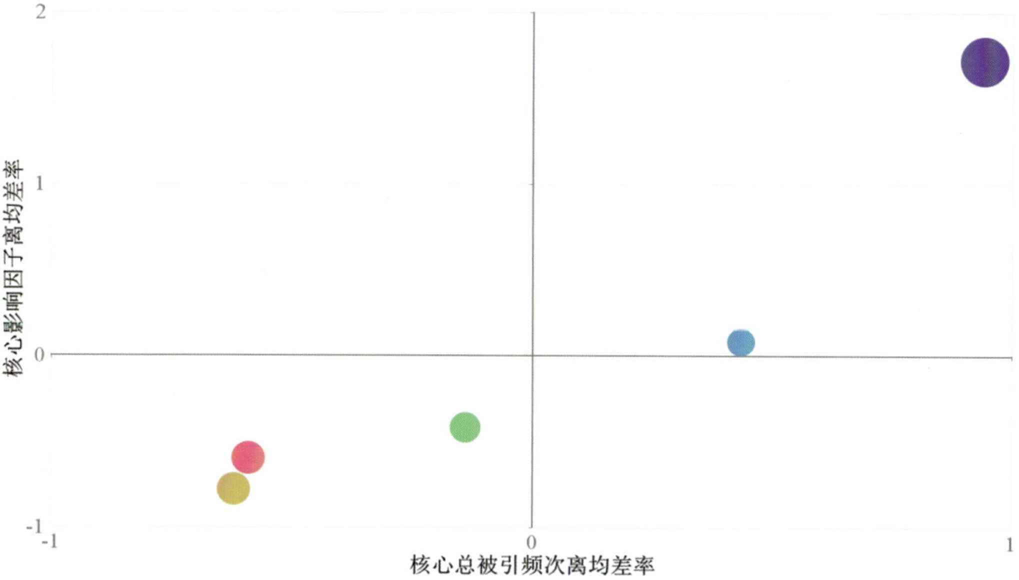


2022 年民族学与文化学类期刊核心总被引频次和核心影响因子离均差率的分布图
（节点大小表示综合评价总分）

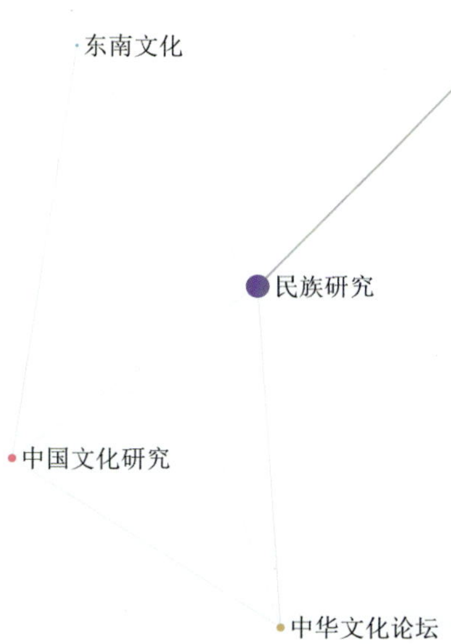


2022 年民族学与文化学类期刊互引关系示意图

## 表 6-30　2022 年民族学与文化学类期刊主要指标

| CODE | 刊名 | 核心总被引频次 | | | 核心影响因子 | | | 综合评价总分 | | 学科扩散指标 | 学科影响指标 | 红点指标 |
|---|---|---|---|---|---|---|---|---|---|---|---|---|
| | | 数值 | 排名 | 离均差率 | 数值 | 排名 | 离均差率 | 数值 | 排名 | | | |
| S173 | 东南文化 | 492 | 2 | 0.43 | 0.388 | 2 | 0.08 | 26.5 | 5 | 25.00 | 0.60 | 0.50 |
| S252 | 民族研究 | 668 | 1 | 0.94 | 0.976 | 1 | 1.72 | 86.8 | 1 | 29.80 | 0.80 | 0.15 |
| S285 | 世界民族 | 296 | 3 | −0.14 | 0.208 | 3 | −0.42 | 33.4 | 4 | 15.40 | 0.40 | 0.16 |
| S426 | 中国文化研究 | 140 | 4 | −0.59 | 0.143 | 4 | −0.60 | 38.5 | 2 | 16.60 | 0.60 | 0.03 |
| S435 | 中华文化论坛 | 130 | 5 | −0.62 | 0.079 | 5 | −0.78 | 37.6 | 3 | 15.00 | 0.60 | 0.03 |
| | 5 种期刊平均值 | 345 | | | 0.359 | | | | | | | |

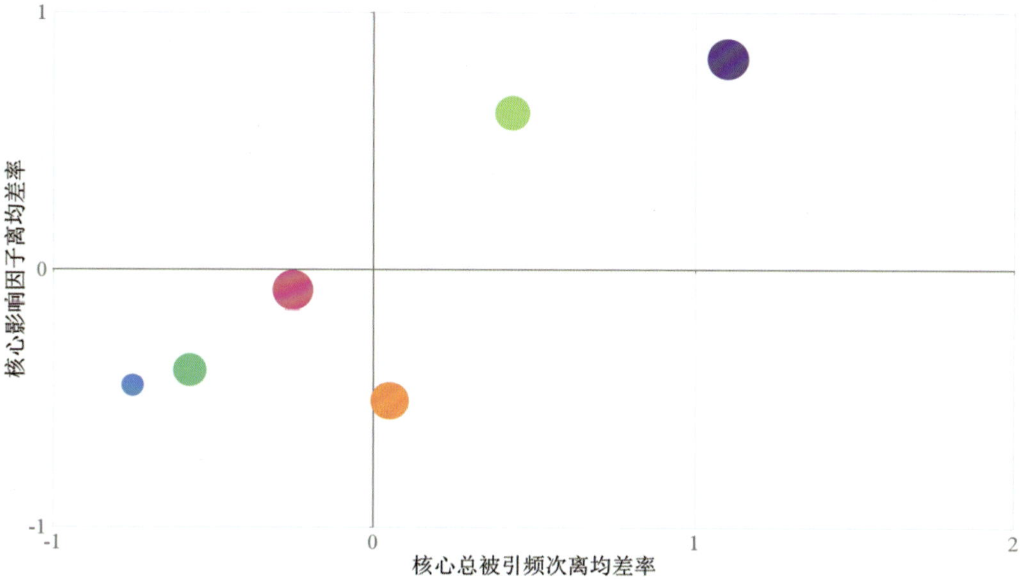


2022 年新闻学与传播学类期刊核心总被引频次和核心影响因子离均差率的分布图
（节点大小表示综合评价总分）

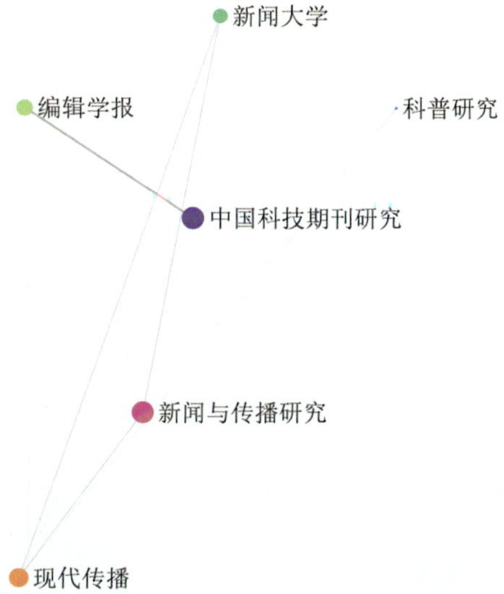


2022 年新闻学与传播学类期刊互引关系示意图

## 表 6-31　2022 年新闻学与传播学类期刊主要指标

| CODE | 刊名 | 核心总被引频次 | | | 核心影响因子 | | | 综合评价总分 | | 学科扩散指标 | 学科影响指标 | 红点指标 |
|---|---|---|---|---|---|---|---|---|---|---|---|---|
| | | 数值 | 排名 | 离均差率 | 数值 | 排名 | 离均差率 | 数值 | 排名 | | | |
| A570 | 编辑学报 | 1387 | 2 | 0.43 | 1.646 | 2 | 0.61 | 43.3 | 4 | 23.17 | 0.50 | 0.63 |
| A223 | 科普研究 | 239 | 6 | −0.75 | 0.563 | 5 | −0.45 | 18.0 | 6 | 13.00 | 0.83 | 0.18 |
| S906 | 现代传播 | 1026 | 3 | 0.05 | 0.497 | 6 | −0.51 | 49.8 | 3 | 35.67 | 0.83 | 0.20 |
| S907 | 新闻大学 | 418 | 5 | −0.57 | 0.628 | 4 | −0.39 | 39.2 | 5 | 19.00 | 0.83 | 0.27 |
| S909 | 新闻与传播研究 | 731 | 4 | −0.25 | 0.943 | 3 | −0.08 | 57.0 | 2 | 27.33 | 0.83 | 0.09 |
| | | | | | | | | | | | | |
| A583 | 中国科技期刊研究 | 2040 | 1 | 1.10 | 1.866 | 1 | 0.82 | 58.3 | 1 | 28.17 | 0.50 | 0.69 |
| | 6 种期刊平均值 | 974 | | | 1.024 | | | | | | | |

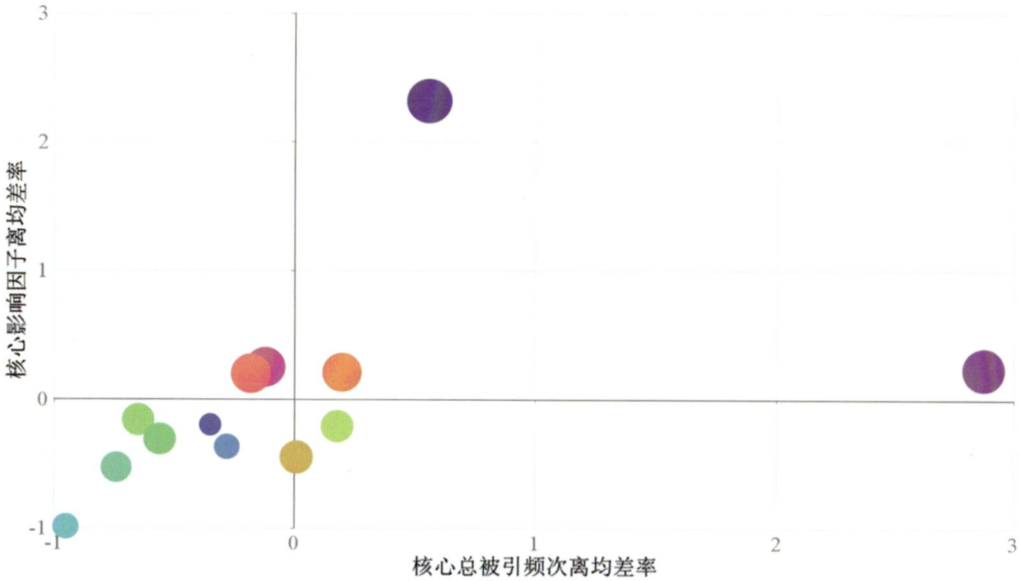


2022 年图书馆学、文献学类期刊核心总被引频次和核心影响因子离均差率的分布图
（节点大小表示综合评价总分）

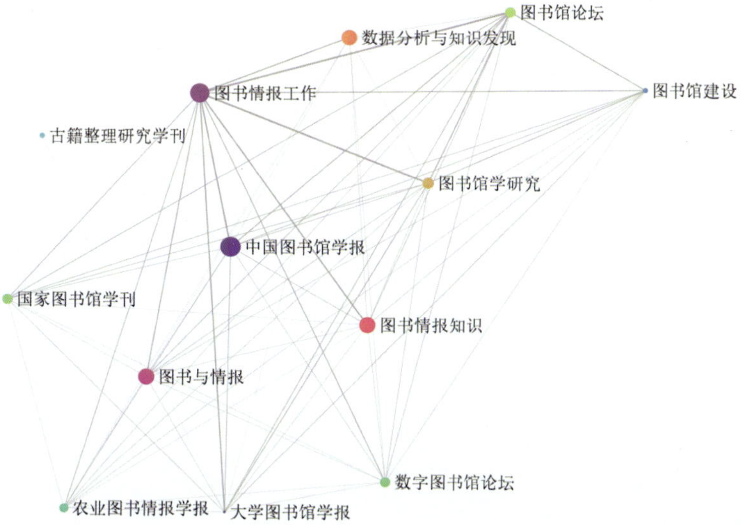


2022 年图书馆学、文献学类期刊互引关系示意图

## 表 6-32　2022 年图书馆学、文献学类期刊主要指标

| CODE | 刊名 | 核心总被引频次 | | | 核心影响因子 | | | 综合评价总分 | | 学科扩散指标 | 学科影响指标 | 红点指标 |
|---|---|---|---|---|---|---|---|---|---|---|---|---|
| | | 数值 | 排名 | 离均差率 | 数值 | 排名 | 离均差率 | 数值 | 排名 | | | |
| S892 | 大学图书馆学报 | 778 | 9 | −0.35 | 1.136 | 7 | −0.20 | 18.0 | 13 | 5.62 | 0.92 | 0.56 |
| S185 | 古籍整理研究学刊 | 64 | 13 | −0.95 | 0.018 | 13 | −0.99 | 24.1 | 11 | 2.69 | 0.23 | 0.00 |
| S197 | 国家图书馆学刊 | 417 | 11 | −0.65 | 1.192 | 6 | −0.16 | 36.8 | 8 | 5.23 | 1.00 | 0.72 |
| Q438 | 农业图书情报学报 | 308 | 12 | −0.74 | 0.668 | 12 | −0.53 | 33.2 | 10 | 6.31 | 0.92 | 0.65 |
| S850 | 数据分析与知识发现 | 1426 | 3 | 0.20 | 1.709 | 4 | 0.21 | 53.5 | 5 | 20.92 | 0.92 | 0.38 |
| W022 | 数字图书馆论坛 | 528 | 10 | −0.56 | 0.984 | 9 | −0.31 | 36.1 | 9 | 7.92 | 0.92 | 0.61 |
| S895 | 图书馆建设 | 856 | 8 | −0.28 | 0.889 | 10 | −0.37 | 23.3 | 12 | 7.00 | 0.92 | 0.44 |
| S897 | 图书馆论坛 | 1409 | 4 | 0.18 | 1.121 | 8 | −0.21 | 37.0 | 7 | 11.38 | 0.92 | 0.46 |
| S308 | 图书馆学研究 | 1206 | 5 | 0.01 | 0.784 | 11 | −0.45 | 39.2 | 6 | 10.38 | 1.00 | 0.66 |
| S899 | 图书情报工作 | 4609 | 1 | 2.87 | 1.744 | 3 | 0.23 | 67.8 | 2 | 28.15 | 0.92 | 0.40 |
| S900 | 图书情报知识 | 981 | 7 | −0.18 | 1.704 | 5 | 0.20 | 55.9 | 4 | 10.46 | 0.92 | 0.37 |
| S901 | 图书与情报 | 1048 | 6 | −0.12 | 1.771 | 2 | 0.25 | 56.1 | 3 | 12.54 | 0.92 | 0.36 |
| S902 | 中国图书馆学报 | 1851 | 2 | 0.56 | 4.705 | 1 | 2.32 | 70.1 | 1 | 14.08 | 1.00 | 0.56 |
| | 13 种期刊平均值 | 1191 | | | 1.417 | | | | | | | |

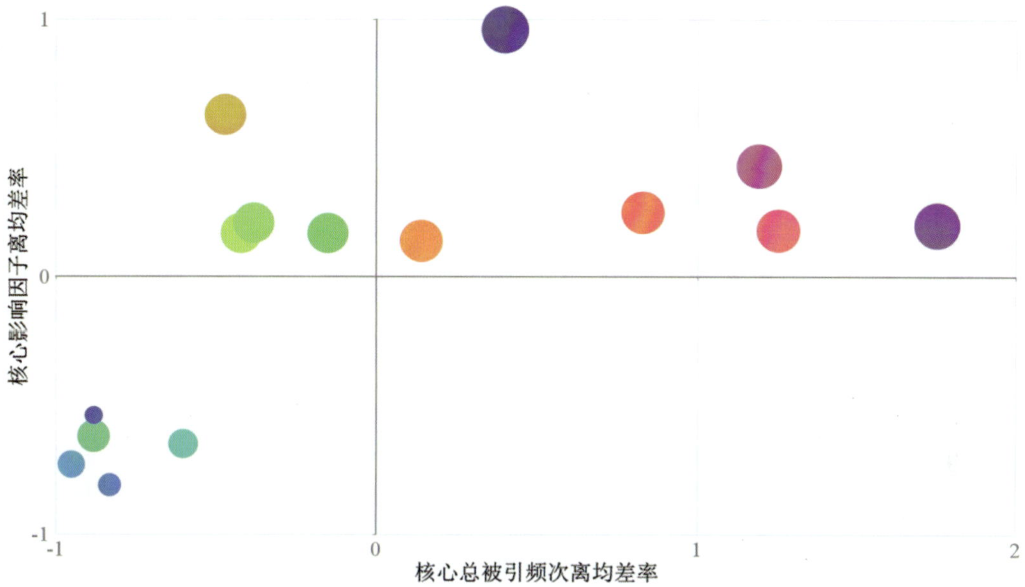


2022 年情报学类期刊核心总被引频次和核心影响因子离均差率的分布图
（节点大小表示综合评价总分）

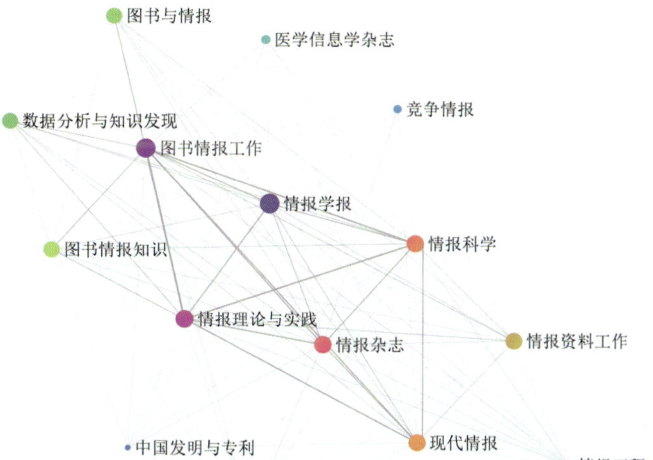


2022 年情报学类期刊互引关系示意图

## 表 6-33　2022 年情报学类期刊主要指标

| CODE | 刊名 | 核心总被引频次 | | | 核心影响因子 | | | 综合评价总分 | | 学科扩散指标 | 学科影响指标 | 红点指标 |
|---|---|---|---|---|---|---|---|---|---|---|---|---|
| | | 数值 | 排名 | 离均差率 | 数值 | 排名 | 离均差率 | 数值 | 排名 | | | |
| S094 | 竞争情报 | 80 | 15 | −0.95 | 0.388 | 14 | −0.73 | 27.0 | 13 | 2.53 | 0.73 | 0.45 |
| S844 | 情报工程 | 203 | 14 | −0.88 | 0.561 | 12 | −0.62 | 37.5 | 11 | 5.47 | 0.80 | 0.52 |
| S846 | 情报科学 | 3074 | 4 | 0.83 | 1.822 | 4 | 0.25 | 64.0 | 5 | 26.53 | 1.00 | 0.56 |
| S847 | 情报理论与实践 | 3677 | 3 | 1.19 | 2.079 | 3 | 0.43 | 69.8 | 3 | 25.93 | 1.00 | 0.50 |
| W020 | 情报学报 | 2353 | 5 | 0.40 | 2.863 | 1 | 0.96 | 78.7 | 1 | 17.00 | 1.00 | 0.38 |
| S848 | 情报杂志 | 3786 | 2 | 1.25 | 1.727 | 7 | 0.18 | 65.9 | 4 | 30.93 | 1.00 | 0.56 |
| S849 | 情报资料工作 | 890 | 10 | −0.47 | 2.384 | 2 | 0.63 | 61.0 | 7 | 8.60 | 1.00 | 0.44 |
| S850 | 数据分析与知识发现 | 1426 | 7 | −0.15 | 1.709 | 8 | 0.17 | 58.1 | 10 | 18.13 | 1.00 | 0.49 |
| S899 | 图书情报工作 | 4609 | 1 | 1.75 | 1.744 | 6 | 0.20 | 75.5 | 2 | 24.40 | 1.00 | 0.45 |
| S900 | 图书情报知识 | 981 | 9 | −0.42 | 1.704 | 9 | 0.17 | 58.5 | 8 | 9.07 | 1.00 | 0.49 |
| S901 | 图书与情报 | 1048 | 8 | −0.38 | 1.771 | 5 | 0.21 | 58.2 | 9 | 10.87 | 0.93 | 0.52 |
| S309 | 现代情报 | 1912 | 6 | 0.14 | 1.661 | 10 | 0.14 | 63.2 | 6 | 21.93 | 1.00 | 0.56 |
| G865 | 医学信息学杂志 | 667 | 11 | −0.60 | 0.516 | 13 | −0.65 | 30.8 | 12 | 12.47 | 0.73 | 0.39 |
| Q468 | 智库理论与实践 | 204 | 13 | −0.88 | 0.673 | 11 | −0.54 | 11.8 | 15 | 3.07 | 0.67 | 0.34 |
| J076 | 中国发明与专利 | 278 | 12 | −0.83 | 0.281 | 15 | −0.81 | 19.2 | 14 | 7.13 | 0.67 | 0.42 |
| | 15 种期刊平均值 | 1679 | | | 1.459 | | | | | | | |

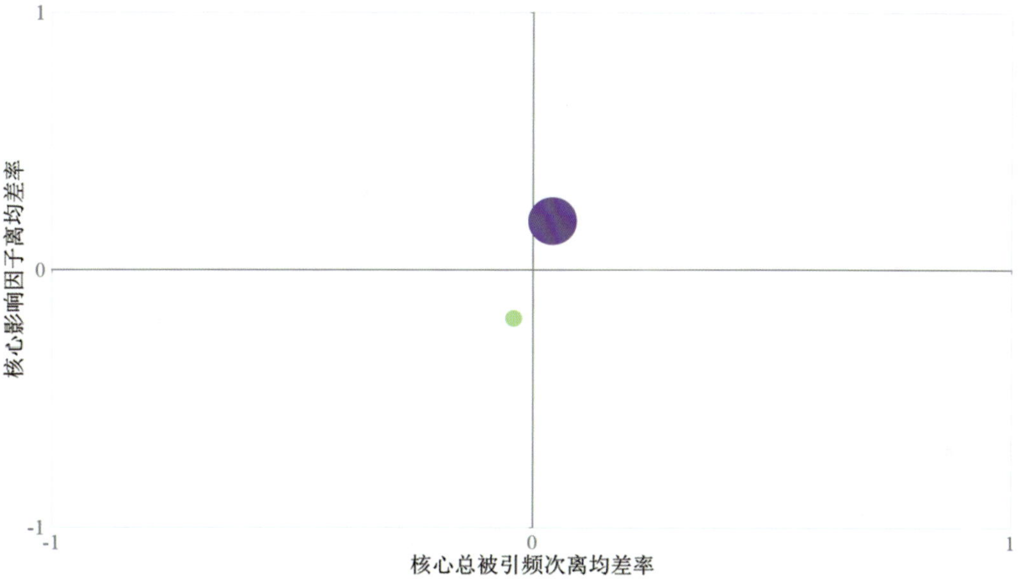


2022 年档案学、博物馆学类期刊核心总被引频次和核心影响因子离均差率的分布图
（节点大小表示综合评价总分）

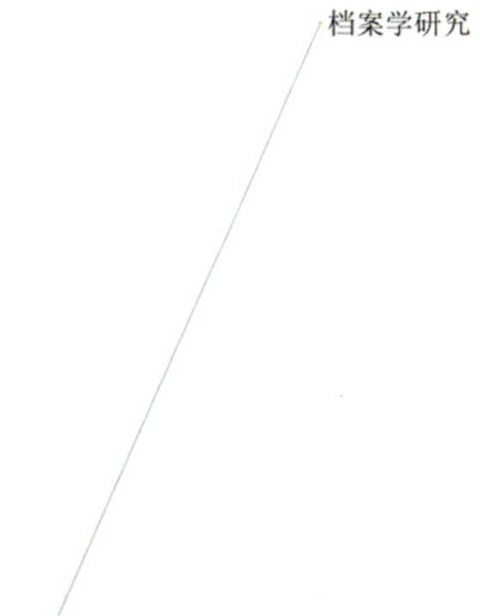


2022 年档案学、博物馆学类期刊互引关系示意图

## 表 6-34　2022 年档案学、博物馆学类期刊主要指标

| CODE | 刊名 | 核心总被引频次 | | | 核心影响因子 | | | 综合评价总分 | | 学科扩散指标 | 学科影响指标 | 红点指标 |
|---|---|---|---|---|---|---|---|---|---|---|---|---|
| | | 数值 | 排名 | 离均差率 | 数值 | 排名 | 离均差率 | 数值 | 排名 | | | |
| S608 | 档案学通讯 | 638 | 1 | 0.04 | 1.348 | 1 | 0.19 | 80.0 | 1 | 25.50 | 1.00 | 0.21 |
| S609 | 档案学研究 | 589 | 2 | −0.04 | 0.925 | 2 | −0.19 | 10.0 | 2 | 26.50 | 1.00 | 0.31 |
| | 2 种期刊平均值 | 614 | | | 1.137 | | | | | | | |

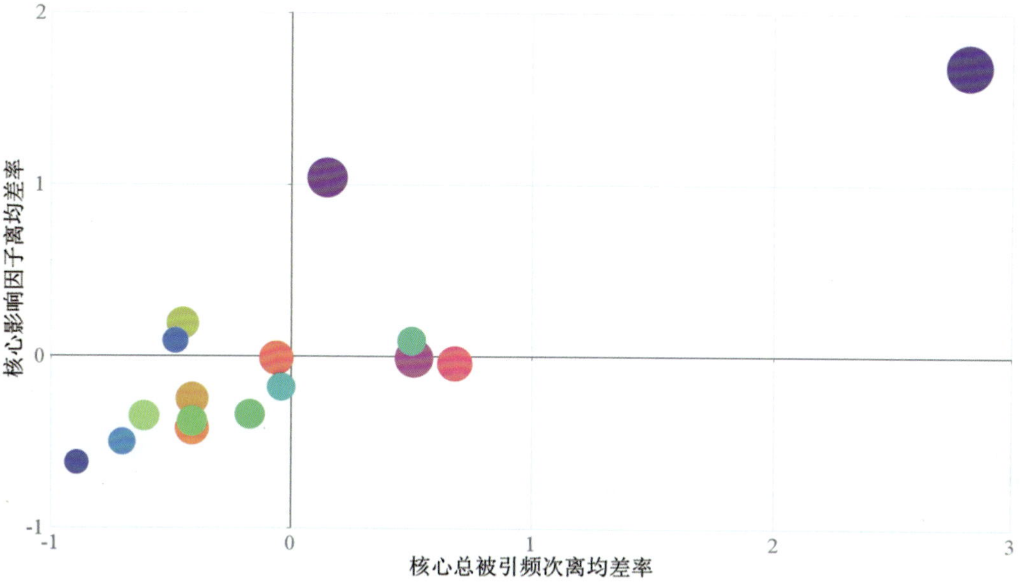


2022 年教育学综合类期刊核心总被引频次和核心影响因子离均差率的分布图
（节点大小表示综合评价总分）

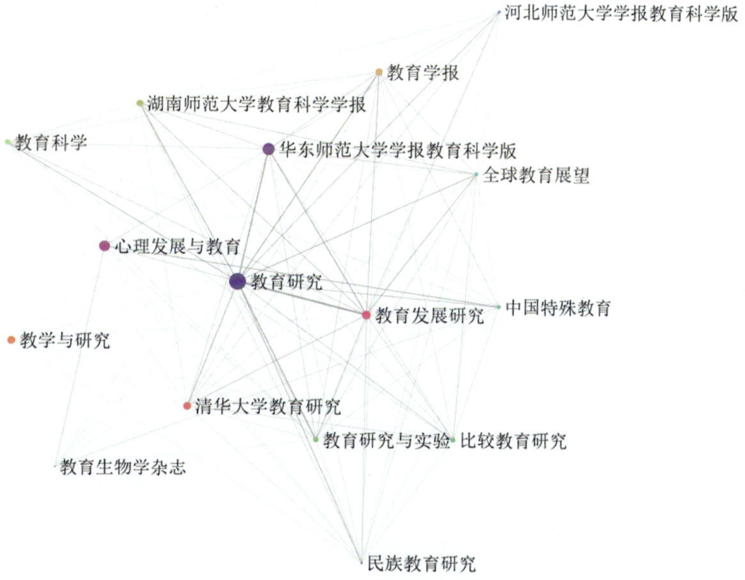


2022 年教育学综合类期刊互引关系示意图

## 表 6-35 2022 年教育学综合类期刊主要指标

| CODE | 刊名 | 核心总被引频次 | | | 核心影响因子 | | | 综合评价总分 | | 学科扩散指标 | 学科影响指标 | 红点指标 |
|---|---|---|---|---|---|---|---|---|---|---|---|---|
| | | 数值 | 排名 | 离均差率 | 数值 | 排名 | 离均差率 | 数值 | 排名 | | | |
| S666 | 比较教育研究 | 717 | 8 | −0.17 | 0.613 | 11 | −0.34 | 31.4 | 11 | 7.44 | 0.88 | 0.42 |
| S204 | 河北师范大学学报教育科学版 | 257 | 15 | −0.70 | 0.469 | 15 | −0.50 | 26.0 | 14 | 5.00 | 0.81 | 0.29 |
| S212 | 湖南师范大学教育科学学报 | 474 | 12 | −0.45 | 1.112 | 3 | 0.19 | 36.5 | 8 | 7.06 | 0.88 | 0.35 |
| S673 | 华东师范大学学报教育科学版 | 993 | 5 | 0.15 | 1.904 | 2 | 1.04 | 56.3 | 2 | 11.06 | 0.94 | 0.38 |
| S675 | 教学与研究 | 512 | 10 | −0.41 | 0.543 | 14 | −0.42 | 40.6 | 6 | 12.88 | 0.38 | 0.31 |
| | | | | | | | | | | | | |
| S676 | 教育发展研究 | 1458 | 2 | 0.68 | 0.901 | 8 | −0.04 | 44.1 | 4 | 12.75 | 0.88 | 0.27 |
| S677 | 教育科学 | 340 | 14 | −0.61 | 0.607 | 12 | −0.35 | 32.9 | 9 | 6.75 | 0.88 | 0.35 |
| S415 | 教育生物学杂志 | 97 | 16 | −0.89 | 0.358 | 16 | −0.62 | 21.5 | 16 | 3.31 | 0.19 | 0.41 |
| S224 | 教育学报 | 510 | 11 | −0.41 | 0.698 | 10 | −0.25 | 38.0 | 7 | 7.56 | 0.94 | 0.24 |
| S681 | 教育研究 | 3310 | 1 | 2.82 | 2.509 | 1 | 1.69 | 77.0 | 1 | 17.06 | 0.94 | 0.34 |
| | | | | | | | | | | | | |
| S682 | 教育研究与实验 | 513 | 9 | −0.41 | 0.578 | 13 | −0.38 | 32.4 | 10 | 9.31 | 0.94 | 0.41 |
| S249 | 民族教育研究 | 450 | 13 | −0.48 | 1.017 | 5 | 0.09 | 23.5 | 15 | 5.19 | 0.75 | 0.61 |
| S687 | 清华大学教育研究 | 814 | 7 | −0.06 | 0.922 | 7 | −0.01 | 40.8 | 5 | 10.50 | 0.81 | 0.24 |
| S688 | 全球教育展望 | 833 | 6 | −0.04 | 0.765 | 9 | −0.18 | 28.7 | 13 | 7.88 | 0.88 | 0.31 |
| S700 | 心理发展与教育 | 1307 | 3 | 0.51 | 0.926 | 6 | −0.01 | 51.8 | 3 | 12.25 | 0.75 | 0.38 |
| | | | | | | | | | | | | |
| S714 | 中国特殊教育 | 1298 | 4 | 0.50 | 1.019 | 4 | 0.09 | 28.9 | 12 | 9.56 | 0.81 | 0.41 |
| | 16 种期刊平均值 | 868 | | | 0.934 | | | | | | | |

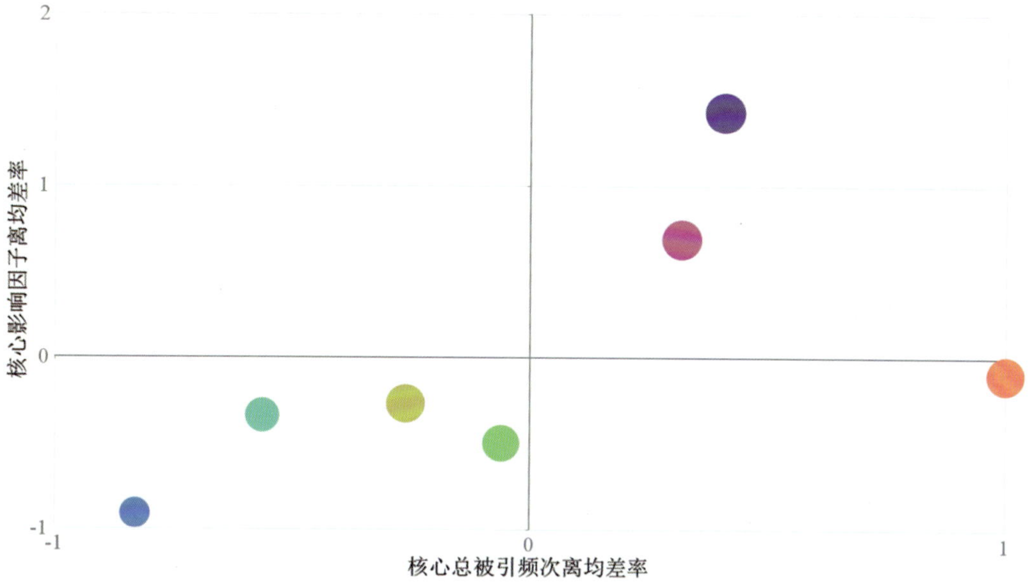


2022 年学前教育学、普通教育学类期刊核心总被引频次和核心影响因子离均差率的分布图
（节点大小表示综合评价总分）

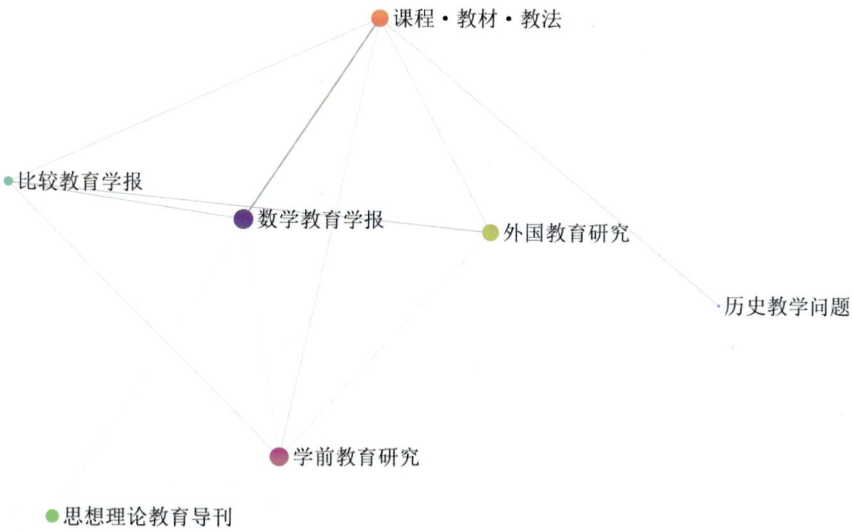


2022 年学前教育学、普通教育学类期刊互引关系示意图

## 表 6-36　2022 年学前教育学、普通教育学类期刊主要指标

| CODE | 刊名 | 核心总被引频次 | | | 核心影响因子 | | | 综合评价总分 | | 学科扩散指标 | 学科影响指标 | 红点指标 |
|---|---|---|---|---|---|---|---|---|---|---|---|---|
| | | 数值 | 排名 | 离均差率 | 数值 | 排名 | 离均差率 | 数值 | 排名 | | | |
| S695 | 比较教育学报 | 236 | 6 | −0.56 | 0.414 | 5 | −0.34 | 41.7 | 6 | 8.71 | 0.86 | 0.28 |
| S236 | 课程・教材・教法 | 1064 | 1 | 1.00 | 0.561 | 3 | −0.10 | 53.7 | 3 | 16.29 | 1.00 | 0.31 |
| S239 | 历史教学问题 | 88 | 7 | −0.83 | 0.057 | 7 | −0.91 | 32.7 | 7 | 7.43 | 0.29 | 0.21 |
| B523 | 数学教育学报 | 749 | 2 | 0.41 | 1.521 | 1 | 1.43 | 57.6 | 1 | 5.14 | 0.71 | 0.12 |
| S291 | 思想理论教育导刊 | 499 | 4 | −0.06 | 0.312 | 6 | −0.50 | 47.7 | 5 | 23.71 | 0.29 | 0.62 |
| | | | | | | | | | | | | |
| S694 | 外国教育研究 | 394 | 5 | −0.26 | 0.457 | 4 | −0.27 | 52.9 | 4 | 13.00 | 0.71 | 0.56 |
| S703 | 学前教育研究 | 703 | 3 | 0.32 | 1.060 | 2 | 0.69 | 56.5 | 2 | 11.14 | 0.57 | 0.02 |
| | 7 种期刊平均值 | 533 | | | 0.626 | | | | | | | |

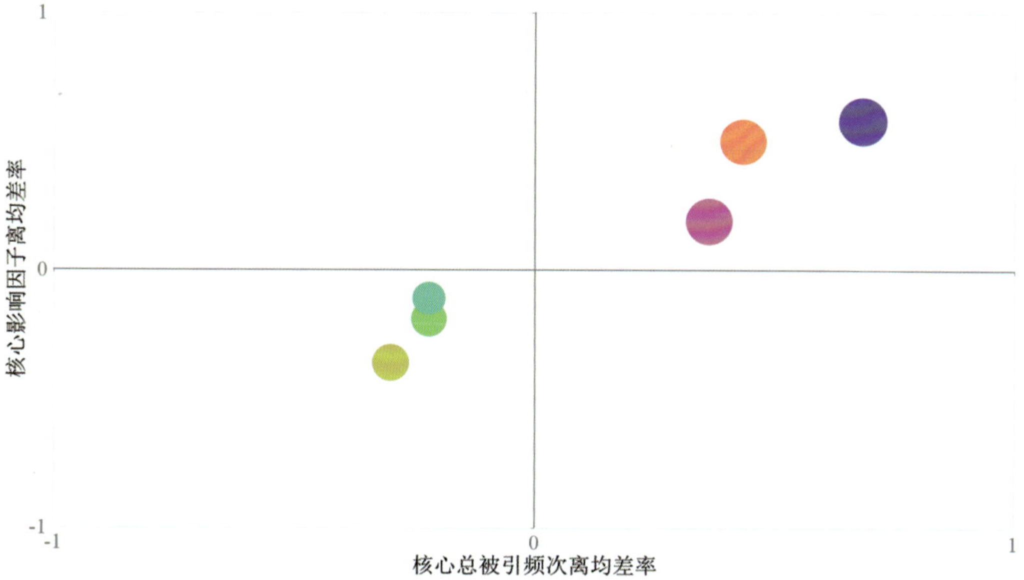


2022 年高等教育学类期刊核心总被引频次和核心影响因子离均差率的分布图
（节点大小表示综合评价总分）

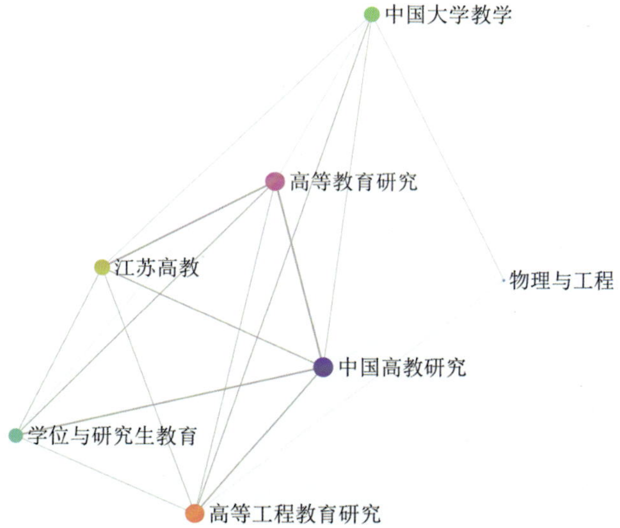


2022 年高等教育学类期刊互引关系示意图

## 表 6-37　2022 年高等教育学类期刊主要指标

| CODE | 刊名 | 核心总被引频次 | | | 核心影响因子 | | | 综合评价总分 | | 学科扩散指标 | 学科影响指标 | 红点指标 |
|---|---|---|---|---|---|---|---|---|---|---|---|---|
| | | 数值 | 排名 | 离均差率 | 数值 | 排名 | 离均差率 | 数值 | 排名 | | | |
| S668 | 高等工程教育研究 | 1431 | 2 | 0.43 | 1.253 | 2 | 0.50 | 72.8 | 3 | 26.86 | 1.00 | 0.51 |
| S669 | 高等教育研究 | 1362 | 3 | 0.36 | 0.997 | 3 | 0.19 | 76.1 | 2 | 25.00 | 1.00 | 0.27 |
| S674 | 江苏高教 | 703 | 6 | −0.30 | 0.534 | 6 | −0.36 | 48.3 | 4 | 19.29 | 0.86 | 0.42 |
| C509 | 物理与工程 | 274 | 7 | −0.73 | 0.337 | 7 | −0.60 | 0.0 | 7 | 9.71 | 0.43 | 0.24 |
| S704 | 学位与研究生教育 | 781 | 4 | −0.22 | 0.742 | 4 | −0.11 | 38.8 | 6 | 18.29 | 0.86 | 0.71 |
| | | | | | | | | | | | | |
| S304 | 中国大学教学 | 777 | 5 | −0.22 | 0.675 | 5 | −0.19 | 44.7 | 5 | 27.00 | 1.00 | 0.54 |
| S664 | 中国高教研究 | 1682 | 1 | 0.68 | 1.323 | 1 | 0.58 | 82.3 | 1 | 32.71 | 1.00 | 0.40 |
| | 7 种期刊平均值 | 1001 | | | 0.837 | | | | | | | |

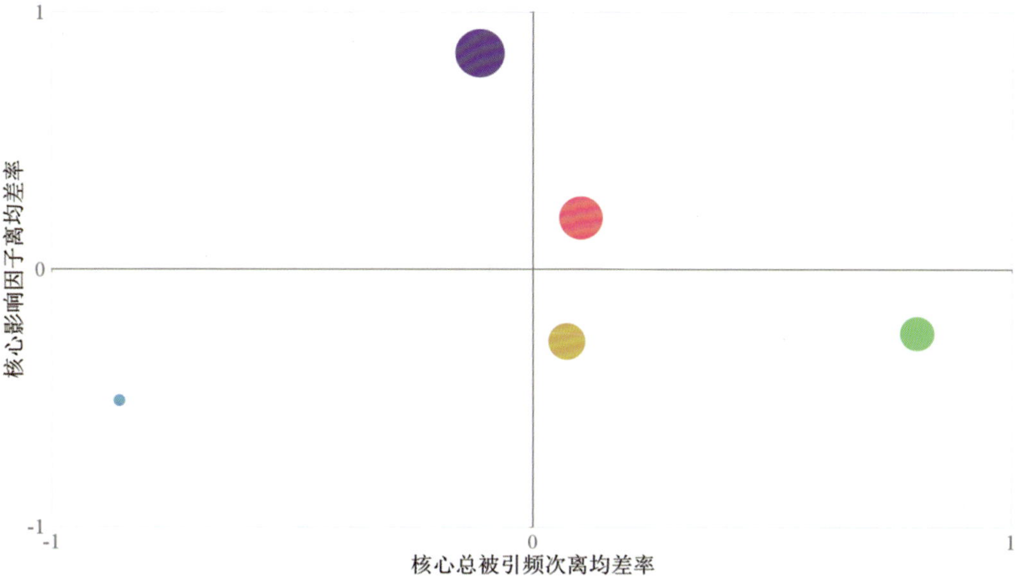


2022 年成人教育学、职业技术教育学类期刊核心总被引频次和核心影响因子离均差率的分布图
（节点大小表示综合评价总分）

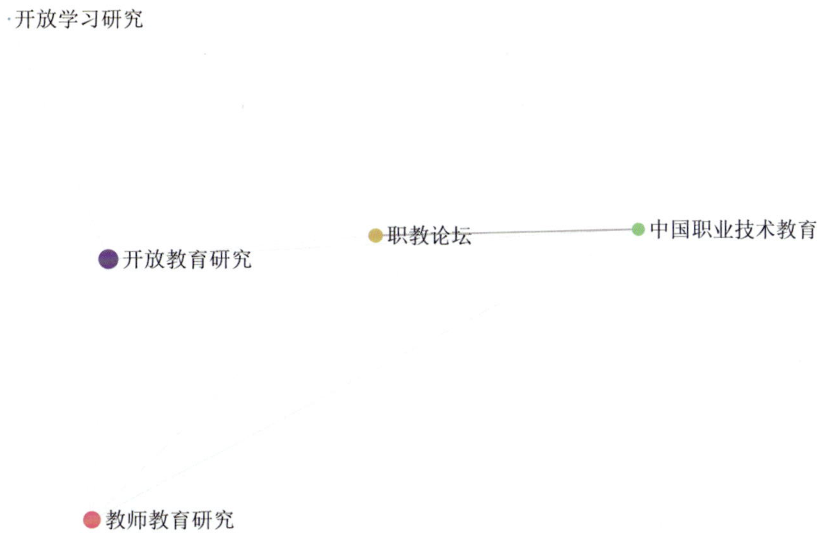


2022 年成人教育学、职业技术教育学类期刊互引关系示意图

## 表 6-38　2022 年成人教育学、职业技术教育学类期刊主要指标

| CODE | 刊名 | 核心总被引频次 | | | 核心影响因子 | | | 综合评价总分 | | 学科扩散指标 | 学科影响指标 | 红点指标 |
|---|---|---|---|---|---|---|---|---|---|---|---|---|
| | | 数值 | 排名 | 离均差率 | 数值 | 排名 | 离均差率 | 数值 | 排名 | | | |
| S222 | 教师教育研究 | 630 | 2 | 0.10 | 0.713 | 2 | 0.20 | 66.1 | 2 | 17.20 | 1.00 | 0.25 |
| S233 | 开放教育研究 | 508 | 4 | −0.11 | 1.094 | 1 | 0.84 | 82.4 | 1 | 25.60 | 1.00 | 0.24 |
| S155 | 开放学习研究 | 83 | 5 | −0.86 | 0.289 | 5 | −0.51 | 5.1 | 5 | 4.80 | 0.80 | 0.17 |
| S384 | 职教论坛 | 615 | 3 | 0.07 | 0.427 | 4 | −0.28 | 47.3 | 3 | 17.40 | 0.80 | 0.48 |
| S432 | 中国职业技术教育 | 1034 | 1 | 0.80 | 0.445 | 3 | −0.25 | 41.7 | 4 | 21.80 | 0.80 | 0.68 |
| | 5 种期刊平均值 | 574 | | | 0.594 | | | | | | | |

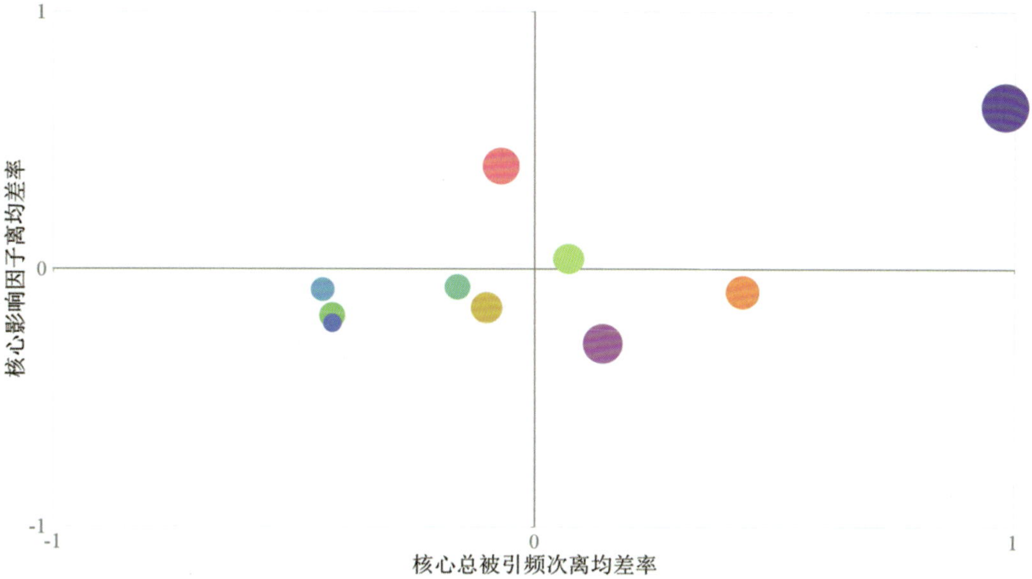


2022 年体育科学类期刊核心总被引频次和核心影响因子离均差率的分布图
（节点大小表示综合评价总分）

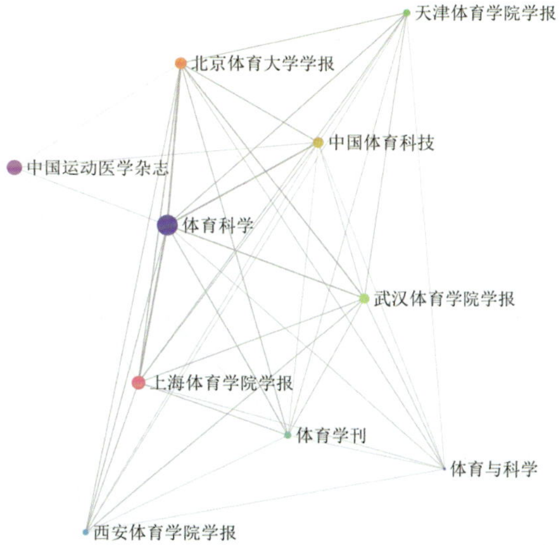


2022 年体育科学类期刊互引关系示意图

## 表 6-39　2022 年体育科学类期刊主要指标

| CODE | 刊名 | 核心总被引频次 | | | 核心影响因子 | | | 综合评价总分 | | 学科扩散指标 | 学科影响指标 | 红点指标 |
|---|---|---|---|---|---|---|---|---|---|---|---|---|
| | | 数值 | 排名 | 离均差率 | 数值 | 排名 | 离均差率 | 数值 | 排名 | | | |
| S877 | 北京体育大学学报 | 1378 | 2 | 0.43 | 1.042 | 6 | −0.09 | 38.9 | 4 | 20.20 | 1.00 | 0.40 |
| S883 | 上海体育学院学报 | 895 | 5 | −0.07 | 1.607 | 2 | 0.40 | 47.7 | 3 | 10.90 | 1.00 | 0.53 |
| S884 | 体育科学 | 1910 | 1 | 0.98 | 1.878 | 1 | 0.63 | 81.6 | 1 | 22.10 | 1.00 | 0.41 |
| S880 | 体育学刊 | 808 | 7 | −0.16 | 1.074 | 4 | −0.07 | 23.0 | 8 | 11.00 | 1.00 | 0.57 |
| S885 | 体育与科学 | 557 | 8 | −0.42 | 0.903 | 9 | −0.21 | 12.5 | 10 | 8.80 | 1.00 | 0.39 |
| | | | | | | | | | | | | |
| S886 | 天津体育学院学报 | 554 | 9 | −0.42 | 0.948 | 8 | −0.18 | 23.7 | 7 | 10.90 | 1.00 | 0.48 |
| S887 | 武汉体育学院学报 | 1028 | 4 | 0.07 | 1.197 | 3 | 0.04 | 33.0 | 6 | 13.40 | 1.00 | 0.54 |
| S881 | 西安体育学院学报 | 540 | 10 | −0.44 | 1.060 | 5 | −0.08 | 20.1 | 9 | 9.10 | 1.00 | 0.57 |
| S888 | 中国体育科技 | 864 | 6 | −0.10 | 0.974 | 7 | −0.15 | 34.4 | 5 | 18.10 | 1.00 | 0.44 |
| G131 | 中国运动医学杂志 | 1099 | 3 | 0.14 | 0.817 | 10 | −0.29 | 55.0 | 2 | 30.90 | 1.00 | 0.39 |
| | 10 种期刊平均值 | 963 | | | 1.150 | | | | | | | |

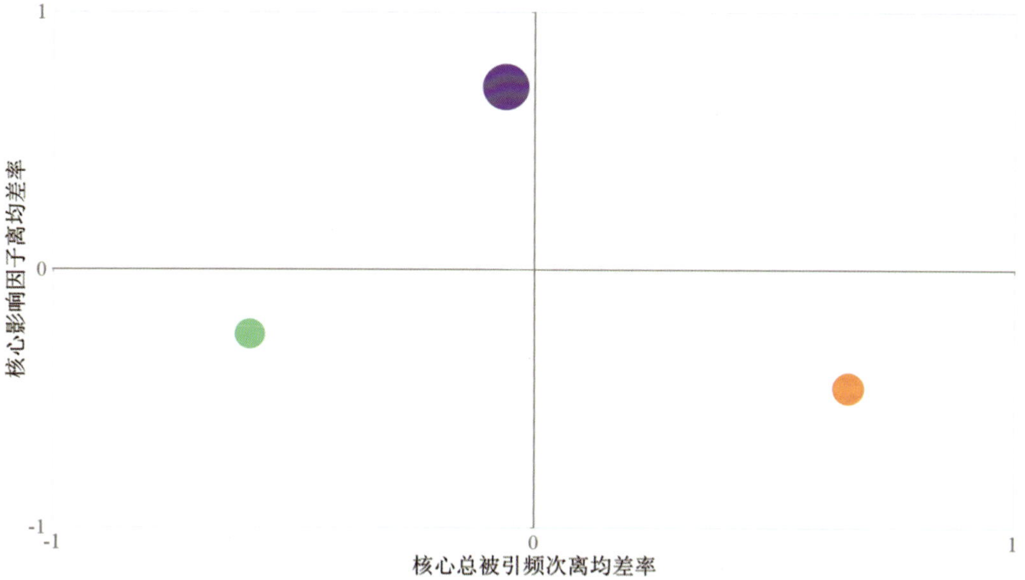


2022 年统计学类期刊核心总被引频次和核心影响因子离均差率的分布图
（节点大小表示综合评价总分）

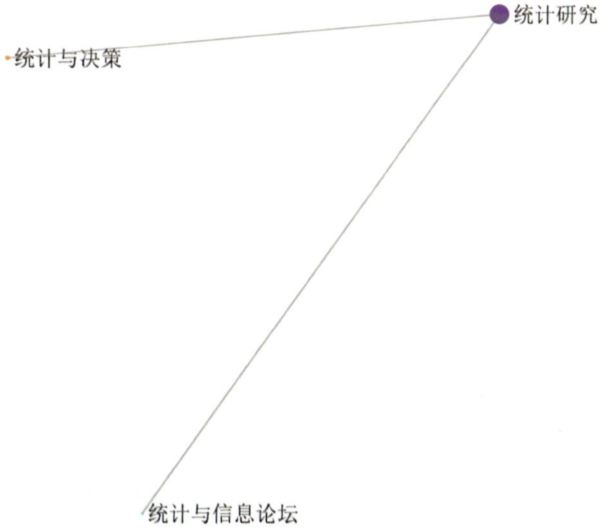


2022 年统计学类期刊互引关系示意图

## 表 6-40　2022 年统计学类期刊主要指标

| CODE | 刊名 | 核心总被引频次 | | | 核心影响因子 | | | 综合评价总分 | | 学科扩散指标 | 学科影响指标 | 红点指标 |
|---|---|---|---|---|---|---|---|---|---|---|---|---|
| | | 数值 | 排名 | 离均差率 | 数值 | 排名 | 离均差率 | 数值 | 排名 | | | |
| S793 | 统计研究 | 2754 | 2 | –0.06 | 3.056 | 1 | 0.71 | 75.1 | 1 | 145.00 | 1.00 | 0.24 |
| S293 | 统计与决策 | 4849 | 1 | 0.65 | 0.971 | 3 | –0.46 | 36.0 | 2 | 274.33 | 1.00 | 0.42 |
| S306 | 统计与信息论坛 | 1193 | 3 | –0.59 | 1.331 | 2 | –0.25 | 32.2 | 3 | 135.33 | 1.00 | 0.33 |
| | 3 种期刊平均值 | 2932 | | | 1.786 | | | | | | | |

# 7 2022 年中国科技核心期刊综合评价

表 7-1 2022 年中国科技核心期刊综合评价总分排名（社会科学）

| CODE | 刊名 | 核心总被引频次 | | 核心影响因子 | | 综合评价总分* | |
|---|---|---|---|---|---|---|---|
| | | 数值 | 排名 | 数值 | 排名 | 数值 | 排名 |
| S867 | 社会学研究 | 3649 | 18 | 4.475 | 13 | 95.9 | 1 |
| S790 | 数量经济技术经济研究 | 4224 | 9 | 5.523 | 7 | 93.8 | 2 |
| S800 | 中国工业经济 | 11904 | 2 | 11.434 | 1 | 92.5 | 3 |
| S757 | 金融研究 | 8323 | 3 | 5.079 | 8 | 92.4 | 4 |
| S428 | 中国刑事法杂志 | 905 | 132 | 2.752 | 31 | 91.9 | 5 |
| S804 | 中国农村经济 | 4221 | 10 | 5.531 | 6 | 89.3 | 6 |
| S756 | 会计研究 | 4071 | 11 | 2.286 | 43 | 88.6 | 7 |
| S772 | 经济研究 | 21471 | 1 | 9.895 | 2 | 88.1 | 8 |
| S875 | 中国社会科学 | 8003 | 4 | 5.991 | 3 | 88.0 | 9 |
| S617 | 人文地理 | 2953 | 27 | 1.970 | 56 | 87.4 | 10 |
| S332 | 文艺研究 | 738 | 162 | 0.457 | 291 | 87.3 | 11 |
| S252 | 民族研究 | 668 | 186 | 0.976 | 168 | 86.8 | 12 |
| S287 | 世界宗教研究 | 254 | 336 | 0.134 | 375 | 86.3 | 13 |
| S633 | 中国法学 | 3652 | 17 | 4.865 | 9 | 85.2 | 14 |
| S874 | 中国人口科学 | 1543 | 58 | 3.330 | 20 | 85.2 | 14 |
| S327 | 文学评论 | 928 | 128 | 0.406 | 307 | 84.7 | 16 |
| S233 | 开放教育研究 | 508 | 240 | 1.094 | 143 | 82.4 | 17 |
| S664 | 中国高教研究 | 1682 | 49 | 1.323 | 112 | 82.3 | 18 |
| S884 | 体育科学 | 1910 | 44 | 1.878 | 61 | 81.6 | 19 |
| S608 | 档案学通讯 | 638 | 195 | 1.348 | 109 | 80.0 | 20 |
| S232 | 军事运筹与评估 | 282 | 319 | 0.710 | 224 | 80.0 | 20 |
| S860 | 人口研究 | 1633 | 51 | 2.894 | 27 | 79.5 | 22 |
| W020 | 情报学报 | 2353 | 36 | 2.863 | 29 | 78.7 | 23 |
| S626 | 法学研究 | 3202 | 24 | 4.559 | 12 | 78.5 | 24 |
| S956 | 求是 | 3822 | 13 | 3.454 | 19 | 77.1 | 25 |
| S681 | 教育研究 | 3310 | 23 | 2.509 | 34 | 77.0 | 26 |
| S169 | 电影艺术 | 607 | 200 | 0.449 | 293 | 76.6 | 27 |
| S669 | 高等教育研究 | 1362 | 74 | 0.997 | 162 | 76.1 | 28 |
| S899 | 图书情报工作 | 4609 | 8 | 1.744 | 74 | 67.8; 75.5 | 29 |
| S715 | 中国语文 | 1012 | 120 | 0.375 | 313 | 75.3 | 30 |
| S793 | 统计研究 | 2754 | 32 | 3.056 | 24 | 75.1 | 31 |
| S779 | 农业经济问题 | 3993 | 12 | 4.564 | 11 | 74.1 | 32 |
| S349 | 新疆师范大学学报哲学社会科学版 | 671 | 185 | 1.608 | 89 | 73.8 | 33 |
| S316 | 外国文学研究 | 140 | 376 | 0.211 | 355 | 72.9 | 34 |
| S668 | 高等工程教育研究 | 1431 | 67 | 1.253 | 117 | 72.8 | 35 |
| S314 | 外国文学 | 232 | 350 | 0.170 | 367 | 72.0 | 36 |
| S733 | 财经研究 | 2886 | 30 | 3.551 | 16 | 71.4 | 37 |

## 表 7-1 2022 年中国科技核心期刊综合评价总分排名（社会科学）（续）

| CODE | 刊名 | 核心总被引频次 | | 核心影响因子 | | 综合评价总分 | |
|---|---|---|---|---|---|---|---|
| | | 数值 | 排名 | 数值 | 排名 | 数值 | 排名 |
| S961 | 山西财经大学学报 | 1060 | 108 | 1.357 | 108 | 70.8 | 38 |
| S808 | 考古 | 1896 | 45 | 0.640 | 240 | 70.6 | 39 |
| S697 | 外语教学 | 528 | 225 | 0.738 | 219 | 70.2 | 40 |
| S902 | 中国图书馆学报 | 1851 | 46 | 4.705 | 10 | 70.1 | 41 |
| S847 | 情报理论与实践 | 3677 | 16 | 2.079 | 52 | 69.8 | 42 |
| S369 | 语言文字应用 | 341 | 301 | 0.731 | 221 | 69.6 | 43 |
| S698 | 外语教学与研究 | 609 | 199 | 0.463 | 288 | 69.4 | 44 |
| S734 | 财贸经济 | 3556 | 19 | 4.117 | 15 | 69.2 | 45 |
| S286 | 世界宗教文化 | 151 | 375 | 0.146 | 371 | 68.9 | 46 |
| S691 | 世界汉语教学 | 463 | 260 | 0.659 | 235 | 67.4 | 47 |
| S941 | 华中师范大学学报人文社会科学版 | 795 | 152 | 0.636 | 241 | 66.9 | 48 |
| S862 | 人口与经济 | 918 | 129 | 1.990 | 54 | 66.9 | 48 |
| S222 | 教师教育研究 | 630 | 196 | 0.713 | 223 | 66.1 | 50 |
| S848 | 情报杂志 | 3786 | 14 | 1.727 | 76 | 65.9 | 51 |
| S803 | 中国农村观察 | 1507 | 61 | 2.979 | 26 | 65.5 | 52 |
| S368 | 语言教学与研究 | 510 | 238 | 0.688 | 226 | 65.4 | 53 |
| S160 | 当代电影 | 733 | 166 | 0.303 | 334 | 65.2 | 54 |
| S317 | 外国语 | 479 | 253 | 0.761 | 214 | 64.6 | 55 |
| S778 | 农业技术经济 | 2853 | 31 | 3.106 | 23 | 64.4 | 56 |
| S382 | 政治学研究 | 1472 | 64 | 3.150 | 22 | 64.2 | 57 |
| S329 | 文艺理论研究 | 278 | 320 | 0.194 | 361 | 64.1 | 58 |
| S846 | 情报科学 | 3074 | 25 | 1.822 | 66 | 64.0 | 59 |
| S315 | 外国文学评论 | 161 | 370 | 0.110 | 382 | 63.6 | 60 |
| S788 | 世界经济与政治 | 1274 | 85 | 2.155 | 48 | 63.5 | 61 |
| S309 | 现代情报 | 1912 | 43 | 1.661 | 82 | 63.2 | 62 |
| S990 | 中国人民大学学报 | 1045 | 111 | 0.937 | 182 | 63.2 | 62 |
| S193 | 中共中央党校（国家行政学院）学报 | 1024 | 116 | 0.949 | 174 | 63.0 | 64 |
| S246 | 马克思主义研究 | 992 | 123 | 1.140 | 131 | 62.6 | 65 |
| S330 | 文艺理论与批评 | 199 | 361 | 0.356 | 321 | 62.6 | 65 |
| S229 | 经济学 | 4778 | 7 | 5.911 | 4 | 62.2 | 67 |
| S148 | 北京工业大学学报社会科学版 | 528 | 225 | 2.320 | 42 | 61.9 | 68 |
| S265 | 上海财经大学学报哲学社会科学版 | 549 | 217 | 1.923 | 57 | 61.6 | 69 |
| S390 | 治理研究 | 596 | 203 | 2.205 | 46 | 61.3 | 70 |
| S849 | 情报资料工作 | 890 | 139 | 2.384 | 40 | 61.0 | 71 |
| S253 | 民族艺术 | 285 | 318 | 0.355 | 322 | 60.7 | 72 |
| S334 | 武汉大学学报哲学社会科学版 | 780 | 154 | 1.278 | 115 | 60.7 | 72 |
| S240 | 历史研究 | 1075 | 105 | 0.867 | 194 | 60.6 | 74 |
| S699 | 外语与外语教学 | 471 | 258 | 0.688 | 226 | 60.6 | 74 |
| S929 | 北京大学学报哲学社会科学版 | 1165 | 97 | 0.780 | 208 | 60.5 | 76 |
| S809 | 考古学报 | 724 | 169 | 0.500 | 276 | 60.4 | 77 |
| S634 | 中外法学 | 1921 | 42 | 3.220 | 21 | 59.0 | 78 |
| S341 | 西南民族大学学报人文社科版 | 1361 | 75 | 0.652 | 236 | 58.6 | 79 |

## 表 7-1　2022 年中国科技核心期刊综合评价总分排名（社会科学）（续）

| CODE | 刊名 | 核心总被引频次 | | 核心影响因子 | | 综合评价总分 | |
|---|---|---|---|---|---|---|---|
| | | 数值 | 排名 | 数值 | 排名 | 数值 | 排名 |
| S900 | 图书情报知识 | 981 | 125 | 1.704 | 80 | 55.9; 58.5 | 80 |
| S165 | 当代语言学 | 277 | 324 | 0.444 | 295 | 58.4 | 81 |
| A583 | 中国科技期刊研究 | 2040 | 40 | 1.866 | 62 | 58.3 | 82 |
| S901 | 图书与情报 | 1048 | 110 | 1.771 | 71 | 56.1; 58.2 | 83 |
| S354 | 学海 | 659 | 192 | 0.472 | 284 | 58.2 | 83 |
| S850 | 数据分析与知识发现 | 1426 | 68 | 1.709 | 78 | 53.5; 58.1 | 85 |
| S923 | 哲学研究 | 1110 | 102 | 0.719 | 222 | 58.0 | 86 |
| S270 | 社会 | 1449 | 66 | 2.096 | 51 | 57.8 | 87 |
| S328 | 文学遗产 | 429 | 270 | 0.213 | 354 | 57.8 | 87 |
| B523 | 数学教育学报 | 749 | 161 | 1.521 | 103 | 57.6 | 89 |
| S336 | 西安交通大学学报社会科学版 | 736 | 165 | 1.559 | 98 | 57.6 | 89 |
| S930 | 北京师范大学学报社会科学版 | 712 | 172 | 0.597 | 250 | 57.3 | 91 |
| S622 | 法商研究 | 1534 | 60 | 2.703 | 32 | 57.0 | 92 |
| S909 | 新闻与传播研究 | 731 | 168 | 0.943 | 178 | 57.0 | 92 |
| G308 | 医学与哲学 | 2439 | 35 | 0.948 | 176 | 56.9 | 94 |
| S736 | 城市发展研究 | 2903 | 28 | 1.331 | 110 | 56.7 | 95 |
| S765 | 经济社会体制比较 | 1212 | 91 | 1.546 | 99 | 56.7 | 95 |
| S238 | 理论与改革 | 513 | 235 | 1.049 | 151 | 56.5 | 97 |
| S703 | 学前教育研究 | 703 | 175 | 1.060 | 147 | 56.5 | 97 |
| S785 | 世界经济 | 5285 | 5 | 4.284 | 14 | 56.4 | 99 |
| S673 | 华东师范大学学报教育科学版 | 993 | 122 | 1.904 | 59 | 56.3 | 100 |
| S940 | 华南师范大学学报社会科学版 | 508 | 240 | 0.880 | 191 | 55.7 | 101 |
| S811 | 文物 | 1963 | 41 | 0.290 | 337 | 55.6 | 102 |
| S323 | 外语界 | 459 | 262 | 1.037 | 153 | 55.5 | 103 |
| S441 | 中央音乐学院学报 | 254 | 336 | 0.298 | 336 | 55.4 | 104 |
| S630 | 现代法学 | 1299 | 82 | 2.398 | 39 | 55.2 | 105 |
| G131 | 中国运动医学杂志 | 1099 | 104 | 0.817 | 202 | 55.0 | 106 |
| S150 | 西北农林科技大学学报社会科学版 | 896 | 137 | 1.446 | 106 | 54.7 | 107 |
| S992 | 中南财经政法大学学报 | 697 | 177 | 1.131 | 135 | 54.4 | 108 |
| S623 | 法学 | 2130 | 39 | 1.983 | 55 | 54.3 | 109 |
| S367 | 音乐研究 | 318 | 305 | 0.199 | 358 | 54.3 | 109 |
| S621 | 法律科学 – 西北政法大学学报 | 1631 | 52 | 2.147 | 49 | 54.1 | 111 |
| S430 | 中国音乐学 | 268 | 330 | 0.250 | 346 | 54.1 | 111 |
| S153 | 北京电影学院学报 | 272 | 328 | 0.316 | 329 | 53.8 | 113 |
| S236 | 课程・教材・教法 | 1064 | 107 | 0.561 | 256 | 53.7 | 114 |
| H221 | 中国农业资源与区划 | 3367 | 21 | 1.589 | 93 | 53.6 | 115 |
| S784 | 生态经济 | 2981 | 26 | 1.464 | 105 | 53.3 | 116 |
| S694 | 外国教育研究 | 394 | 282 | 0.457 | 291 | 52.9 | 117 |
| S448 | 宗教学研究 | 213 | 354 | 0.075 | 393 | 52.8 | 118 |
| S440 | 中央财经大学学报 | 869 | 140 | 1.067 | 146 | 52.6 | 119 |
| S443 | 重庆大学学报社会科学版 | 738 | 162 | 1.276 | 116 | 52.1 | 120 |
| S700 | 心理发展与教育 | 1307 | 81 | 0.926 | 184 | 51.8 | 121 |

## 表 7-1　2022 年中国科技核心期刊综合评价总分排名（社会科学）（续）

| CODE | 刊名 | 核心总被引频次 | | 核心影响因子 | | 综合评价总分* | |
|---|---|---|---|---|---|---|---|
| | | 数值 | 排名 | 数值 | 排名 | 数值 | 排名 |
| S392 | 中国比较文学 | 166 | 368 | 0.288 | 339 | 51.7 | 122 |
| S333 | 文艺争鸣 | 508 | 240 | 0.176 | 366 | 50.8 | 123 |
| S737 | 城市问题 | 1365 | 73 | 1.008 | 160 | 50.4 | 124 |
| S767 | 经济体制改革 | 1021 | 117 | 1.606 | 91 | 50.4 | 124 |
| S834 | 商业经济与管理 | 656 | 194 | 1.135 | 134 | 50.4 | 124 |
| S444 | 装饰 | 438 | 267 | 0.243 | 347 | 50.4 | 124 |
| S625 | 法学评论 | 1245 | 88 | 1.847 | 64 | 50.0 | 128 |
| S906 | 现代传播 | 1026 | 114 | 0.497 | 278 | 49.8 | 129 |
| S743 | 改革 | 3395 | 20 | 5.673 | 5 | 49.7 | 130 |
| S237 | 理论探讨 | 606 | 201 | 0.741 | 218 | 49.5 | 131 |
| S739 | 当代经济科学 | 711 | 173 | 2.059 | 53 | 49.2 | 132 |
| S400 | 中国翻译 | 719 | 170 | 0.378 | 312 | 49.2 | 132 |
| S405 | 中国行政管理 | 3694 | 15 | 1.709 | 78 | 49.2 | 132 |
| S624 | 法学家 | 1502 | 62 | 2.471 | 36 | 48.9 | 135 |
| S986 | 浙江大学学报人文社会科学版 | 688 | 179 | 0.541 | 265 | 48.9 | 135 |
| S764 | 经济评论 | 1225 | 89 | 2.812 | 30 | 48.6 | 137 |
| S978 | 厦门大学学报哲学社会科学版 | 542 | 220 | 0.620 | 244 | 48.5 | 138 |
| S942 | 吉林大学社会科学学报 | 676 | 184 | 0.664 | 234 | 48.4 | 139 |
| S721 | 经济学动态 | 2344 | 37 | 2.665 | 33 | 48.4 | 139 |
| S674 | 江苏高教 | 703 | 175 | 0.534 | 267 | 48.3 | 141 |
| S731 | 财经科学 | 1340 | 77 | 2.209 | 45 | 48.1 | 142 |
| S947 | 兰州大学学报社会科学版 | 497 | 246 | 0.939 | 181 | 48.1 | 142 |
| S883 | 上海体育学院学报 | 895 | 138 | 1.607 | 90 | 47.7 | 144 |
| S291 | 思想理论教育导刊 | 499 | 245 | 0.312 | 330 | 47.7 | 144 |
| S953 | 南开学报哲学社会科学版 | 527 | 229 | 0.644 | 239 | 47.3 | 146 |
| S384 | 职教论坛 | 615 | 197 | 0.427 | 300 | 47.3 | 146 |
| S955 | 清华大学学报哲学社会科学版 | 666 | 188 | 0.518 | 271 | 47.0 | 148 |
| S863 | 社会科学 | 1312 | 80 | 0.866 | 195 | 47.0 | 148 |
| S366 | 艺术百家 | 220 | 353 | 0.132 | 376 | 46.6 | 150 |
| S619 | 政法论坛 | 1339 | 78 | 1.922 | 58 | 46.5 | 151 |
| S982 | 学术月刊 | 1548 | 56 | 1.096 | 142 | 46.4 | 152 |
| S172 | 东南大学学报哲学社会科学版 | 430 | 268 | 0.734 | 220 | 46.1 | 153 |
| S266 | 上海翻译 | 413 | 277 | 0.602 | 249 | 46.1 | 153 |
| S429 | 中国音乐 | 317 | 306 | 0.210 | 356 | 45.7 | 155 |
| S159 | 产业经济研究 | 1148 | 100 | 3.500 | 18 | 45.5 | 156 |
| S398 | 中国地质大学学报社会科学版 | 560 | 212 | 0.993 | 163 | 45.5 | 156 |
| S950 | 南京大学学报哲学・人文科学・社会科学 | 540 | 221 | 0.898 | 189 | 45.3 | 158 |
| S761 | 经济科学 | 853 | 143 | 1.648 | 83 | 45.2 | 159 |
| S320 | 外交评论 | 407 | 280 | 1.583 | 95 | 45.2 | 159 |
| S746 | 国际金融研究 | 1545 | 57 | 2.490 | 35 | 45.0 | 161 |
| S735 | 财政研究 | 1540 | 59 | 2.327 | 41 | 44.9 | 162 |
| S759 | 经济管理 | 2895 | 29 | 3.003 | 25 | 44.9 | 162 |

## 表 7-1 2022 年中国科技核心期刊综合评价总分排名（社会科学）（续）

| CODE | 刊名 | 核心总被引频次 | | 核心影响因子 | | 综合评价总分 | |
|---|---|---|---|---|---|---|---|
| | | 数值 | 排名 | 数值 | 排名 | 数值 | 排名 |
| S264 | 山东大学学报哲学社会科学版 | 581 | 205 | 0.771 | 212 | 44.8 | 164 |
| S639 | 企业经济 | 664 | 190 | 0.547 | 263 | 44.7 | 165 |
| S304 | 中国大学教学 | 777 | 156 | 0.675 | 230 | 44.7 | 165 |
| S178 | 法学论坛 | 947 | 126 | 1.632 | 87 | 44.5 | 167 |
| S427 | 中国现代文学研究丛刊 | 440 | 266 | 0.216 | 352 | 44.5 | 167 |
| S773 | 经济与管理研究 | 1174 | 96 | 1.805 | 67 | 44.4 | 169 |
| S732 | 财经问题研究 | 1107 | 103 | 1.018 | 157 | 44.2 | 170 |
| S627 | 法制与社会发展 | 1256 | 86 | 2.893 | 28 | 44.1 | 171 |
| S676 | 教育发展研究 | 1458 | 65 | 0.901 | 188 | 44.1 | 171 |
| S297 | 探索 | 768 | 159 | 1.599 | 92 | 44.0 | 173 |
| S771 | 经济学家 | 2709 | 33 | 3.531 | 17 | 43.8 | 174 |
| S226 | 金融经济学研究 | 524 | 230 | 1.684 | 81 | 43.7 | 175 |
| S934 | 复旦学报社会科学版 | 581 | 205 | 0.549 | 261 | 43.6 | 176 |
| A570 | 编辑学报 | 1387 | 71 | 1.646 | 86 | 43.3 | 177 |
| S214 | 华东政法大学学报 | 947 | 126 | 1.647 | 84 | 43.2 | 178 |
| S261 | 求实 | 411 | 278 | 1.544 | 100 | 42.9 | 179 |
| S383 | 政治与法律 | 1651 | 50 | 1.753 | 73 | 42.9 | 179 |
| S750 | 国际贸易问题 | 2179 | 38 | 2.102 | 50 | 42.8 | 181 |
| S777 | 南开经济研究 | 1026 | 114 | 1.570 | 97 | 42.5 | 182 |
| S781 | 上海经济研究 | 1162 | 99 | 1.899 | 60 | 42.4 | 183 |
| S147 | 财经论丛 | 687 | 180 | 1.157 | 129 | 42.2 | 184 |
| S835 | 商业研究 | 733 | 166 | 0.825 | 200 | 42.2 | 184 |
| S228 | 近代史研究 | 613 | 198 | 0.548 | 262 | 42.1 | 186 |
| S419 | 中国人力资源开发 | 899 | 135 | 1.400 | 107 | 42.1 | 186 |
| S854 | 江苏社会科学 | 909 | 131 | 0.777 | 210 | 41.8 | 188 |
| S822 | 工程管理科技前沿 | 555 | 215 | 1.159 | 128 | 41.8 | 188 |
| S994 | 中山大学学报社会科学版 | 569 | 210 | 0.415 | 302 | 41.8 | 188 |
| S695 | 比较教育学报 | 236 | 345 | 0.414 | 303 | 41.7 | 191 |
| S975 | 西北大学学报哲学社会科学版 | 485 | 249 | 0.789 | 206 | 41.7 | 191 |
| S432 | 中国职业技术教育 | 1034 | 112 | 0.445 | 294 | 41.7 | 191 |
| S939 | 华东师范大学学报哲学社会科学版 | 430 | 268 | 0.481 | 283 | 41.6 | 194 |
| S343 | 现代财经－天津财经大学学报 | 507 | 243 | 1.179 | 125 | 41.5 | 195 |
| S769 | 经济问题探索 | 1792 | 47 | 1.576 | 96 | 41.2 | 196 |
| G352 | 证据科学 | 362 | 294 | 0.970 | 171 | 41.2 | 196 |
| S370 | 语言研究 | 248 | 340 | 0.067 | 395 | 41.1 | 198 |
| S865 | 社会科学研究 | 836 | 146 | 0.673 | 231 | 40.9 | 199 |
| S687 | 清华大学教育研究 | 814 | 148 | 0.922 | 186 | 40.8 | 200 |
| S188 | 广东财经大学学报 | 415 | 276 | 1.788 | 68 | 40.7 | 201 |
| S858 | 南京社会科学 | 1499 | 63 | 0.950 | 173 | 40.7 | 201 |
| S675 | 教学与研究 | 512 | 237 | 0.543 | 264 | 40.6 | 203 |
| S819 | 软科学 | 2568 | 34 | 1.647 | 84 | 40.3 | 204 |
| S728 | 资源开发与市场 | 1001 | 121 | 0.559 | 258 | 40.3 | 204 |

## 表 7-1　2022 年中国科技核心期刊综合评价总分排名（社会科学）（续）

| CODE | 刊名 | 核心总被引频次 | | 核心影响因子 | | 综合评价总分 | |
|---|---|---|---|---|---|---|---|
| | | 数值 | 排名 | 数值 | 排名 | 数值 | 排名 |
| S647 | 财经理论与实践 | 693 | 178 | 1.176 | 126 | 40.2 | 206 |
| S225 | 解放军外国语学院学报 | 302 | 314 | 0.270 | 343 | 40.2 | 206 |
| S738 | 当代财经 | 1277 | 84 | 1.766 | 72 | 40.1 | 208 |
| S933 | 福建师范大学学报哲学社会科学版 | 364 | 292 | 0.813 | 203 | 40.1 | 208 |
| S278 | 史学月刊 | 573 | 208 | 0.220 | 349 | 39.9 | 210 |
| S319 | 法学杂志 | 1014 | 119 | 1.000 | 161 | 39.8 | 211 |
| S967 | 四川大学学报哲学社会科学版 | 467 | 259 | 0.443 | 296 | 39.7 | 212 |
| S247 | 马克思主义与现实 | 658 | 193 | 0.537 | 266 | 39.6 | 213 |
| S762 | 经济理论与经济管理 | 1071 | 106 | 1.537 | 101 | 39.5 | 214 |
| S164 | 当代亚太 | 343 | 300 | 1.828 | 65 | 39.4 | 215 |
| S719 | 技术经济与管理研究 | 738 | 162 | 0.494 | 279 | 39.4 | 215 |
| S294 | 苏州大学学报哲学社会科学版 | 501 | 244 | 0.751 | 215 | 39.4 | 215 |
| S866 | 社会科学战线 | 1184 | 95 | 0.425 | 301 | 39.2 | 218 |
| S308 | 图书馆学研究 | 1206 | 92 | 0.784 | 207 | 39.2 | 218 |
| S795 | 外国经济与管理 | 1703 | 48 | 2.450 | 37 | 39.2 | 218 |
| S907 | 新闻大学 | 418 | 272 | 0.628 | 243 | 39.2 | 218 |
| S272 | 河海大学学报哲学社会科学版 | 384 | 284 | 0.949 | 174 | 39.1 | 222 |
| S877 | 北京体育大学学报 | 1378 | 72 | 1.042 | 152 | 38.9 | 223 |
| S183 | 公共行政评论 | 905 | 132 | 2.417 | 38 | 38.9 | 223 |
| S704 | 学位与研究生教育 | 781 | 153 | 0.742 | 217 | 38.8 | 225 |
| S426 | 中国文化研究 | 140 | 376 | 0.143 | 372 | 38.5 | 226 |
| S683 | 教育与经济 | 383 | 285 | 0.941 | 179 | 38.4 | 227 |
| S251 | 民族文学研究 | 247 | 341 | 0.219 | 350 | 38.2 | 228 |
| S224 | 教育学报 | 510 | 238 | 0.698 | 225 | 38.0 | 229 |
| S282 | 经济学报 | 202 | 359 | 1.031 | 154 | 38.0 | 229 |
| S217 | 会计与经济研究 | 232 | 350 | 1.241 | 119 | 38.0 | 229 |
| S260 | 青少年犯罪问题 | 251 | 338 | 0.940 | 180 | 38.0 | 229 |
| S350 | 新视野 | 295 | 317 | 0.483 | 281 | 37.9 | 233 |
| S200 | 汉语学习 | 312 | 311 | 0.182 | 363 | 37.7 | 234 |
| S958 | 求索 | 850 | 145 | 1.222 | 121 | 37.7 | 234 |
| S435 | 中华文化论坛 | 130 | 381 | 0.079 | 391 | 37.6 | 236 |
| S844 | 情报工程 | 203 | 358 | 0.561 | 256 | 37.5 | 237 |
| S245 | 旅游科学 | 575 | 207 | 1.486 | 104 | 37.2 | 238 |
| S987 | 浙江社会科学 | 1052 | 109 | 0.603 | 248 | 37.2 | 238 |
| S170 | 东北大学学报社会科学版 | 344 | 299 | 0.585 | 253 | 37.1 | 240 |
| S628 | 人民检察 | 684 | 181 | 0.365 | 316 | 37.1 | 240 |
| S259 | 青年研究 | 472 | 257 | 0.876 | 192 | 37.0 | 242 |
| S897 | 图书馆论坛 | 1409 | 69 | 1.121 | 137 | 37.0 | 242 |
| S774 | 经济纵横 | 1331 | 79 | 1.783 | 70 | 36.9 | 244 |
| S981 | 学术研究 | 988 | 124 | 0.482 | 282 | 36.9 | 244 |
| S197 | 国家图书馆学刊 | 417 | 273 | 1.192 | 124 | 36.8 | 246 |
| S787 | 世界经济研究 | 1343 | 76 | 1.848 | 63 | 36.8 | 246 |

## 表 7-1　2022 年中国科技核心期刊综合评价总分排名（社会科学）（续）

| CODE | 刊名 | 核心总被引频次 | | 核心影响因子 | | 综合评价总分 | |
|---|---|---|---|---|---|---|---|
| | | 数值 | 排名 | 数值 | 排名 | 数值 | 排名 |
| S227 | 金融论坛 | 522 | 231 | 1.106 | 139 | 36.6 | 248 |
| S212 | 湖南师范大学教育科学学报 | 474 | 256 | 1.112 | 138 | 36.5 | 249 |
| S201 | 行政论坛 | 771 | 158 | 1.609 | 88 | 36.5 | 249 |
| S372 | 云南财经大学学报 | 388 | 283 | 0.868 | 193 | 36.5 | 249 |
| S944 | 江海学刊 | 768 | 159 | 0.494 | 279 | 36.1 | 252 |
| W022 | 数字图书馆论坛 | 528 | 225 | 0.984 | 165 | 36.1 | 252 |
| S216 | 黄钟－武汉音乐学院学报 | 136 | 379 | 0.096 | 389 | 36.0 | 254 |
| S293 | 统计与决策 | 4849 | 6 | 0.971 | 170 | 36.0 | 254 |
| J067 | 工业技术经济 | 1217 | 90 | 0.977 | 166 | 35.9 | 256 |
| S831 | 国际经贸探索 | 796 | 151 | 2.228 | 44 | 35.7 | 257 |
| S946 | 江西社会科学 | 899 | 135 | 0.458 | 289 | 35.6 | 258 |
| S248 | 美术研究 | 104 | 385 | 0.107 | 384 | 35.3 | 259 |
| S181 | 甘肃政法大学学报 | 235 | 346 | 0.434 | 298 | 35.2 | 260 |
| S839 | 农村经济 | 1581 | 54 | 1.227 | 120 | 35.1 | 261 |
| S838 | 中国流通经济 | 852 | 144 | 1.285 | 114 | 34.9 | 262 |
| S582 | 刑事技术 | 546 | 219 | 0.646 | 237 | 34.8 | 263 |
| S340 | 西南大学学报社会科学版 | 774 | 157 | 1.124 | 136 | 34.5 | 264 |
| S983 | 学习与探索 | 1018 | 118 | 0.684 | 228 | 34.4 | 265 |
| S888 | 中国体育科技 | 864 | 141 | 0.974 | 169 | 34.4 | 265 |
| S267 | 上海行政学院学报 | 370 | 289 | 1.027 | 155 | 34.1 | 267 |
| S393 | 中国边疆史地研究 | 316 | 308 | 0.345 | 323 | 34.1 | 267 |
| S162 | 当代外国文学 | 91 | 389 | 0.120 | 380 | 33.9 | 269 |
| S836 | 消费经济 | 364 | 292 | 1.140 | 131 | 33.6 | 270 |
| S616 | 旅游学刊 | 3325 | 22 | 1.733 | 75 | 33.5 | 271 |
| S263 | 人民音乐 | 352 | 296 | 0.095 | 390 | 33.5 | 271 |
| S768 | 经济问题 | 1572 | 55 | 1.724 | 77 | 33.4 | 273 |
| S234 | 开放时代 | 1199 | 93 | 1.200 | 122 | 33.4 | 273 |
| S285 | 世界民族 | 296 | 316 | 0.208 | 357 | 33.4 | 273 |
| S361 | 学习论坛 | 194 | 362 | 0.305 | 332 | 33.4 | 273 |
| S156 | 北京行政学院学报 | 420 | 271 | 0.677 | 229 | 33.3 | 277 |
| Q438 | 农业图书情报学报 | 308 | 312 | 0.668 | 233 | 33.2 | 278 |
| S887 | 武汉体育学院学报 | 1028 | 113 | 1.197 | 123 | 33.0 | 279 |
| S659 | 证券市场导报 | 678 | 183 | 1.312 | 113 | 33.0 | 279 |
| S677 | 教育科学 | 340 | 302 | 0.607 | 247 | 32.9 | 281 |
| S239 | 历史教学问题 | 88 | 390 | 0.057 | 397 | 32.7 | 282 |
| S587 | 中国司法鉴定 | 366 | 291 | 0.464 | 287 | 32.7 | 282 |
| S174 | 东南学术 | 520 | 233 | 0.633 | 242 | 32.6 | 284 |
| S211 | 湖南社会科学 | 349 | 298 | 0.435 | 297 | 32.6 | 284 |
| S682 | 教育研究与实验 | 513 | 235 | 0.578 | 254 | 32.4 | 286 |
| S331 | 文艺评论 | 82 | 393 | 0.016 | 401 | 32.4 | 286 |
| S964 | 陕西师范大学学报哲学社会科学版 | 528 | 225 | 0.832 | 198 | 32.2 | 288 |
| S306 | 统计与信息论坛 | 1193 | 94 | 1.331 | 110 | 32.2 | 288 |

## 表 7-1 2022 年中国科技核心期刊综合评价总分排名（社会科学）（续）

| CODE | 刊名 | 核心总被引频次 | | 核心影响因子 | | 综合评价总分 | |
|---|---|---|---|---|---|---|---|
| | | 数值 | 排名 | 数值 | 排名 | 数值 | 排名 |
| S184 | 古汉语研究 | 117 | 384 | 0.078 | 392 | 31.8 | 290 |
| S996 | 中州学刊 | 901 | 134 | 0.499 | 277 | 31.7 | 291 |
| S666 | 比较教育研究 | 717 | 171 | 0.613 | 245 | 31.4 | 292 |
| S194 | 国家检察官学院学报 | 709 | 174 | 2.185 | 47 | 31.3 | 293 |
| S166 | 当代作家评论 | 315 | 310 | 0.099 | 386 | 31.1 | 294 |
| S346 | 湘潭大学学报哲学社会科学版 | 416 | 275 | 0.341 | 325 | 31.1 | 294 |
| G865 | 医学信息学杂志 | 667 | 187 | 0.516 | 272 | 30.8 | 296 |
| S271 | 社会保障研究 | 359 | 295 | 0.864 | 196 | 30.7 | 297 |
| S342 | 戏剧 - 中央戏剧学院学报 | 75 | 397 | 0.071 | 394 | 30.2 | 298 |
| S209 | 湖南大学学报社会科学版 | 335 | 303 | 0.458 | 289 | 30.1 | 299 |
| S618 | 中国历史地理论丛 | 304 | 313 | 0.143 | 372 | 30.1 | 299 |
| S213 | 湖南师范大学社会科学学报 | 378 | 287 | 0.611 | 246 | 29.9 | 301 |
| S230 | 经济与管理评论 | 481 | 252 | 1.161 | 127 | 29.9 | 301 |
| S926 | 自然辩证法研究 | 810 | 149 | 0.369 | 314 | 29.9 | 301 |
| S973 | 文史哲 | 463 | 260 | 0.408 | 305 | 29.7 | 304 |
| A201 | 世界科技研究与发展 | 515 | 234 | 0.825 | 200 | 29.5 | 305 |
| S760 | 经济经纬 | 915 | 130 | 1.587 | 94 | 29.4 | 306 |
| S292 | 思想战线 | 666 | 188 | 0.516 | 272 | 29.4 | 306 |
| S374 | 云南民族大学学报哲学社会科学版 | 476 | 254 | 0.802 | 205 | 29.4 | 306 |
| S396 | 中国党政干部论坛 | 244 | 342 | 0.181 | 364 | 29.4 | 306 |
| S718 | 技术经济 | 1163 | 98 | 1.012 | 159 | 29.3 | 310 |
| S192 | 国际商务 - 对外经济贸易大学学报 | 351 | 297 | 1.106 | 139 | 28.9 | 311 |
| S714 | 中国特殊教育 | 1298 | 83 | 1.019 | 156 | 28.9 | 311 |
| S597 | 党政研究 | 122 | 383 | 0.365 | 316 | 28.7 | 313 |
| S688 | 全球教育展望 | 833 | 147 | 0.765 | 213 | 28.7 | 313 |
| A906 | 文物保护与考古科学 | 556 | 214 | 0.364 | 318 | 28.7 | 313 |
| S751 | 国际商务研究 | 137 | 378 | 0.519 | 270 | 28.2 | 316 |
| S220 | 江西财经大学学报 | 398 | 281 | 0.993 | 163 | 27.9 | 317 |
| S094 | 竞争情报 | 80 | 395 | 0.388 | 310 | 27.0 | 318 |
| S205 | 河南大学学报社会科学版 | 326 | 304 | 0.367 | 315 | 26.8 | 319 |
| G911 | 中国医学伦理学 | 1400 | 70 | 0.951 | 172 | 26.6 | 320 |
| S173 | 东南文化 | 492 | 247 | 0.388 | 310 | 26.5 | 321 |
| S993 | 中南民族大学学报人文社会科学版 | 601 | 202 | 0.589 | 252 | 26.3 | 322 |
| S965 | 上海大学学报社会科学版 | 298 | 315 | 0.746 | 216 | 26.2 | 323 |
| S576 | 西安外国语大学学报 | 179 | 366 | 0.320 | 327 | 26.2 | 323 |
| S348 | 小说评论 | 201 | 360 | 0.139 | 374 | 26.1 | 325 |
| S190 | 贵州财经大学学报 | 264 | 333 | 0.977 | 166 | 26.0 | 326 |
| S204 | 河北师范大学学报教育科学版 | 257 | 335 | 0.469 | 286 | 26.0 | 326 |
| S789 | 世界经济与政治论坛 | 275 | 325 | 1.071 | 145 | 25.8 | 328 |
| S254 | 明清小说研究 | 93 | 388 | 0.097 | 387 | 25.7 | 329 |
| S652 | 金融理论与实践 | 370 | 289 | 0.433 | 299 | 25.6 | 330 |
| S219 | 江苏行政学院学报 | 378 | 287 | 0.597 | 250 | 25.4 | 331 |

## 表 7-1 2022 年中国科技核心期刊综合评价总分排名（社会科学）（续）

| CODE | 刊名 | 核心总被引频次 | | 核心影响因子 | | 综合评价总分 | |
|---|---|---|---|---|---|---|---|
| | | 数值 | 排名 | 数值 | 排名 | 数值 | 排名 |
| S255 | 南方文坛 | 233 | 349 | 0.126 | 379 | 25.4 | 331 |
| S176 | 敦煌研究 | 522 | 231 | 0.161 | 370 | 24.7 | 333 |
| S852 | 妇女研究论丛 | 475 | 255 | 0.848 | 197 | 24.6 | 334 |
| S936 | 广西民族大学学报哲学社会科学版 | 483 | 251 | 0.320 | 327 | 24.4 | 335 |
| S185 | 古籍整理研究学刊 | 64 | 399 | 0.018 | 399 | 24.1 | 336 |
| S167 | 党的文献 | 160 | 371 | 0.114 | 381 | 24.0 | 337 |
| S747 | 国际经济合作 | 317 | 306 | 0.646 | 237 | 23.7 | 338 |
| S886 | 天津体育学院学报 | 554 | 216 | 0.948 | 176 | 23.7 | 338 |
| S249 | 民族教育研究 | 450 | 264 | 1.017 | 158 | 23.5 | 340 |
| S276 | 社会主义研究 | 484 | 250 | 0.522 | 268 | 23.5 | 340 |
| S243 | 鲁迅研究月刊 | 261 | 334 | 0.102 | 385 | 23.4 | 342 |
| S210 | 湖南科技大学学报社会科学版 | 275 | 325 | 0.472 | 284 | 23.3 | 343 |
| S895 | 图书馆建设 | 856 | 142 | 0.889 | 190 | 23.3 | 343 |
| S175 | 敦煌学辑刊 | 191 | 363 | 0.132 | 376 | 23.1 | 345 |
| S414 | 中国穆斯林 | 77 | 396 | 0.097 | 387 | 23.1 | 345 |
| S171 | 东北亚论坛 | 266 | 331 | 1.148 | 130 | 23.0 | 347 |
| S880 | 体育学刊 | 808 | 150 | 1.074 | 144 | 23.0 | 347 |
| S434 | 中国宗教 | 52 | 401 | 0.017 | 400 | 23.0 | 347 |
| S318 | 外国语文 | 278 | 320 | 0.360 | 319 | 22.9 | 350 |
| S221 | 交响－西安音乐学院学报 | 84 | 391 | 0.016 | 401 | 22.7 | 351 |
| S351 | 新文学史料 | 212 | 355 | 0.060 | 396 | 22.5 | 352 |
| S656 | 税务与经济 | 180 | 365 | 0.400 | 309 | 22.2 | 353 |
| S244 | 伦理学研究 | 231 | 352 | 0.165 | 369 | 22.1 | 354 |
| S922 | 哲学动态 | 454 | 263 | 0.275 | 342 | 22.1 | 354 |
| S290 | 思想教育研究 | 533 | 223 | 0.344 | 324 | 21.7 | 356 |
| S415 | 教育生物学杂志 | 97 | 386 | 0.358 | 320 | 21.5 | 357 |
| S799 | 亚太经济 | 417 | 273 | 1.056 | 149 | 20.6 | 358 |
| S401 | 中国改革 | 36 | 403 | 0.015 | 403 | 20.5 | 359 |
| S161 | 当代青年研究 | 250 | 339 | 0.284 | 340 | 20.1 | 360 |
| S881 | 西安体育学院学报 | 540 | 221 | 1.060 | 147 | 20.1 | 360 |
| S235 | 抗日战争研究 | 165 | 369 | 0.194 | 361 | 20.0 | 362 |
| S740 | 当代经济研究 | 531 | 224 | 0.810 | 204 | 19.8 | 363 |
| S195 | 国家教育行政学院学报 | 680 | 182 | 1.051 | 150 | 19.7 | 364 |
| S782 | 审计研究 | 1125 | 101 | 1.787 | 69 | 19.6 | 365 |
| S258 | 青年探索 | 204 | 356 | 0.772 | 211 | 19.2 | 366 |
| J076 | 中国发明与专利 | 278 | 320 | 0.281 | 341 | 19.2 | 366 |
| S179 | 方言 | 316 | 308 | 0.198 | 359 | 19.1 | 368 |
| S386 | 中共党史研究 | 408 | 279 | 0.408 | 305 | 18.9 | 369 |
| S296 | 台湾研究集刊 | 158 | 373 | 0.256 | 345 | 18.6 | 370 |
| S269 | 上海师范大学学报哲学社会科学版 | 278 | 320 | 0.514 | 274 | 18.4 | 371 |
| S892 | 大学图书馆学报 | 778 | 155 | 1.136 | 133 | 18.0 | 372 |
| A223 | 科普研究 | 239 | 344 | 0.563 | 255 | 18.0 | 372 |

## 表 7-1　2022 年中国科技核心期刊综合评价总分排名（社会科学）（续）

| CODE | 刊名 | 核心总被引频次 | | 核心影响因子 | | 综合评价总分* | |
|---|---|---|---|---|---|---|---|
| | | 数值 | 排名 | 数值 | 排名 | 数值 | 排名 |
| S417 | 中国青年社会科学 | 244 | 342 | 0.403 | 308 | 16.9 | 374 |
| S404 | 中国海商法研究 | 74 | 398 | 0.304 | 333 | 16.1 | 375 |
| S215 | 华侨华人历史研究 | 159 | 372 | 0.411 | 304 | 15.9 | 376 |
| S446 | 资源与产业 | 568 | 211 | 1.523 | 102 | 15.4 | 377 |
| S810 | 考古与文物 | 570 | 209 | 0.195 | 360 | 15.0 | 378 |
| S588 | 现代电影技术 | 126 | 382 | 0.218 | 351 | 14.1 | 379 |
| S823 | 中国科技翻译 | 134 | 380 | 0.214 | 353 | 14.0 | 380 |
| S416 | 中国青年研究 | 1256 | 86 | 1.251 | 118 | 13.8 | 381 |
| S206 | 红楼梦学刊 | 266 | 331 | 0.127 | 378 | 12.8 | 382 |
| S363 | 学校党建与思想教育 | 547 | 218 | 0.180 | 365 | 12.8 | 382 |
| S885 | 体育与科学 | 557 | 213 | 0.903 | 187 | 12.5 | 384 |
| S133 | 中国科技资源导刊 | 235 | 346 | 0.555 | 260 | 11.9 | 385 |
| S268 | 上海金融 | 441 | 265 | 0.832 | 198 | 11.8 | 386 |
| Q468 | 智库理论与实践 | 204 | 356 | 0.673 | 231 | 11.8 | 386 |
| S637 | 煤炭经济研究 | 380 | 286 | 0.513 | 275 | 11.6 | 388 |
| S242 | 林业经济问题 | 490 | 248 | 1.099 | 141 | 11.4 | 389 |
| S832 | 价格理论与实践 | 1615 | 53 | 0.778 | 209 | 11.3 | 390 |
| S609 | 档案学研究 | 589 | 204 | 0.925 | 185 | 10.0 | 391 |
| S199 | 海交史研究 | 54 | 400 | 0.108 | 383 | 9.7 | 392 |
| S295 | 台湾研究 | 171 | 367 | 0.310 | 331 | 9.7 | 392 |
| L042 | 国际石油经济 | 661 | 191 | 0.935 | 183 | 8.4 | 394 |
| S177 | 俄罗斯文艺 | 49 | 402 | 0.057 | 397 | 8.2 | 395 |
| S223 | 教育财会研究 | 81 | 394 | 0.241 | 348 | 7.1 | 396 |
| W027 | 科技与法律中英文版 | 234 | 348 | 0.556 | 259 | 6.5 | 397 |
| S807 | 中国资产评估 | 182 | 364 | 0.265 | 344 | 6.5 | 397 |
| S410 | 中国劳动 | 152 | 374 | 0.521 | 269 | 6.0 | 399 |
| S155 | 开放学习研究 | 83 | 392 | 0.289 | 338 | 5.1 | 400 |
| S397 | 中国地方志 | 96 | 387 | 0.169 | 368 | 2.1 | 401 |
| S106 | 全球科技经济瞭望 | 270 | 329 | 0.303 | 334 | 0.1 | 402 |
| C509 | 物理与工程 | 274 | 327 | 0.337 | 326 | 0.0 | 403 |

*注：对复分入多个学科的期刊，在不同学科内计算的综合评价总分不同，以社会科学领域学科较高的一个总分分值参加排名。

# 8 2022 年中国科技核心期刊目录

## 表 8-1 2022 年中国科技核心期刊目录（社会科学）

| CODE | 刊名 | 学科分类 | 主编 |
|---|---|---|---|
| S929 | 北京大学学报哲学社会科学版 | 社会科学综合大学学报 | 杨河 |
| S153 | 北京电影学院学报 | 艺术学 | 杨远婴 |
| S148 | 北京工业大学学报社会科学版 | 社会科学综合大学学报 | 沈千帆 |
| S930 | 北京师范大学学报社会科学版 | 社会科学师范大学学报 | 蒋重跃 |
| S877 | 北京体育大学学报 | 体育科学 | 杨桦 |
| S156 | 北京行政学院学报 | 政治大学学报 | 鄂振辉 |
| S695 | 比较教育学报 | 学前教育学、普通教育学 | 张民选 |
| S666 | 比较教育研究 | 教育学综合 | 顾明远 |
| A570 | 编辑学报 | 新闻学与传播学 | 陈浩元 |
| S731 | 财经科学 | 财政学、金融学、保险学 | 李萍 |
| S647 | 财经理论与实践 | 财政学、金融学、保险学 | 姚德权 |
| S147 | 财经论丛 | 财政学、金融学、保险学 | 王俊豪 |
| S732 | 财经问题研究 | 财政学、金融学、保险学 | 吕炜 |
| S733 | 财经研究 | 财政学、金融学、保险学 | 蒋传海 |
| S734 | 财贸经济 | 财政学、金融学、保险学 | 高培勇 |
| S735 | 财政研究 | 财政学、金融学、保险学 | 刘尚希 |
| S159 | 产业经济研究 | 工商业经济学 | 徐从才 |
| S736 | 城市发展研究 | 社会学综合 | 鲍世行；李迅 |
| S737 | 城市问题 | 国民经济学、管理经济学、数量经济学 | 周航 |
| S443 | 重庆大学学报社会科学版 | 社会科学综合大学学报 | 赵修渝 |
| S892 | 大学图书馆学报 | 图书馆学、文献学 | 朱强 |
| S738 | 当代财经 | 财政学、金融学、保险学 | 陈始发 |
| S160 | 当代电影 | 艺术学 | 张建勇；周涌 |
| S739 | 当代经济科学 | 财政学、金融学、保险学 | 冯根福 |
| S740 | 当代经济研究 | 经济学综合 | 林岗 |
| S161 | 当代青年研究 | 社会学综合 | 杨雄 |
| S162 | 当代外国文学 | 外国文学 | 杨金才；刘锋 |
| S164 | 当代亚太 | 国际政治学、外交学 | 李向阳 |
| S165 | 当代语言学 | 语言学综合 | 沈家煊；顾曰国 |
| S166 | 当代作家评论 | 中国文学 | 林建法；高海涛 |
| S167 | 党的文献 | 政治学综合 | 陈晋 |
| S597 | 党政研究 | 政治学综合 | 陈学明 |
| S608 | 档案学通讯 | 档案学、博物馆学 | 胡鸿杰 |
| S609 | 档案学研究 | 档案学、博物馆学 | 付华 |
| S169 | 电影艺术 | 艺术学 | 吴冠平 |
| S170 | 东北大学学报社会科学版 | 社会科学综合大学学报 | 左良 |
| S171 | 东北亚论坛 | 国际政治学、外交学 | 朱显平 |

## 表 8-1 2022 年中国科技核心期刊目录（社会科学）（续）

| CODE | 刊名 | 学科分类 | 主编 |
|---|---|---|---|
| S172 | 东南大学学报哲学社会科学版 | 社会科学综合大学学报 | 徐子方 |
| S173 | 东南文化 | 民族学与文化学 | 龚良 |
| S174 | 东南学术 | 社会科学综合 | 杨健民 |
| S175 | 敦煌学辑刊 | 历史学 | 郑炳林 |
| S176 | 敦煌研究 | 历史学 | 樊锦诗 |
| S177 | 俄罗斯文艺 | 外国文学 | 夏忠宪 |
| S621 | 法律科学 – 西北政法大学学报 | 法学综合 | 韩松 |
| S622 | 法商研究 | 法学综合 | 齐文远 |
| S623 | 法学 | 法学综合 | 叶青 |
| S624 | 法学家 | 法学综合 | 史际春 |
| S178 | 法学论坛 | 法学综合 | 王彤宇 |
| S625 | 法学评论 | 法学综合 | 肖永平 |
| S626 | 法学研究 | 法学综合 | 梁慧星 |
| S319 | 法学杂志 | 法学综合 | 宋树涛 |
| S627 | 法制与社会发展 | 法学综合 | 张文显 |
| S179 | 方言 | 语言学综合 | 麦耘 |
| S933 | 福建师范大学学报哲学社会科学版 | 社会科学师范大学学报 | 陈颖 |
| S852 | 妇女研究论丛 | 社会学综合 | 谭琳 |
| S934 | 复旦学报社会科学版 | 社会科学综合大学学报 | 汪涌豪 |
| S743 | 改革 | 经济学综合 | 廖元和 |
| S181 | 甘肃政法大学学报 | 法学综合 | 史玉成 |
| S668 | 高等工程教育研究 | 高等教育学 | 李培根 |
| S822 | 工程管理科技前沿 | 国民经济学、管理经济学、数量经济学 | 杨善林 |
| S669 | 高等教育研究 | 高等教育学 | 刘献君 |
| J067 | 工业技术经济 | 工商业经济学 | 田莺 |
| S183 | 公共行政评论 | 行政学 | 马骏 |
| S184 | 古汉语研究 | 语言学综合 | 蒋冀骋 |
| S185 | 古籍整理研究学刊 | 图书馆学、文献学 | 曹书杰 |
| S188 | 广东财经大学学报 | 经济大学学报 | 王廷惠 |
| S936 | 广西民族大学学报哲学社会科学版 | 社会科学综合大学学报 | 谢尚果 |
| S190 | 贵州财经大学学报 | 经济大学学报 | 陈厚义 |
| S746 | 国际金融研究 | 财政学、金融学、保险学 | 黄志强 |
| S747 | 国际经济合作 | 经济学综合 | 齐国强 |
| S831 | 国际经贸探索 | 工商业经济学 | 肖鹞飞 |
| S750 | 国际贸易问题 | 工商业经济学 | 林桂军 |
| S192 | 国际商务 – 对外经济贸易大学学报 | 经济大学学报 | 张新民 |
| S751 | 国际商务研究 | 工商业经济学 | 孙海鸣 |
| L042 | 国际石油经济 | 工商业经济学 | 杨朝红 |
| S194 | 国家检察官学院学报 | 法学综合 | 徐鹤喃 |
| S195 | 国家教育行政学院学报 | 政治大学学报 | 侯慧君 |
| S197 | 国家图书馆学刊 | 图书馆学、文献学 | 熊远明 |
| S199 | 海交史研究 | 历史学 | 钱江 |

## 表 8-1　2022 年中国科技核心期刊目录（社会科学）（续）

| CODE | 刊名 | 学科分类 | 主编 |
|---|---|---|---|
| S200 | 汉语学习 | 语言学综合 | 崔雄权 |
| S204 | 河北师范大学学报教育科学版 | 教育学综合 | 戴建兵 |
| S272 | 河海大学学报哲学社会科学版 | 社会科学综合大学学报 | 王慧敏 |
| S205 | 河南大学学报社会科学版 | 社会科学综合大学学报 | 乔家君 |
| S206 | 红楼梦学刊 | 中国文学 | 张庆善 |
| S209 | 湖南大学学报社会科学版 | 社会科学综合大学学报 | 王道平 |
| S210 | 湖南科技大学学报社会科学版 | 社会科学综合大学学报 | 李建华 |
| S211 | 湖南社会科学 | 社会科学综合 | 周勇 |
| S212 | 湖南师范大学教育科学学报 | 教育学综合 | 徐超富 |
| S213 | 湖南师范大学社会科学学报 | 社会科学师范大学学报 | 吴家庆 |
| S673 | 华东师范大学学报教育科学版 | 教育学综合 | 陈玉琨 |
| S939 | 华东师范大学学报哲学社会科学版 | 社会科学师范大学学报 | 高瑞泉 |
| S214 | 华东政法大学学报 | 法学综合 | 李秀清 |
| S940 | 华南师范大学学报社会科学版 | 社会科学师范大学学报 | 翁佩萱 |
| S215 | 华侨华人历史研究 | 历史学 | 张秀明 |
| S941 | 华中师范大学学报人文社会科学版 | 社会科学师范大学学报 | 王泽龙 |
| S216 | 黄钟－武汉音乐学院学报 | 艺术学 | 刘永平 |
| S942 | 吉林大学社会科学学报 | 社会科学综合大学学报 | 刘文山 |
| S718 | 技术经济 | 工商业经济学 | 吴贵生 |
| S719 | 技术经济与管理研究 | 国民经济学、管理经济学、数量经济学 | 章亚南 |
| S832 | 价格理论与实践 | 工商业经济学 | 王永治 |
| S944 | 江海学刊 | 社会科学综合 | 韩璞庚 |
| S674 | 江苏高教 | 高等教育学 | 邱梅生 |
| S854 | 江苏社会科学 | 社会科学综合 | 金晓瑜 |
| S219 | 江苏行政学院学报 | 政治大学学报 | 周善乔 |
| S220 | 江西财经大学学报 | 经济大学学报 | 陈始发 |
| S946 | 江西社会科学 | 社会科学综合 | 龚建文 |
| S221 | 交响－西安音乐学院学报 | 艺术学 | 罗艺峰 |
| S222 | 教师教育研究 | 成人教育学、职业技术教育学 | 顾明远 |
| S675 | 教学与研究 | 教育学综合 | 齐鹏飞 |
| S223 | 教育财会研究 | 国民经济学、管理经济学、数量经济学 | 黄永林 |
| S676 | 教育发展研究 | 教育学综合 | 张国良 |
| S677 | 教育科学 | 教育学综合 | 傅维利 |
| S415 | 教育生物学杂志 | 教育学综合 | 黄红 |
| S224 | 教育学报 | 教育学综合 | 石中英 |
| S681 | 教育研究 | 教育学综合 | 高宝立 |
| S682 | 教育研究与实验 | 教育学综合 | 董泽芳 |
| S683 | 教育与经济 | 国民经济学、管理经济学、数量经济学 | 王善迈 |
| S225 | 解放军外国语学院学报 | 外国语言学 | 蔡金亭 |
| S226 | 金融经济学研究 | 财政学、金融学、保险学 | 马龙海 |
| S652 | 金融理论与实践 | 财政学、金融学、保险学 | 庞贞燕 |
| S227 | 金融论坛 | 财政学、金融学、保险学 | 詹向阳 |

## 表 8-1　2022 年中国科技核心期刊目录（社会科学）（续）

| CODE | 刊名 | 学科分类 | 主编 |
|---|---|---|---|
| S757 | 金融研究 | 财政学、金融学、保险学 | 纪志宏 |
| S228 | 近代史研究 | 历史学 | 徐秀丽 |
| S759 | 经济管理 | 管理学；经济学综合 | 黄群慧 |
| S760 | 经济经纬 | 经济学综合 | 李小建 |
| S761 | 经济科学 | 经济学综合 | 刘伟 |
| S762 | 经济理论与经济管理 | 管理学；经济学综合 | 方福前 |
| S764 | 经济评论 | 经济学综合 | 陈继勇 |
| S765 | 经济社会体制比较 | 国民经济学、管理经济学、数量经济学 | 杨雪冬 |
| S767 | 经济体制改革 | 国民经济学、管理经济学、数量经济学 | 盛毅 |
| S768 | 经济问题 | 经济学综合 | 韩克勇 |
| S769 | 经济问题探索 | 经济学综合 | 海文达 |
| S229 | 经济学 | 经济学综合 | 朱家祥 |
| S282 | 经济学报 | 经济学综合 | 钱颖一 |
| S721 | 经济学动态 | 经济学综合 | 杨春学 |
| S771 | 经济学家 | 经济学综合 | 刘诗白 |
| S772 | 经济研究 | 经济学综合 | 裴长洪 |
| S230 | 经济与管理评论 | 管理学；经济学综合 | 刘兴云 |
| S773 | 经济与管理研究 | 管理学；经济学综合 | 戚聿东 |
| S774 | 经济纵横 | 经济学综合 | 郭连强 |
| S094 | 竞争情报 | 情报学 | 陈超 |
| S232 | 军事运筹与评估 | 军事学 | 李宁 |
| S233 | 开放教育研究 | 成人教育学、职业技术教育学 | 徐皓 |
| S234 | 开放时代 | 经济学综合 | 吴重庆 |
| S155 | 开放学习研究 | 成人教育学、职业技术教育学 | 张铁道 |
| S235 | 抗日战争研究 | 军事学 | 高士华 |
| S808 | 考古 | 考古学 | 王巍 |
| S809 | 考古学报 | 考古学 | 刘庆柱 |
| S810 | 考古与文物 | 考古学 | 王炜林 |
| W027 | 科技与法律中英文版 | 法学综合 | 段瑞春 |
| A223 | 科普研究 | 新闻学与传播学 | 王挺 |
| S236 | 课程・教材・教法 | 学前教育学、普通教育学 | 郭戈 |
| S756 | 会计研究 | 会计学、审计学 | 周守华 |
| S217 | 会计与经济研究 | 会计学、审计学 | 邵瑞庆 |
| S947 | 兰州大学学报社会科学版 | 社会科学综合大学学报 | 高新才 |
| S237 | 理论探讨 | 马克思主义 | 刘建明 |
| S238 | 理论与改革 | 马克思主义 | 范锐平 |
| S239 | 历史教学问题 | 学前教育学、普通教育学 | 王斯德 |
| S240 | 历史研究 | 历史学 | 李国强 |
| S242 | 林业经济问题 | 生态农业经济学 | 张建国 |
| S243 | 鲁迅研究月刊 | 中国文学 | 黄乔生 |
| S245 | 旅游科学 | 工商业经济学 | 高峻 |
| S616 | 旅游学刊 | 工商业经济学 | 黄先开 |

## 表 8-1 2022 年中国科技核心期刊目录（社会科学）（续）

| CODE | 刊名 | 学科分类 | 主编 |
|---|---|---|---|
| S244 | 伦理学研究 | 哲学 | 唐凯麟 |
| S246 | 马克思主义研究 | 马克思主义 | 程恩富 |
| S247 | 马克思主义与现实 | 马克思主义 | 冯雷 |
| S637 | 煤炭经济研究 | 工商业经济学 | 范宝营 |
| S248 | 美术研究 | 艺术学 | 邵大箴 |
| S249 | 民族教育研究 | 教育学综合 | 郭卫平 |
| S251 | 民族文学研究 | 中国文学 | 关纪新 |
| S252 | 民族研究 | 民族学与文化学 | 王延中 |
| S253 | 民族艺术 | 艺术学 | 张桥 |
| S254 | 明清小说研究 | 中国文学 | 王长友 |
| S255 | 南方文坛 | 中国文学 | 张燕玲 |
| S950 | 南京大学学报哲学·人文科学·社会科学 | 社会科学综合大学学报 | 张异宾 |
| S858 | 南京社会科学 | 社会科学综合 | 李程骅 |
| S777 | 南开经济研究 | 经济学综合 | 李坤旺 |
| S953 | 南开学报哲学社会科学版 | 社会科学综合大学学报 | 姜胜利 |
| S839 | 农村经济 | 生态农业经济学 | 郭晓鸣 |
| S778 | 农业技术经济 | 生态农业经济学 | 朱希刚 |
| S779 | 农业经济问题 | 生态农业经济学 | 秦富 |
| Q438 | 农业图书情报学报 | 图书馆学、文献学 | 孙坦 |
| S639 | 企业经济 | 国民经济学、管理经济学、数量经济学 | 李小玉 |
| S258 | 青年探索 | 社会学综合 | 李伟民 |
| S259 | 青年研究 | 社会学综合 | 单光鼐 |
| S260 | 青少年犯罪问题 | 部门法学、刑事侦查学、司法鉴定学 | 倪铁 |
| S687 | 清华大学教育研究 | 教育学综合 | 王孙禺 |
| S955 | 清华大学学报哲学社会科学版 | 社会科学综合大学学报 | 罗钢 |
| S844 | 情报工程 | 情报学 | 刘琦岩 |
| S846 | 情报科学 | 情报学 | 靖继鹏 |
| S847 | 情报理论与实践 | 情报学 | 王忠军 |
| W020 | 情报学报 | 情报学 | 戴国强 |
| S848 | 情报杂志 | 情报学 | 张薇 |
| S849 | 情报资料工作 | 情报学 | 高自龙 |
| S261 | 求实 | 政治学综合 | 胡启南 |
| S956 | 求是 | 政治学综合 | 刘玉辉 |
| S958 | 求索 | 社会科学综合 | 周小毛 |
| S688 | 全球教育展望 | 教育学综合 | 钟启泉 |
| S106 | 全球科技经济瞭望 | 经济学综合 | 郭铁成 |
| S860 | 人口研究 | 人口学、劳动科学 | 翟振武 |
| S862 | 人口与经济 | 人口学、劳动科学 | 童玉芬 |
| S628 | 人民检察 | 部门法学、刑事侦查学、司法鉴定学 | 徐建波 |
| S263 | 人民音乐 | 艺术学 | 金兆钧 |
| S617 | 人文地理 | 历史学 | 孙天义 |
| S819 | 软科学 | 社会科学综合 | 赵毅峰 |

## 表 8-1　2022 年中国科技核心期刊目录（社会科学）（续）

| CODE | 刊名 | 学科分类 | 主编 |
|---|---|---|---|
| S264 | 山东大学学报哲学社会科学版 | 社会科学综合大学学报 | 臧旭恒 |
| S961 | 山西财经大学学报 | 经济大学学报 | 王培勤 |
| S964 | 陕西师范大学学报哲学社会科学版 | 社会科学师范大学学报 | 张积玉 |
| S834 | 商业经济与管理 | 国民经济学、管理经济学、数量经济学 | 李金昌 |
| S835 | 商业研究 | 工商业经济学 | 曲振涛 |
| S265 | 上海财经大学学报哲学社会科学版 | 社会科学综合大学学报 | 蒋传海 |
| S965 | 上海大学学报社会科学版 | 社会科学综合大学学报 | 董乃斌 |
| S266 | 上海翻译 | 语言学综合 | 方梦之 |
| S268 | 上海金融 | 财政学、金融学、保险学 | 李安定 |
| S781 | 上海经济研究 | 工商业经济学 | 石良平 |
| S269 | 上海师范大学学报哲学社会科学版 | 社会科学师范大学学报 | 黄刚 |
| S883 | 上海体育学院学报 | 体育科学 | 章建成 |
| S267 | 上海行政学院学报 | 政治大学学报 | 陶柏康 |
| S270 | 社会 | 社会学综合 | 李友梅 |
| S271 | 社会保障研究 | 人口学、劳动科学 | 邓大松 |
| S863 | 社会科学 | 社会科学综合 | 熊月之 |
| S865 | 社会科学研究 | 社会科学综合 | 侯水平 |
| S866 | 社会科学战线 | 社会科学综合 | 刘信君 |
| S867 | 社会学研究 | 社会学综合 | 李培林 |
| S276 | 社会主义研究 | 马克思主义 | 程又中 |
| S782 | 审计研究 | 会计学、审计学 | 刘达朱 |
| S784 | 生态经济 | 生态农业经济学 | 高晓铃 |
| S278 | 史学月刊 | 历史学 | 李振宏 |
| S691 | 世界汉语教学 | 语言学综合 | 张博 |
| S785 | 世界经济 | 经济学综合 | 张宇燕 |
| S787 | 世界经济研究 | 经济学综合 | 姚勤华 |
| S788 | 世界经济与政治 | 国际政治学、外交学 | 张宇燕 |
| S789 | 世界经济与政治论坛 | 经济学综合 | 王维 |
| A201 | 世界科技研究与发展 | 社会科学综合 | 方曙 |
| S285 | 世界民族 | 民族学与文化学 | 王延中 |
| S286 | 世界宗教文化 | 宗教学 | 金泽 |
| S287 | 世界宗教研究 | 宗教学 | 卓新平 |
| S850 | 数据分析与知识发现 | 图书馆学、文献学；情报学 | 张晓林 |
| S790 | 数量经济技术经济研究 | 国民经济学、管理经济学、数量经济学 | 李平 |
| B523 | 数学教育学报 | 学前教育学、普通教育学 | 王梓坤 |
| W022 | 数字图书馆论坛 | 图书馆学、文献学 | 曾建勋 |
| S656 | 税务与经济 | 财政学、金融学、保险学 | 武振 |
| S290 | 思想教育研究 | 政治学综合 | 陈曦 |
| S291 | 思想理论教育导刊 | 学前教育学、普通教育学 | 阎志坚 |
| S292 | 思想战线 | 社会科学综合 | 王文光 |
| S967 | 四川大学学报哲学社会科学版 | 社会科学综合大学学报 | 项楚 |
| S294 | 苏州大学学报哲学社会科学版 | 社会科学综合大学学报 | 沈海牧 |

表 8-1　2022 年中国科技核心期刊目录（社会科学）（续）

| CODE | 刊名 | 学科分类 | 主编 |
|---|---|---|---|
| S295 | 台湾研究 | 社会学综合 | 张冠华 |
| S296 | 台湾研究集刊 | 社会学综合 | 张文生 |
| S297 | 探索 | 政治学综合 | 苏伟 |
| S884 | 体育科学 | 体育科学 | 冯连世 |
| S880 | 体育学刊 | 体育科学 | 杨文轩 |
| S885 | 体育与科学 | 体育科学 | 周旭 |
| S886 | 天津体育学院学报 | 体育科学 | 姚家新 |
| S793 | 统计研究 | 统计学 | 潘璠 |
| S293 | 统计与决策 | 统计学 | 李明星 |
| S306 | 统计与信息论坛 | 统计学 | 薛小荣 |
| S895 | 图书馆建设 | 图书馆学、文献学 | 高文华 |
| S897 | 图书馆论坛 | 图书馆学、文献学 | 王惠君 |
| S308 | 图书馆学研究 | 图书馆学、文献学 | 赵瑞军 |
| S899 | 图书情报工作 | 图书馆学、文献学；情报学 | 初景利 |
| S900 | 图书情报知识 | 图书馆学、文献学；情报学 | 陈传夫 |
| S901 | 图书与情报 | 图书馆学、文献学；情报学 | 郭向东 |
| S694 | 外国教育研究 | 学前教育学、普通教育学 | 孙启林 |
| S795 | 外国经济与管理 | 管理学；经济学综合 | 郑少华 |
| S314 | 外国文学 | 外国文学 | 胡文仲 |
| S315 | 外国文学评论 | 外国文学 | 陈众议 |
| S316 | 外国文学研究 | 外国文学 | 聂珍钊 |
| S317 | 外国语 | 外国语言学 | 束定芳 |
| S318 | 外国语文 | 外国语言学 | 熊沐清 |
| S320 | 外交评论 | 国际政治学、外交学 | 赵进军 |
| S697 | 外语教学 | 外国语言学 | 户思社 |
| S698 | 外语教学与研究 | 外国语言学 | 王克非 |
| S323 | 外语界 | 外国语言学 | 吴友富 |
| S699 | 外语与外语教学 | 外国语言学 | 赵永青 |
| S973 | 文史哲 | 社会科学综合 | 王学典 |
| S811 | 文物 | 考古学 | 张昌倬 |
| A906 | 文物保护与考古科学 | 考古学 | 杨志刚 |
| S327 | 文学评论 | 中国文学 | 陆建德 |
| S328 | 文学遗产 | 中国文学 | 刘跃进 |
| S329 | 文艺理论研究 | 艺术学 | 谭帆；方克强 |
| S330 | 文艺理论与批评 | 艺术学 | 陈飞龙 |
| S331 | 文艺评论 | 艺术学 | 韦健玮 |
| S332 | 文艺研究 | 中国文学 | 方宁 |
| S333 | 文艺争鸣 | 艺术学 | 王双龙 |
| S334 | 武汉大学学报哲学社会科学版 | 社会科学综合大学学报 | 汪信砚 |
| S887 | 武汉体育学院学报 | 体育科学 | 孙义良 |
| C509 | 物理与工程 | 物理学；高等教育学 | 顾牡；王青 |
| S336 | 西安交通大学学报社会科学版 | 社会科学综合大学学报 | 贾箭鸣 |

## 表 8-1　2022 年中国科技核心期刊目录（社会科学）（续）

| CODE | 刊名 | 学科分类 | 主编 |
|---|---|---|---|
| S881 | 西安体育学院学报 | 体育科学 | 周里 |
| S576 | 西安外国语大学学报 | 外国语言学 | 郝瑜 |
| S975 | 西北大学学报哲学社会科学版 | 社会科学综合大学学报 | 刘炜评 |
| S150 | 西北农林科技大学学报社会科学版 | 社会科学综合大学学报 | 张光强 |
| S340 | 西南大学学报社会科学版 | 社会科学综合大学学报 | 靳玉乐 |
| S341 | 西南民族大学学报人文社科版 | 社会科学综合大学学报 | 赵心愚 |
| S342 | 戏剧 - 中央戏剧学院学报 | 艺术学 | 廖向红 |
| S978 | 厦门大学学报哲学社会科学版 | 社会科学综合大学学报 | 陈嘉明 |
| S343 | 现代财经 - 天津财经大学学报 | 经济大学学报 | 蔡双立 |
| S906 | 现代传播 | 新闻学与传播学 | 胡智锋 |
| S588 | 现代电影技术 | 艺术学 | 毛大平 |
| S630 | 现代法学 | 法学综合 | 许明月 |
| S309 | 现代情报 | 情报学 | 张丽娟 |
| S346 | 湘潭大学学报哲学社会科学版 | 社会科学综合大学学报 | 章育良 |
| S836 | 消费经济 | 工商业经济学 | 尹世杰 |
| S348 | 小说评论 | 中国文学 | 王春林 |
| S700 | 心理发展与教育 | 心理学；教育学综合 | 林崇德 |
| S349 | 新疆师范大学学报哲学社会科学版 | 社会科学师范大学学报 | 李建军 |
| S350 | 新视野 | 政治学综合 | 高寿仙 |
| S351 | 新文学史料 | 中国文学 | 郭娟 |
| S907 | 新闻大学 | 新闻学与传播学 | 黄芝晓 |
| S909 | 新闻与传播研究 | 新闻学与传播学 | 唐绪军 |
| S582 | 刑事技术 | 部门法学、刑事侦查学、司法鉴定学 | 刘耀 |
| S201 | 行政论坛 | 行政学 | 温美荣 |
| S354 | 学海 | 哲学 | 胡传胜 |
| S703 | 学前教育研究 | 学前教育学、普通教育学 | 冯晓霞 |
| S981 | 学术研究 | 社会科学综合 | 叶金宝 |
| S982 | 学术月刊 | 社会科学综合 | 金福林 |
| S704 | 学位与研究生教育 | 高等教育学 | 匡镜明 |
| S361 | 学习论坛 | 政治学综合 | 尹书博 |
| S983 | 学习与探索 | 社会科学综合 | 张磊 |
| S363 | 学校党建与思想教育 | 政治学综合 | 谢成宇 |
| S799 | 亚太经济 | 经济学综合 | 郑有国 |
| G865 | 医学信息学杂志 | 情报学 | 钱庆 |
| G308 | 医学与哲学 | 医学综合；哲学 | 张大庆；赵明杰 |
| S366 | 艺术百家 | 艺术学 | 晁岱健 |
| S367 | 音乐研究 | 艺术学 | 于润洋；莫蕴慧 |
| S368 | 语言教学与研究 | 语言学综合 | 曹志耘 |
| S369 | 语言文字应用 | 语言学综合 | 张世平 |
| S370 | 语言研究 | 语言学综合 | 黄树先 |
| S372 | 云南财经大学学报 | 经济大学学报 | 叶文辉 |
| S374 | 云南民族大学学报哲学社会科学版 | 社会科学综合大学学报 | 张桥贵 |

## 表 8-1　2022 年中国科技核心期刊目录（社会科学）（续）

| CODE | 刊名 | 学科分类 | 主编 |
|---|---|---|---|
| S922 | 哲学动态 | 哲学 | 余涌 |
| S923 | 哲学研究 | 哲学 | 谢地坤 |
| S986 | 浙江大学学报人文社会科学版 | 社会科学综合大学学报 | 罗卫东 |
| S987 | 浙江社会科学 | 社会科学综合 | 俞伯灵 |
| G352 | 证据科学 | 部门法学、刑事侦查学、司法鉴定学 | 张保生 |
| S659 | 证券市场导报 | 财政学、金融学、保险学 | 宋丽萍 |
| S619 | 政法论坛 | 法学综合 | 王人博 |
| S382 | 政治学研究 | 政治学综合 | 王一程 |
| S383 | 政治与法律 | 法学综合 | 徐澜波 |
| S384 | 职教论坛 | 成人教育学、职业技术教育学 | 肖称萍 |
| S390 | 治理研究 | 政治大学学报 | 徐明华 |
| Q468 | 智库理论与实践 | 情报学 | 刘细文 |
| S386 | 中共党史研究 | 政治学综合 | 任贵祥 |
| S193 | 中共中央党校（国家行政学院）学报 | 政治大学学报 | 马宝成 |
| S392 | 中国比较文学 | 中国文学 | 谢天振 |
| S393 | 中国边疆史地研究 | 考古学 | 李大龙 |
| S304 | 中国大学教学 | 高等教育学 | 周远清 |
| S396 | 中国党政干部论坛 | 政治学综合 | 包驰 |
| S397 | 中国地方志 | 历史学 | 邱新立 |
| S398 | 中国地质大学学报社会科学版 | 社会科学综合大学学报 | 刘传红 |
| J076 | 中国发明与专利 | 情报学 | 彭耀林 |
| S633 | 中国法学 | 法学综合 | 陈桂明 |
| S400 | 中国翻译 | 语言学综合 | 黄友义 |
| S401 | 中国改革 | 国民经济学、管理经济学、数量经济学 | 王烁 |
| S664 | 中国高教研究 | 高等教育学 | 王小梅 |
| S800 | 中国工业经济 | 工商业经济学 | 金碚 |
| S404 | 中国海商法研究 | 部门法学、刑事侦查学、司法鉴定学 | 司玉琢 |
| S823 | 中国科技翻译 | 语言学综合 | 曹京华；邱举良 |
| A583 | 中国科技期刊研究 | 新闻学与传播学 | 言静霞 |
| S133 | 中国科技资源导刊 | 经济学综合 | 袁伟 |
| S410 | 中国劳动 | 人口学、劳动科学 | 莫荣 |
| S618 | 中国历史地理论丛 | 历史学 | 侯甬坚 |
| S838 | 中国流通经济 | 工商业经济学 | 陈建中 |
| S414 | 中国穆斯林 | 宗教学 | 马忠杰 |
| S803 | 中国农村观察 | 社会学综合 | 魏后凯 |
| S804 | 中国农村经济 | 生态农业经济学 | 李周 |
| H221 | 中国农业资源与区划 | 农业综合；生态农业经济学 | 唐华俊 |
| S417 | 中国青年社会科学 | 社会科学综合 | 周晓燕 |
| S416 | 中国青年研究 | 社会科学综合 | 徐文新 |
| S874 | 中国人口科学 | 人口学、劳动科学 | 蔡昉 |
| S419 | 中国人力资源开发 | 人口学、劳动科学 | 刘福垣 |
| S990 | 中国人民大学学报 | 社会科学综合大学学报 | 段忠桥 |

## 表 8-1　2022 年中国科技核心期刊目录（社会科学）（续）

| CODE | 刊名 | 学科分类 | 主编 |
|---|---|---|---|
| S875 | 中国社会科学 | 社会科学综合 | 方军 |
| S587 | 中国司法鉴定 | 部门法学、刑事侦查学、司法鉴定学 | 吴何坚 |
| S714 | 中国特殊教育 | 教育学综合 | 陈云英 |
| S888 | 中国体育科技 | 体育科学 | 曹景伟 |
| S902 | 中国图书馆学报 | 图书馆学、文献学 | 熊远明 |
| S426 | 中国文化研究 | 民族学与文化学 | 韩经太 |
| S427 | 中国现代文学研究丛刊 | 中国文学 | 吴义勤；温儒敏 |
| S428 | 中国刑事法杂志 | 部门法学、刑事侦查学、司法鉴定学 | 王守安 |
| S405 | 中国行政管理 | 行政学 | 鲍静 |
| G911 | 中国医学伦理学 | 社会学综合 | 王明旭 |
| S429 | 中国音乐 | 艺术学 | 赵塔里木 |
| S430 | 中国音乐学 | 艺术学 | 田青 |
| S715 | 中国语文 | 语言学综合 | 沈家煊 |
| G131 | 中国运动医学杂志 | 体育科学 | 谢敏豪 |
| S432 | 中国职业技术教育 | 成人教育学、职业技术教育学 | 赵伟 |
| S807 | 中国资产评估 | 国民经济学、管理经济学、数量经济学 | 刘萍 |
| S434 | 中国宗教 | 宗教学 | 胡绍皆 |
| S435 | 中华文化论坛 | 民族学与文化学 | 李明泉 |
| S992 | 中南财经政法大学学报 | 经济大学学报 | 杨灿明 |
| S993 | 中南民族大学学报人文社会科学版 | 社会科学综合大学学报 | 雷振扬 |
| S994 | 中山大学学报社会科学版 | 社会科学综合大学学报 | 吴承学 |
| S634 | 中外法学 | 法学综合 | 梁根林 |
| S440 | 中央财经大学学报 | 经济大学学报 | 王广谦 |
| S441 | 中央音乐学院学报 | 艺术学 | 俞峰 |
| S996 | 中州学刊 | 社会科学综合 | 喻新安 |
| S444 | 装饰 | 艺术学 | 方晓风 |
| S728 | 资源开发与市场 | 生态农业经济学 | 卢永记 |
| S446 | 资源与产业 | 生态农业经济学 | 雷涯邻 |
| S926 | 自然辩证法研究 | 哲学 | 殷瑞钰 |
| S448 | 宗教学研究 | 宗教学 | 卿希泰 |

# 9 期刊变更情况

表 9-1 社会科学领域期刊名称变更情况

| CODE | 2023 年版刊名 | 2022 年版刊名 |
|---|---|---|
| S181 | 甘肃政法大学学报 | 甘肃政法学院学报 |
| S822 | 工程管理科技前沿 | 预测 |
| S232 | 军事运筹与评估 | 军事运筹与系统工程 |
| S318 | 外国语文 | 外国语文－四川外语学院学报 |
| S390 | 治理研究 | 中共浙江省委党校学报 |